myBook+

Ihr Portal für alle Online-Materialien zum Buch!

Arbeitshilfen, die über ein normales Buch hinaus eine digitale Dimension eröffnen. Je nach Thema Vorlagen, Informationsgrafiken, Tutorials, Videos oder speziell entwickelte Rechner – all das bietet Ihnen die Plattform myBook+.

Ein neues Leseerlebnis

Lesen Sie Ihr Buch online im Browser – geräteunabhängig und ohne Download!

Und so einfach geht's:

- Gehen Sie auf **https://mybookplus.de**, registrieren Sie sich und geben Ihren Buchcode ein, um auf die Online-Materialien Ihres Buchs zu gelangen
- **Ihren individuellen Buchcode finden Sie am Buchende**

Wir wünschen Ihnen viel Spaß mit myBook+!

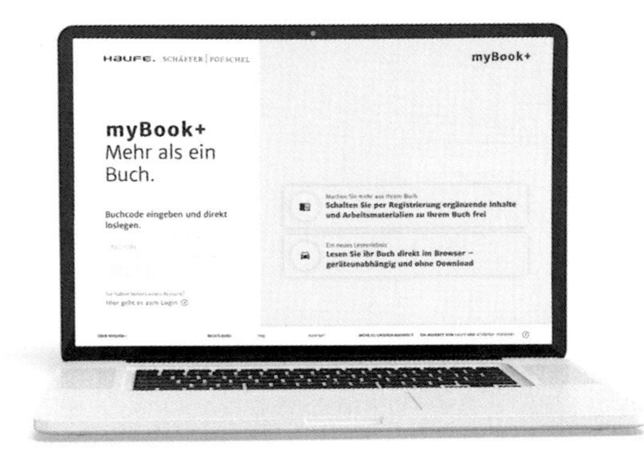

Los, jetzt

Anabel Ternès

Los, jetzt

Nachhaltig führen = Zukunft gewinnen

1. Auflage

Haufe Group
Freiburg · München · Stuttgart

Bibliografische Information der Deutschen Nationalbibliothek

Die Deutsche Nationalbibliothek verzeichnet diese Publikation in der Deutschen Nationalbibliografie; detaillierte bibliografische Daten sind im Internet über http://dnb.dnb.de/ abrufbar.

Print: ISBN 978-3-648-17461-6 Bestell-Nr. 10985-0001
ePub: ISBN 978-3-648-17462-3 Bestell-Nr. 10985-0100
ePDF: ISBN 978-3-648-17463-0 Bestell-Nr. 10985-0150

Anabel Ternès
Los, jetzt
1. Auflage, Oktober 2023

www.haufe.de
info@haufe.de

Covergestaltung: Groothuis. Gesellschaft der Ideen und Passionen mbH
für Kommunikation und Medien, Marketing und Gestaltung | groothuis.de
Foto: Darius Ramazani, Berlin

Produktmanagement: Dr. Bernhard Landkammer

Inhaltsverzeichnis

Vorwort

In Zeiten, in denen der UN-Generalsekretär Deutschland abmahnen muss, weil es mit Klimaaktivisten umgeht, als seien sie Kriminelle oder Terroristen, kommt dieses Buch gerade richtig. Auch weil ein großer Teil der Medien, der Politik und Industrie und viele Verbraucher/innen hierzulande immer noch verleugnen oder verdrängen, wie dringend wir Klimakrise, Artensterben und Umweltzerstörung bekämpfen müssen.

Dieses Buch ist ein kluger Appell an all jene, die wie ich an das Potenzial des Green Leadership glauben. Es ist ein Aufruf, Denkweisen zu erweitern und über das hinauszublicken, was auf den Etiketten steht. Nachhaltigkeit muss mehr sein als ein modischer Trend oder Marketinginstrument. Sie ist eine existenziell wichtige Einstellungssache, die unser gesamtes Handeln und unsere Entscheidungen bestimmen sollte.

Es ist höchste Zeit, die Chancen und Herausforderungen anzugehen, die uns auf unserem Weg in eine nachhaltige Zukunft begegnen. Dieses Buch führt Sie ein in die Welt des Green Leadership, in der die Leser/innen inspirierende Geschichten, bewährte Praktiken und bahnbrechende Ideen entdecken werden. Es bietet einen Leitfaden, um nachhaltige Führungsqualitäten zu entwickeln und Ihr Potenzial als Gestalter einer besseren Welt zu entfalten.

Es gibt Vordenker, Nachdenker, Mitdenker – und Nichtdenker. Letztere gewinnen in Deutschland gerade wieder einmal die Oberhand, siehe fehlende Klimastrategie, Verkehrs- und Agrarwende, Kreislaufwirtschaft, Tempolimit, Müllvermeidung, die unsachliche Energie- und Heizungsdiskussion. Wer vor-, nach- und mitdenkt, hat längst erkannt, dass unser Handeln heute nicht nur die Zukunft unserer Kinder prägen wird, sondern auch unseren wirtschaftlichen Erfolg. Jede Entscheidung, die wir treffen, sei es in der Wirtschaft, Politik oder im täglichen Leben, hat Auswirkungen auf die Umwelt und die kommenden Generationen. Es ist unsere Verantwortung, die Ärmel hochzukrempeln und Nachhaltigkeit zu einem Lebens- und Führungsstil zu machen.

Dieses Buch wird Sie inspirieren, motivieren und ermutigen, Ihre Führungsrolle mit einem grünen Herzen anzunehmen. Es ist Zeit umzusteuern, echte nachhaltige Veränderungen zu bewirken und eine Welt zu schaffen, in der wir unsere Kinder glücklich und gesund heranwachsen sehen.

Keine Spezies der Welt würde das Nest oder den Bau, in dem ihr Nachwuchs heranwächst, so behandeln und zerstören, wie wir das derzeit mit Mutter Erde tun. Wir sollten uns an unseren tierischen Mitbewohnern ein Beispiel nehmen und behutsamer, bewusster mit unserem Planeten umgehen. Das vorliegende Buch wird dabei helfen.

Hannes Jaenicke, Amsterdam, im Juni 2023

Einführung

Wir haben es hier doch eigentlich ganz gut – das Thema Ukraine-Krieg tritt immer mehr in den Hintergrund, die Coronapandemie ist vorbei, Masken müssen nicht mehr getragen werden, warm genug war's doch auch im letzten Winter – und dass es jetzt im Sommer wärmer wird und im Winter kaum Schnee gibt, was soll's: Skifahren ist eh teuer und wärmer ist doch schön, dann muss man im Sommer nicht so weit wegfahren. Das ist doch alles wieder Quatsch mit Müll trennen und so.

Solche Äußerungen habe ich in den letzten Wochen und Monaten häufiger gehört. Ein nachhaltiges Leben ist für diese Menschen ganz weit weg. Verzicht gefällt ihnen nicht gut. Bequemlichkeit steht viel weiter oben und da die Notwendigkeit eines nachhaltigen Lebens für viele nicht spürbar ist, ziehen sie es vor, so zu leben, wie sie schon immer gelebt haben. Frage ich hingegen meine Kinder, dann bekomme ich andere Antworten: Wir trennen Müll, weil wir eine schöne Welt behalten wollen; wir sparen Energie, weil wir den Wald lieben; wir geben Acht beim Essen, weil es Kinder auf der Welt gibt, die zu wenig zu essen haben. Wir schauen uns gemeinsam ein Magazin mit großen Fotos an: Rechts sind die schönen Fotos angeordnet – saftige Wiesen, sattgrüne Wälder, glasklare Flüsse, Berge mit Schneekuppen –, links dagegen Fotos von Dürregebieten, Müllbergen, schmelzenden Gletschern, Plastikmüll im Wasser.

Mein Großonkel, ein rumänischer Bischof, war tief verwurzelt im Glauben, trotz 20 Jahre Einzelhaft in Sibirien. Für mich gab es keinen, der mehr als er eine moderne Führungskraft verkörperte: ein Role Model, ein guter Feedbackgeber, humorvoll, eine Fehlerkultur lebend, ohne Vorurteile trotz der Qualen, die er erlitten hatte, engagiert mit Lust am Tun und Bewegen, ohne Groll und Gram, mit Dankbarkeit für die Natur und Umwelt, mit einem offenen Herzen für jedes Gegenüber, so anders es sein mochte, immer dabei, sich weiterzubilden. Wenn sein Bienenstock wenig Honig brachte, sprach er mit den Bienen und suchte einen besseren Standort. Wenn ein Baum in Trockenzeiten braune Blätter bekam, sprach er mit dem Baum und bewässerte ihn und wenn er selbst nicht in seiner Mitte war, horchte er in sich hinein und kümmerte sich in Selbstliebe um sich mit wohlriechenden Tees, mit Spaziergängen, Musik, Yoga, Sauna, um wieder in seine Kraft zu kommen. Ein Mann, der nie sein inneres Kind vergessen hatte und damit in voller Vitalität fast 100 Jahre alt wurde.

Ich sehe viele Führungskräfte – auf Konferenzen, bei Vorträgen, bei Workshops, in Gremien – kurzum, ich sehe einen guten Querschnitt von Menschen, die heute Verantwortung im Unternehmen tragen, und damit nicht nur für sich, sondern ebenso für andere und natürlich auch für Umsätze. Hier sehe ich Erfahrungen und Verhaltensweisen, die aus ihrem Leadership heraus resultieren, ein Leadership, wie es bisher an der Tagesordnung ist: geprägt von Disziplin, Hierarchie, andere machen lassen.

Ich wünsche mir für alle, die in irgendeiner Form mit Führung zu tun haben, ein Umdenken hin zu Green Leadership. Bei dem statt kurzfristiger Hauruck-Entscheidungen nachhaltige Lösungen gesucht werden und vor allem nachhaltig Verantwortung übernommen wird im Sinne von Ressourcenorientierung, Langfristigkeit und gesamtsystemischer Denkweise.

Wie soll heute eine Vorbild-Führungskraft sein, die mit den Unsicherheiten, Krisen und Ängsten umgehen kann – mit denen von außen ebenso wie mit den eigenen? Ich meine, so wie mein Großonkel: authentisch, klar und reflektiert in der Selbstwirksamkeit, verantwortungsvoll – und vor allem nachhaltig.

Dieses Buch soll Dir als Führungskraft Tipps geben für Deinen nachhaltigen Alltag, sodass Du Dich traust, mehr Nachhaltigkeit in Deinen Alltag zu lassen – also damit zu beginnen oder vielleicht sogar weiterzumachen, nachhaltig zu handeln. Es war noch nie so nötig wie heute, Nachhaltigkeit nicht nur gemeinsam zu besprechen, sondern danach zu handeln. Und zwar jetzt.

In diesem Buch betrachten wir das Thema Leadership mit einem umfassenden Blick und decken alle Facetten der Nachhaltigkeit ab, um Dir als Führungskraft dabei zu helfen, eine nachhaltige und zukunftsorientierte Unternehmensführung zu etablieren.

Das Buch ist in fünf Oberkapitel unterteilt, die jeweils ein wichtiges Thema behandeln.

1. Nachhaltiges Mindset: Hier geht es darum, wie Du als Führungskraft ein nachhaltiges Bewusstsein bei Dir selbst und in Deinem Team entwickeln kannst, um die Grundlage für eine nachhaltige Führung zu schaffen.
2. Ausrichtung einer nachhaltigen Strategie: In diesem Kapitel lernst du, wie Du eine nachhaltige Unternehmensstrategie entwickelst , die ökologische, soziale und wirtschaftliche Aspekte berücksichtigt, und diese umsetzen kannst.
3. Widerstandsfähige, nachhaltige Governance: Hier erfährst du, wie Du eine widerstandsfähige Governance-Struktur aufbauen kannst, die Nachhaltigkeit in die Entscheidungsfindung und Unternehmenskultur integriert.
4. Nachhaltige Menschen, Kultur, Innovation: Hier dreht sich alles um die Rolle von Menschen, Unternehmenskultur und Innovation bei der Förderung einer nachhaltigen Entwicklung. Du erhältst Einblicke in bewährte Praktiken und inspirierende Beispiele.

5. Nachhaltige Kommunikation mit Stakeholdern: In diesem Kapitel erfährst du, wie Du effektiv mit internen und externen Stakeholdern kommunizieren kannst, um Deine Nachhaltigkeitsziele zu vermitteln und Partnerschaften aufzubauen.

Jedes Oberkapitel ist weiter unterteilt in verschiedene Unterkapitel, die einen einheitlichen Aufbau haben.

- Einführung des Kapitelthemas: Hier finden sich Erklärungen und Hintergrundinformationen.
- Box Definition: In dieser Box werden die wichtigen Begriffe und Konzepte definiert, um Dir ein besseres Verständnis zu ermöglichen.
- Fiktives und/oder echtes Beispiel: Um die praktische Anwendung der Konzepte zu veranschaulichen, präsentieren wir sowohl fiktive als auch echte Beispiele aus der Unternehmenswelt.
- Box mit Tipps für Führungskräfte: In dieser Box bieten wir konkrete Empfehlungen und praktische Tipps, die Du als Führungskraft direkt umsetzen kannst.

Im Buch findet sich eine Vielzahl an Fotos und Graphiken. Zu allen Fotos sind die ausführlichen Informationen hinten in einem eigenen Teil aufgeführt. Zu den Fotos von Organisationen, die uns für das Buch mit ihrem Engagement für Nachhaltigkeit aufgefallen sind, finden sich dort zudem weitergehende Informationen zur Organisation und ihrem Engagement. Die wiederkehrende, immer leicht veränderte Graphik für Nachhaltigkeit ist geschützt. Die Rechte liegen bei der Autorin Anabel Ternès und dem Haufe Verlag.

Mit diesem Buch möchten wir einen ganzheitlichen Blick auf das Thema Leadership ermöglichen und Dich dabei unterstützen, nachhaltige Praktiken in Deinem Unternehmen zu implementieren. Wir hoffen, dass es Dir wertvolle Einsichten und Werkzeuge bietet, um als nachhaltige Führungskraft erfolgreich zu sein.

Verwendung von Gender in diesem Buch

In diesem Buch wird die männliche Form verwendet, um die Lesbarkeit und Verständlichkeit des Textes zu gewährleisten. Wir möchten betonen, dass diese Entscheidung keineswegs als Abwertung oder Ausschluss anderer Geschlechter zu verstehen ist. Im Gegenteil, wir sind zutiefst davon überzeugt, dass die Gleichstellung der Geschlechter von großer Bedeutung ist. Wir unterstützen nachdrücklich die 17 Ziele für nachhaltige Entwicklung der Vereinten Nationen (UN SDGs), die sich unter anderem für Geschlechtergleichstellung und die Stärkung von Frauen und Mädchen einsetzen. Daher möchten wir alle Leserinnen, Leser und Menschen jeglichen Geschlechts ermutigen, sich in den dargestellten Inhalten wiederzufinden und sich gleichermaßen angesprochen zu fühlen.

1 Nachhaltiges Mindset

Indische Kinder als Agenten des Wandels, Don Bosco Mondo
© Don Bosco Mondo / Nishant Ratnakar / ichtv
(Nähere Informationen zur Organisation siehe auch Kap. Abb., Seite 315)

Abb. 1: Ganzheitliches Nachhaltigkeitsmodell - Fokus Ich © Anabel Ternes/Haufe 2023

Auf Englisch, da klingt es einfach cooler – geht es Dir vielleicht auch so? Und doch: Mich nerven dabei manchmal die Kunstworte, die deutsche Begriffe mit englischen zusammensetzen. Also so etwas wie eben: Nachhaltiges Mindset. Mindset meint Geisteshaltung. Besser klingt die folgende Beschreibung, die sich vielfach im Netz findet: »Das Mindset beschreibt die Denkweisen, Überzeugungen und Verhaltensmuster beziehungsweise die innere Haltung von Menschen und ist das Resultat ihrer bisherigen Erlebnisse und Erfahrungen.«[1] Also doch besser Nachhaltiges Mindset, wenn das Deutsche komplizierter ist und es das Englische treffend auf den Punkt bringt?

Ich erinnere mich an eine Veranstaltung, auf der ich vor einigen Monaten zum Thema Nachhaltiges Leadership sprach. Hier erzählte ich, warum ich mich für das Thema Nachhaltigkeit engagiere und seit wann. Dass mein Beruf auch Berufung für mich ist, und das schon seit meiner Kindheit. Ich war 6 Jahre alt, meine Eltern waren mit mir gegen meinen Willen nach Norddeutschland auf ein Dorf an der holländischen Grenze gezogen. Ganz weit gucken konnte man dort. Ich vermisste die Innenstadt von Bonn, die kurzen Wege, die ich als kleines Kind selbstständig, z. B. zum Einkaufen, gehen konnte, die Funkenmariechen, die in der Karnevalszeit auf dem Platz vor unserem Haus tanzten und die Erbsensuppe danach aus der Kanone – und meine Freunde. Meine Eltern wollten mich aufmuntern. Sie zeigten mir Norddeich-Mole. Wir hatten einiges dabei, was dafür sprach, dass der Tag schön werden konnte: von Sandeimer, Schaufel und Lupe bis Badehandtuch. Doch was ich damals sah, hat mich bis heute geprägt. In mehrerer Hinsicht: Ich sah Mengen an Plastikmüll am Strand, Möwen, die darin mit ihren Schnäbeln stocherten, um in den Resten noch Essbares zu finden.

Mich machte es damals wütend, den ganzen Müll zu sehen, und ich beschloss an dem Tag, mich für den Planeten Erde einzusetzen, damit er lebenswert bleibt für uns Menschen, und für unsere Rechte auf eine lebenswerte, enkeltaugliche Welt. Seitdem sind viele Jahre vergangen. Jahre, in denen ich in Deutschland und in einigen Ländern auf der Welt soziale sowie Umwelt-Initiativen und auch NGOs gegründet, mitgegründet und mitbewegt habe, von Human Face of AI bis GetYourWings, von Amnesty International bis PLAN International. Und deshalb: Ich bin sicher, dass ich ein nachhaltiges Mindset habe. »Meinen Sie nicht, dass Sie zu emotional an das Thema herangehen«, fragte mich ein Teilnehmer, CEO eines mittelständischen Unternehmens auf dieser Veranstaltung, auf der ich gerade zu Nachhaltigem Leadership gesprochen hatte. »Nein, im Gegenteil«, war meine Antwort. »Wie will ich andere motivieren, inspirieren, engagieren, wenn ich es nicht selbst bin?« Nachhaltiges Mindset hat für mich also viel damit zu tun, dass

---

1 Mindset: Bedeutung, Entwicklung & Beispiele. (o. J.). Hdb-gesellschaften.de. von https://hdb-gesellschaften.de/firmengruendung/mindset.

Yogini bei einer Rückbeugen-Pose, Indien
© Oksana Taran

ich das lebe, was ich selbst bin, d.h. sowohl fühle und denke als auch tue. Dass für diese Haltung in unserer heutigen rasant wandelnden Welt noch dazu Beweglichkeit erforderlich ist, zeigt sich erst bei genauerem Hinschauen.

1.1 Agiles Nachhaltiges Mindset

Agil und nachhaltig klingt für viele wie eine Mischung aus traditionell und digital: Wie soll das gehen? Nachhaltigkeit steht doch für langfristige Planungen und Entwicklungen – agil dagegen für schnelle, wendige Entscheidungen bzw. Entwicklungen. Als ich vor gut zehn Jahren Managing Director des Berliner SRH-Instituts für Nachhaltiges Management wurde, gab es viele Stimmen, die mir gratulierten. Die es als Fortführung meiner Arbeit für Umweltschutz, Naturschutz und Menschenrechte sahen. Es gab aber auch einige, die mich irritiert ansprachen: wieso Du und Nachhaltigkeit? Das Thema interessiert doch keinen, das ist doch veraltet, man sieht doch, da bewegt sich nichts, das will keiner.

Und ja, wenn man reflektiert, dass bereits vor mehr als 50 Jahren eine Gruppe um den Wissenschaftler Meadows das Werk Limits of Growth veröffentlichte und damit viel Aufsehen international erregte, der Club of Rome sich quasi danach ausrichtete und wir heute nach Jahrzehnten konstatieren müssen, dass der Effekt überschaubar ist, den diese »Bewegung« gehabt hat, dann müssen wir uns definitiv Fragen hinsichtlich der Agilität stellen. Aber vornehmlich nicht in Bezug auf die Wissenschaft –, sondern in Bezug auf die Praxis und Umsetzung.

Nicht der Begriff Nachhaltigkeit ist veraltet. Nicht das Wort ist es, was viele schon damals »nicht mehr hören« wollten bzw. konnten. Es ist der Ansatz, der auch heute noch häufig mit dem Begriff daherkommt: Nachhaltigkeit kommt vielen vor wie ein fremdes unförmiges großes Tier, von dem man nicht so richtig weiß, wie es durch die Tür passt. Und wenn das dann geschafft ist, fürchtet sich jeder davor, was dessen Dasein letztlich für Konsequenzen hat. Jeder Versuch, es mit Gewohntem zu vergleichen, scheitert und macht es nur schwieriger, mit Nachhaltigkeit klarzukommen.

Nachhaltigkeit kann aber nur nachhaltig wirken, wenn Leichtigkeit dabei ist. Eingetretene Pfade stören ebenso bei der Einführung neuer ökologisch sinnvoller Technologien wie bei der Bildung diverser Teams. Agilität und Nachhaltigkeit gehören zusammen, wenn Nachhaltigkeit erfolgreich umgesetzt werden soll. Allerdings ist das, was sich in der Theorie so einfach anhört, alles andere als einfach. Es braucht überlegtes Handeln und die kleinen Schritte, die Lernen erfolgreich machen. Denn wenn mal etwas nicht klappt, sind es nur kleine Korrekturen, die man vornehmen muss. Bei einem großen Schritt hingegen riskiert man große Fehler, deren Folgen deutlich spürbarer sind.

1.1.1 Agile Eigenführung: Ein starkes Team beginnt bei Dir selbst

Ein nachhaltiges Verständnis von Agilität in Bezug auf die eigene Person überträgt die Prinzipien der Agilität aus der Softwareentwicklung und dem Projektmanagement auf das eigene Leben, um dadurch flexibler, effektiver und zufriedener zu werden. Nachhaltige Agilität bedeutet in diesem Kontext, sich schnell und anpassungsfähig auf Veränderungen und Herausforderungen jeglicher Art einzustellen. Um selbst nachhaltig agil zu sein, sollte man seine Ziele und Prioritäten regelmäßig überprüfen und anpassen, Hindernisse auf dem Weg dorthin nicht als unüberwindbare Hürden, sondern als Herausforderung sehen und offen für Veränderungen sein.

Studien zeigen, dass ein nachhaltig agiles Mindset und Verhalten bei Führungskräften zu höherer Arbeitszufriedenheit, besserer Work-Life-Balance und größerem Engagement führt. Eine Kombination aus Meditation und agilen Prinzipien trägt dazu bei, Stress abzubauen, Burn-out zu vermeiden und die Anpassungsfähigkeit zu stärken.

Definition

Selbst nachhaltig agil zu sein bedeutet, sich schnell mit einem auf Langfristigkeit und Ressourcenorientierung angelegten Verständnis an Veränderungen anzupassen und auf neue Herausforderungen flexibel zu reagieren: Wie arbeite ich

iterativ und inkrementell und wie etabliere ich eine Kultur der ständigen Verbesserung in meinen Führungsalltag? Mit dem Blick der Nachhaltigkeit setzt man seine Ressourcen effektiv ein und erholt sich ausreichend, um langfristig produktiv und ausgeglichen zu bleiben.

BEISPIEL

Vor ein paar Jahren arbeitete Lisa in einem mittelständischen Unternehmen, das sich auf nachhaltige Verpackungslösungen spezialisiert hatte. Das Team bestand aus motivierten und engagierten Mitarbeitern, aber dennoch hatte es mit einigen Herausforderungen zu kämpfen. Eines Tages führte der CEO ein neues Konzept ein, das er »Agile Eigenführung« nannte. Er erklärte, dass dies eine innovative Herangehensweise sei, bei der jede/r Mitarbeitende befähigt würde, Verantwortung für seine eigene Arbeit und Entwicklung zu übernehmen. Als skeptische Mitarbeiterin war Lisa zunächst etwas misstrauisch, ob dieses Konzept tatsächlich funktionieren könnte. Aber schon bald merkte sie, dass sich etwas veränderte. Statt starrer Hierarchien und Mikromanagement wurde eine Atmosphäre des Vertrauens und der Offenheit geschaffen. Jede und jeder Mitarbeitende hatte die Möglichkeit, seine Ideen und Vorschläge einzubringen und Verantwortung für Projekte zu übernehmen, die sie persönlich interessierten.
Ein Beispiel für Agile Eigenführung in Aktion war die Entwicklung einer neuen nachhaltigen Verpackungslösung für einen großen Kunden. Statt dass die Idee von oben diktiert wurde, bildete sich ein interdisziplinäres Team aus verschiedenen Abteilungen, das gemeinsam an der Lösung arbeitete. Jeder brachte seine Expertise ein und arbeitete eng zusammen, um eine Verpackung zu entwickeln, die sowohl ökologisch als auch funktional war. Während des Projekts gab es regelmäßige Stand-up-Meetings, bei denen jede/r Mitarbeite über den eigenen Fortschritt berichtete, Herausforderungen diskutierte und Feedback einholte. Dadurch konnten alle schnell auf Veränderungen reagieren und Anpassungen vornehmen, ohne Zeit zu verschwenden.
Das Ergebnis war beeindruckend. Das Team entwickelte eine innovative Verpackungslösung, die den Kundenerwartungen entsprach und gleichzeitig die Nachhaltigkeitsziele erfüllte. Dieses Projekt war nicht nur ein Erfolg für das Unternehmen, sondern auch ein Beweis dafür, dass Agile Eigenführung und Nachhaltiges Leadership Hand in Hand gehen können.

TIPPS

1. Traue Dich, neue Ideen auszuprobieren und Fehler zu machen, um daraus zu lernen und Dich weiterzuentwickeln. Schaffe eine Unternehmenskultur, die Experimente und Risikobereitschaft fördert.
2. Nutze Design Thinking oder ähnliche Ansätze als Methode, um die Bedürfnisse der Kunden besser zu verstehen und schnellere Lösungen zu entwickeln.
3. Verwende agile Metriken wie »Lead Time« und »Cycle Time«, um die Leistung Deines Teams messen und verbessern zu können.

1.1.2 Agile Zusammenarbeit: Stärken stärken, Schwächen schwächen

In der Arbeitswelt hat Agilität seinen festen Platz. Mit diesem Ansatz können Teams schnell und flexibel auf Veränderungen reagieren, indem sie regelmäßig Feedback einholen, sich ständig anpassen und gemeinsam Lösungen für Probleme finden. Nachhaltigkeit spielt eine wichtige Rolle in agilen Arbeitsweisen, da Teams nicht nur auf kurzfristige Ziele fokussiert sind, sondern auch darauf achten, dass ihre Arbeit langfristig tragfähig und nachhaltig ist. Um diese Arbeitsweise zu ermöglichen, ist es als Führungskraft notwendig, veraltete Arbeitsstrukturen aufzubrechen und die Möglichkeit einer agilen Arbeitsweise im Team zu verankern.

Definition

Bei einer nachhaltigen Agilität im Team stehen eine offene Kommunikation, flexible Arbeitsprozesse und der Fokus auf die Work-Life-Balance und Gesundheit der Teammitglieder im Vordergrund. Diese führen zu einer höheren Nachhaltigkeit sowohl im Umgang miteinander als auch in den Prozessen und Ergebnissen.

BEISPIELE

Als die Marketingabteilung von Global Solutions von ihrem neuen Projekt hört, ist sie aufgeregt und begeistert, aber auch ein wenig besorgt. Der Auftraggeber hat ein sehr enges Zeitfenster für die Fertigstellung gesetzt und das Team weiß, dass es eine enorme Herausforderung bedeutet, es innerhalb dieser Zeitvorgabe zu schaffen. Das Team um die Projektleiterin Katja beschließt, das Projekt mit einer agilen Arbeitsweise anzugehen. Das funktioniert natürlich nicht einfach so. Da sich aber das Unternehmen seit Monaten auf agile Arbeitsweisen mit Weiterbildung und kleinen internen Pilotprojekten vorbereitet hat, beschließt das Team, sich zuzutrauen, dieses Außenprojekt agil durchzuführen. Sie teilen das Projekt in kleinere Schritte auf, die sie schnell umsetzen können. Sie halten sich strikt an die täglichen Meetings. Dort besprechen sie ihre Fortschritte und lösen Probleme, die auftreten.

Obwohl das Team einige Rückschläge hat und auch mal umdisponieren muss, ist es durch den agilen Ansatz in der Lage, das Projekt rechtzeitig abzuschließen und dem Kunden ein Ergebnis zu präsentieren, das dessen Erwartungen übertrifft.

Das Spotify Modell ist ein gutes Beispiel für die Umsetzung agiler Teams in einem Unternehmen. Die Basis dieses Modells bilden die Squads, die einem Scrum Team ähneln. Sie sind selbstorganisiert und sollen den Charakter eines Mini-Start-ups haben. Das bedeutet, dass sie mit allen notwendigen Kompetenzen und Fachwissen ausgestattet sind, um ein Produkt oder eine Dienstleistung von Anfang bis Ende zu entwickeln. Jedes Squad bei Spotify hat eine langfristige Mission, die sich auf die Entwicklung und Verbesserung eines bestimmten Teils des Musikdienstes konzentriert. Die Stärke dieses Modells liegt darin, dass Mitarbeitende mit unterschiedlichem Fachwissen zusammenarbeiten und so autonom arbeiten können. Gleichzeitig können Mitarbeitende mit demselben Fachwissen in Chaptern und Guilds Erfahrungen austauschen und sich in ihrem Fachgebiet weiterentwickeln. Die Umsetzung eines agilen Teams erfordert allerdings auch eine Veränderung der Unternehmenskultur und eine enge Zusammenarbeit zwischen der Agile-HR-Abteilung und den Teams. Dennoch sollte dies kein Grund sein, diese Veränderung nicht einzuleiten. Das Spotify Modell zeigt, dass agile Teams erfolgreich sein und eine positive Auswirkung auf die Produktentwicklung und das Unternehmen haben können. Es zeigt aber auch, wie Nachhaltigkeit als Handlungs- und Organisationsprinzip erfolgreich verstanden und eingesetzt wird: Nachhaltigkeit heißt nicht, langfristig bei einer Entscheidung zu bleiben, sondern klug und ressourcenorien-

tiert zu wirken. In diesem Fall wird die Ressourcenorientierung auch ganz klar in der kollaborativen Entwicklung von Fachwissen umgesetzt.
Quelle: https://agilescrumgroup.de/spotify-modell/

TIPPS

1. Fördere im Team eine Kultur des Vertrauens und der Offenheit, indem Du transparente Kommunikation unterstützt. Nutze moderne Tools und Plattformen, um Echtzeit-Kommunikation und kollaboratives Arbeiten zu ermöglichen, damit Teammitglieder leicht Ideen austauschen, Feedback geben und Entscheidungen gemeinsam treffen können.
2. Setze auf flexible Arbeitsmodelle, die die individuellen Bedürfnisse und Präferenzen der Teammitglieder berücksichtigen. Durch die Integration von Remote-Arbeitsoptionen und die Schaffung einer ausgewogenen Work-Life-Balance förderst Du die Motivation und das Engagement der Mitarbeiter, was zu einer nachhaltigen Teamleistung führt.
3. Investiere in kontinuierliche Weiterentwicklung und Lernmöglichkeiten für Dein Team. Biete innovative Schulungsprogramme an, die den individuellen Entwicklungspfad jedes Mitarbeiters unterstützen. Durch die Förderung von lebenslangem Lernen und die Bereitstellung von Ressourcen zur persönlichen Weiterentwicklung ermöglichst Du eine ständige Verbesserung und Innovation im Team.

1.1.3 Agile Prozesse: Flexibilität und Effizienz in Geschäftsprozessen

In den letzten Jahren haben agile Prozesse immer mehr an Bedeutung gewonnen. Statt starrer Prozesse werden die Aufgaben in kleine Schritte aufgeteilt und regelmäßig angepasst, d. h., es wird auf schnelle Anpassungsfähigkeit, Flexibilität und regelmäßiges Feedback gesetzt. Das ermöglicht Unternehmen, schnell auf Veränderungen zu reagieren und bessere Ergebnisse zu erzielen. Insbesondere nachhaltige agile Prozesse machen diese langfristig erfolgreich. Dazu gehört beispielsweise der Einsatz umweltfreundlicher Technologien, die Berücksichtigung der Work-Life-Balance der Mitarbeitenden und eine ressourcenschonende Arbeitsweise. Hier ist die Führungsebene gefragt, diese nachhaltigen Aspekte der vorhandenen Prozesse herauszuarbeiten bzw. mithilfe agiler Prozesse neu zu etablieren.

Definition

Agile Methoden und Frameworks sind Ansätze im Projektmanagement, die darauf abzielen, Prozesse schnell und flexibel an veränderte Bedingungen anzupassen. Dabei wird auf iterative (wiederholende), inkrementelle (schrittweise erfolgende, aufeinander aufbauende) und kollaborative (zusammenarbeitende) Arbeitsmethoden gesetzt, um schnelle Ergebnisse gemeinsam zu erzielen, die gleichzeitig nachhaltig sind im Sinne von langfristig ausgerichtet, stabil, effizient gemanagt und synergetisch. Nachhaltigkeit hier zugrunde zu legen, ermöglicht, kurzfristige Zielmarken und Prozesse auf langfristige Ziele und auf eine Vision wirkungsvoll auszurichten.

BEISPIEL

Innovation, Flexibilität und Geschwindigkeit sind für Unternehmen heutzutage entscheidend, um im Wettbewerb zu bestehen. So auch für Bosch Home and Garden, die sich für agile Methoden und Frameworks entschieden haben, um ihre Produkte schneller auf den Markt zu bringen. Statt monatelangen Planungs- und Entwicklungsprozessen arbeiten die Teams nun in Drei-Wochen-Sprints. Dabei werden klare Ziele für jeden Sprint definiert, die in einem Sprint-Backlog festgehalten werden. Am Ende jedes Sprints gibt es eine Retrospektive, in der das Team gemeinsam reflektiert, was gut lief und was verbessert werden kann. Ein weiteres wichtiges Element der agilen Methoden ist die enge Zusammenarbeit zwischen den verschiedenen Teams und Abteilungen. So gibt es beispielsweise regelmäßige Stand-up-Meetings, in denen alle Teammitglieder über ihren Fortschritt und Herausforderungen berichten und gemeinsam Lösungen finden. Um die Agilität im

Unternehmen weiter zu fördern, haben sich die Mitarbeitenden von Bosch Home and Garden auch mit verschiedenen Frameworks auseinandergesetzt, wie beispielsweise Scrum und Kanban. Dabei wurden die Frameworks nicht einfach übernommen, sondern individuell auf die Bedürfnisse des Unternehmens angepasst. Die Vorteile der agilen Methoden und Frameworks sind für Bosch Home and Garden deutlich spürbar. So konnte die Entwicklungszeit für neue Produkte um bis zu 50 % reduziert werden und die Kunden sind mit den Produkten noch zufriedener als zuvor. Auch die Mitarbeitenden profitieren von der agilen Arbeitsweise, da sie mehr Verantwortung übernehmen und sich stärker in den Entwicklungsprozess einbringen können. Für Bosch Home and Garden ist die agile Arbeitsweise mittlerweile zu einem wichtigen Bestandteil ihrer Unternehmenskultur geworden. Denn nur so können sie flexibel auf Veränderungen am Markt reagieren und ihren Kunden immer die besten Produkte bieten.
Quelle: https://www.bosch.com/de/stories/home-and-garden-dreiwoechige-sprints/

Wir hatten zunächst nur eine vage Vorstellung davon, wie wir den Begriff ›agil‹ mit Leben füllen, um schneller zu besseren Ergebnissen zu kommen. Vorgabe war, dass wir eigenverantwortlich wie ein kleines Unternehmen agieren.
Daniel Friedmann, Sprecher des Ixo-Teams bei HG

TIPPS

1. Implementiere eine kontinuierliche Prozessoptimierung, indem Du agile Methoden wie Lean Management anwendest. Identifiziere Verschwendungen, optimiere den Wertfluss und fördere eine Kultur der kontinuierlichen Verbesserung, um effiziente und flexible Geschäftsprozesse zu etablieren.
2. Ermutige Mitarbeiter, in crossfunktionalen Teams zu arbeiten und ihre Verantwortungsbereiche zu erweitern. Durch den Aufbau multidisziplinärer Teams kannst Du Silos abbauen und die Zusammenarbeit verbessern, was zu agileren Geschäftsprozessen führt und Innovation fördert.
3. Nutze digitale Tools und Automatisierung, um Geschäftsprozesse zu beschleunigen und Fehler zu reduzieren. Setze auf innovative Technologien wie Künstliche Intelligenz und Robotic Process Automation, um manuelle Aufgaben zu automatisieren und Ressourcen für wertschöpfende Tätigkeiten freizusetzen.

1.1.4 Veränderung im Mindset: Der Fokus auf Nachhaltigkeit

Immer mehr Führungskräfte erkennen, dass ein positives Mindset der Schlüssel zum Erfolg ist. Statt sich von Hindernissen entmutigen zu lassen, sehen sie Herausforderungen als Chance, um zu wachsen und sich weiterzuentwickeln.

Definition

Veränderung des Mindsets heißt Änderung der Denk- und Verhaltensmuster, Einstellungen und Überzeugungen, die eine Person hat. Es kann dazu führen, dass man offen für neue Perspektiven und Handlungsweisen wird und bereit ist, alte Gewohnheiten und Annahmen loszulassen, um sich persönlich und beruflich weiterzuentwickeln. Um es als nachhaltig zu deklarieren, geht es grundlegend immer um Ressourcenorientierung, Langfristigkeit und Win-Win-Situationen.

BEISPIEL

Max ist einer der Start-up-Unternehmer in Berlin, für den Gründen nicht nur cool ist, sondern die Verwirklichung seines Traums bedeutet. Er hat schon seit langem die Idee, ein Produkt auf den Markt zu bringen: Beim Programmieren hat er eine Software geschrieben, mit der sich Kundenentscheidungen mithilfe von AI im Voraus planen lassen. Als er beim Vertrieb seines Produktes auf unerwartete Schwierigkeiten stößt, denkt er zuerst daran, aufzugeben. Nach einem Gespräch mit einem Coach versteht er, dass Umdenken ihm hilft, die Situation umzudrehen – indem er seine Sichtweise darauf ändert. Anstatt aufzugeben, ändert er also seine Einstellung. Er beginnt jede Herausforderung als Chance zu sehen, um seine Fähigkeiten zu verbessern und sein Produkt zu optimieren. Er arbeitet hart, lernt aus seinen Fehlern und bleibt hartnäckig. Schließlich hat er auf Kundenfeedbacks hin sein Produkt verbessert, dann zufriedene Pilotkunden gewonnen und letztendlich das Produkt erfolgreich auf dem Markt platziert.

Diese Geschichte zeigt, wie wichtig ein positives nachhaltiges Mindset ist, um als Führungskraft erfolgreich zu sein. Anstatt sich von Schwierigkeiten entmutigen zu lassen, sollten wir uns auf die Chancen konzentrieren, die sich uns bieten. Durch Beharrlichkeit, Lernbereitschaft und Offenheit für Veränderungen – verbunden mit einer gesamtsystemischen ressourcenorientierten Haltung – können wir uns immer weiterentwickeln und unsere beruflichen Ziele klug erreichen.

TIPPS

1. Akzeptiere, dass Veränderungen notwendig sind, um voranzukommen. Betrachte sie als Chancen, nicht als Bedrohungen. Gehe aus Deiner Komfortzone heraus und probiere neue Dinge aus. Erfahrungen zu sammeln und neue Fähigkeiten zu erlernen, kann Dich in Deiner persönlichen und beruflichen Entwicklung voranbringen.
2. Setze klare Ziele und Prioritäten. Überlege, was Du wirklich erreichen willst und was nicht nur dem Unternehmen, sondern auch Dir wirklich wichtig ist.
3. Fokussiere Dich auf Lösungen statt auf Probleme. Statt Dich auf das Problem zu konzentrieren, suche nach Lösungen, die zu Veränderungen im Mindset führen können.

1.1.5 Flexibilität und Anpassungsfähigkeit: Schlüssel zum Erfolg in sich wandelnden Märkten

Um als Führungskraft in einer sich schnell verändernden Welt nachhaltig erfolgreich zu sein, sind Flexibilität, Anpassungsfähigkeit und Ressourcenorientierung von entscheidender Bedeutung. Vor allem in Zeiten wirtschaftlicher, politischer Veränderungen und globaler Herausforderungen wie dem Klimawandel ist dies unverzichtbar.

Dabei geht es nicht um die Aufgabe von Persönlichkeitsmerkmalen. Vergleichbar mit einem Bambus bedeutet diese Fähigkeit im Kontext von Nachhaltigkeit, sich – ohne sich zu verbiegen – schnell auf neue Situationen, Hintergründe, Sachverhalte einzustellen. In einer sich schnell wandelnden digitalen und globalen Welt sind Flexibilität, Anpassungsfähigkeit und Ressourcenorientierung drei zentrale Kompetenzen einer Führungskraft.

Definition

Flexibilität beschreibt die Fähigkeit, schnell und effektiv mit neuen Situationen umzugehen und gegebenenfalls die eigenen Pläne oder Entscheidungen zu ändern. Anpassungsfähigkeit bedeutet, sich auf veränderte Umstände einzustellen und dabei in der Lage zu sein, neue Fähigkeiten zu erlernen.

BEISPIELE

Es war der erste Tag nach dem Urlaub. Lisa hatte schon vor dem Urlaub und auch währenddessen einiges für das Projekt vorbereitet. Als Leitung des Bereiches Produktmarketing hatte sie ständig neue Projekte auf ihrem Tisch., aber dies hier forderte ihre gesamte Konzentration. Der Kunde war strategisch wichtig und vom Umsatz her, den ihr Unternehmen mit ihm bis dato gemacht hatte, einer der wichtigsten. Jetzt wollte er einen neuen Produktbereich erschließen und hatte sie als erste Agentur gefragt. Doch als sie heute am Morgen im Büro ihr E-Mail-Postfach öffnet, erwartete sie eine böse Überraschung: Der Kunde hat kurzfristig abgesagt. Lisa ist verzweifelt. Sie weiß aber, dass sie flexibel sein muss, um diese Situation zu meistern. Sie nutzt daher die Zeit erst einmal, um andere Projekte anzuschieben, denkt aber fortwährend nach, wie sie auf die Absage antworten soll. Sie spricht mit Kollegen. Schließlich kommt ihr eine neue Idee für die abgesagte geplante Kampagne des Kunden, die auf aktuellen Trends basiert. Sie schreibt daher dem Kunden sehr freundlich, dass sie seine Absage sehr bedauert, weil doch die Kampagne, die sie für ihn geplant hatte, alle bisherigen Marketingaktionen anderer bei Weitem

übertrifft und dass ihre Agentur nun notgedrungen Kooperationen mit der Konkurrenz, die bereits angefragt hatte, eingehen müsste.
Mit ihrer Anpassungsfähigkeit, Flexibilität und ihrer freundlichen konsequenten Art konnte Lisa den großen Kunden umstimmen. Ihm gefiel und imponierte, dass sie so freundlich und professionell geblieben war, sich nicht abbringen ließ von ihrer Idee, gleichzeitig aber auch aus einer Stärke heraus die Konsequenzen für eine langfristige Zusammenarbeit aufzeigte und damit auch darlegte, dass sie Qualität zu bieten hatte, die auch andere zu schätzen wüssten. Lisa stellte eine erfolgreiche Kampagne auf die Beine, die den Kunden begeisterte. Durch ihre Fähigkeit, schnell auf Veränderungen zu reagieren und sich anzupassen, ohne sich zu verbiegen, konnte sie einen starken Eindruck hinterlassen.
Netflix ist ein gutes Beispiel dafür, wie Unternehmen erfolgreich sein können, indem sie flexibel und anpassungsfähig bleiben. Das Unternehmen hat seine Geschäftsmodelle und -strategien immer wieder radikal geändert, ohne Rücksicht auf das bestehende Geschäft zu nehmen. Ein Beispiel hierfür war der Umstieg auf Streaming, obwohl damit das bisherige DVD-Versandgeschäft beeinträchtigt wurde. Diese Strategie zahlte sich jedoch aus und machte Netflix zum größten und erfolgreichsten Streamingdienst der Welt.
Netflix hat auch in Zukunft vor, sich den sich ständig verändernden Marktbedingungen anzupassen, um erfolgreich zu bleiben. Es hat kürzlich ein günstigeres Abonnement mit Werbung eingeführt und will nun gegen Nutzer vorgehen, die Passwörter mit anderen teilen. Durch diese Anpassungen und Flexibilität bleibt Netflix wettbewerbsfähig und in der Lage, auch mit geänderten Modalitäten seine Kunden zu unterhalten und ihnen die gewünschte Mobilität zu bieten. Unternehmen können von diesem Beispiel lernen, indem sie ihre Geschäftsmodelle und -strategien an die sich ständig verändernden Marktbedingungen anpassen und flexibel bleiben.
Quelle: https://www.sueddeutsche.de/wirtschaft/netflix-streaming-fernsehen-usa-1.5809124

TIPPS

1. Versuche nicht, nur aus Gewohnheit an alten Abläufen oder Ansichten festzuhalten, sondern sei bereit, Dich an neue Gegebenheiten anzupassen. Folge aber nicht jeder neuen Gegebenheit. Es ist wichtig, ein Gefühl für das Gesamtgefüge, für die Situation zu haben, um nur auf die Veränderungen einzugehen, die einen Wandel bzw. einen Verhaltenswechsel sinnvoll machen. Dabei ist Erfahrung hilfreich, Analyse, Intuition ebenso wie ein professionelles gesamtsystemisches Vorgehen.
2. Denke positiv: Betrachte Veränderungen als Chance, um zu wachsen und Dich weiterzuentwickeln. Negative Gedanken und Ängste können Dir den Blick auf die Chancen versperren.

3. Sei kreativ und flexibel: Suche nach innovativen Lösungen und neuen Möglichkeiten, um Herausforderungen zu meistern. Pass Dich an neue Bedingungen an und sei bereit, Deine Pläne und Ziele gesamtsystemisch zu integrieren, um nachhaltig erfolgreich zu sein.

1.1.6 Kollaboration und Zusammenarbeit: Ein starkes Netzwerk für erfolgreiche Projekte

Kollaboration und Zusammenarbeit sind wesentliche Faktoren für den Erfolg in allen Kontexten, insbesondere in Unternehmen und Organisationen. Sie sind eng mit Agilität verbunden und bewirken schnelle Reaktionen auf Veränderungen und das Finden optimaler Lösungen. Beide ermöglichen in Bezug auf Nachhaltigkeit einen effizienteren Einsatz von Ressourcen und das Erreichen einer nachhaltigen erfolgreichen Zukunft. Um diesen Impuls im Unternehmen zu verankern, ist es notwendig, insbesondere in der Führungsebene Kollaboration vorzuleben und auf Rivalitäten zu verzichten.

Die Kultur der Zusammenarbeit innerhalb eines Unternehmens fördert ebenfalls per se Nachhaltigkeit. Eine positive, inklusive und unterstützende Arbeitsumgebung und Unterstützung durch die Führungskraft trägt dazu bei, dass Mitarbeitende motiviert sind, dadurch bessere Leistung bringen und sich dem Unternehmen und einem nachhaltigen Engagement stärker verpflichtet fühlen.

Definition

Kollaboration und Zusammenarbeit beziehen sich auf das gemeinschaftliche Wirken von Menschen oder Gruppen bei der Erreichung eines gemeinsamen Ziels. Es geht darum, Synergien zu nutzen und gemeinsam effektive Lösungen zu entwickeln. Wichtig: Im Gegensatz zu einer einfachen Zusammenarbeit meint Kollaboration das ego-ferne gemeinsame Zusammenwirken an einem Projekt. Ergebnisse sind Gruppenergebnisse und Erfolge werden als gemeinsame gefeiert und nicht als einzelne Führungsheldentaten. Damit steht dieses Prinzip im Gegensatz zu einem Ansatz der individuellen Leitungsbeurteilung, wie er in der Bewertungen von Leistung in der Bildung und Weiterbildung meist noch durchweg üblich ist.

BEISPIEL

Ein Beispiel für ein Unternehmen, das Kollaboration erfolgreich umsetzt, ist das Technologieunternehmen Google. Bei Google wird die Zusammenarbeit durch offene Kommunikation, Teamarbeit und gemeinsame Ziele gefördert. Die Mitarbeiterinnen und Mitarbeiter werden ermutigt, Ideen auszutauschen, voneinander zu lernen und in multidisziplinären Teams zusammenzuarbeiten. Durch regelmäßige Meetings, Workshops und eine offene Bürostruktur wird die Kreativität und Innovation gefördert, was zu innovativen Produkten und gesamtsystemischen Lösungen führt. Dieses integrative Arbeitsumfeld ermöglicht es den Mitarbeitern, ihr volles Potenzial auszuschöpfen und gemeinsam zum Erfolg des Unternehmens beizutragen.

TIPPS

1. Teile Dein Wissen und Deine Fähigkeiten mit anderen und sei bereit, von anderen zu lernen. Nutze die Stärken jedes Teammitglieds, um gemeinsam bessere Ergebnisse zu erzielen.
2. Arbeite an einer positiven Arbeitskultur, die inklusiv, unterstützend und respektvoll ist. Eine angenehme Arbeitsumgebung fördert das Wohlbefinden der Teammitglieder und trägt zu einem erfolgreichen Projektabschluss bei.
3. Konzentriere Dich auf gemeinsame Ziele und nicht auf Deine persönlichen Interessen. Ein gemeinsames Ziel verbindet das Team sowohl untereinander als auch mit der Führungsebene und fördert die Zusammenarbeit.

1.1.7 Transparenz und Offenheit: Basis für erfolgreiche Zusammenarbeit und Vertrauen

Transparenz und Offenheit sind wichtige Prinzipien für ein positives Mindset und eine gesunde zwischenmenschliche nachhaltige Beziehung. Die Fähigkeit von Organisationen und Unternehmen, ihre Aktivitäten und Entscheidungen offen zu kommunizieren und zu dokumentieren, trägt dazu bei, dass sie nachhaltiger agieren und dass ihre Bemühungen in diesem Bereich besser nachvollzogen werden können. Dies stellt sicherlich eine große Herausforderung für eine Führungskraft dar, da das Zurückhalten von Informationen auch immer nicht nur ein Machtinstrument, sondern auch aufgrund von sensiblen Informationen einen Balanceakt darstellt.

Eine transparente und offene Kommunikation hilft, dass die Verantwortlichkeiten klarer definiert werden. Dies ist besonders wichtig, wenn es um die Bewältigung von Umweltproblemen und anderen nachhaltigkeitsbezogenen Herausforderungen geht, die in der Regel komplexe und langfristige Auswirkungen haben.

Ein weiterer wichtiger Aspekt von Transparenz und Offenheit ist die Teilhabe der beteiligten Öffentlichkeit. Unternehmen sollten ihre Aktivitäten und Entscheidungen nicht nur offen kommunizieren, sondern auch Möglichkeiten für Stakeholder, insbesondere Mitarbeitende, Kunden und Partner, bereitstellen, an Entscheidungsprozessen beteiligt zu werden und ihre Meinungen und Bedenken zu äußern.

Insgesamt ist es wichtig, eine offene und transparente Kommunikation zu pflegen, um eine erfolgreiche Zusammenarbeit zu gewährleisten. Indem man sich gegenseitig unterstützt und Vertrauen aufbaut, kann man Herausforderungen gemeinsam bewältigen und das Potenzial jedes Einzelnen besser ausschöpfen. Unternehmen erreichen mehr, wenn sie einen Fehler zugeben und um Unterstützung für die Verbesserung bitten, als diesen zu kaschieren und ggfs. Mitarbeitende, die Fehler aufdecken und benennen, zum Schweigen zu bringen.

Definition

Transparenz bezieht sich auf die Praxis, Informationen zugänglich zu machen, um Klarheit und Vertrauen zu schaffen. Offenheit hingegen bezieht sich auf die Bereitschaft, sich anderen zu öffnen und ihre Perspektiven zu akzeptieren, um eine ehrliche und konstruktive Kommunikation zu ermöglichen.

BEISPIELE

So hatte das (fiktive) Unternehmen KFünf falsche Zahlen bezüglich ihrer Nachhaltigkeitsziele für 2030 an die Presse herausgegeben. Dahinter steckte der Fehler eines Praktikanten. Die PR-Abteilung beriet sich: Auf den Praktikanten schieben wollte man den Fehler nicht, aber abwarten, ob es jemandem auffiel, und sonst nichts machen, das wollte man auch nicht. So entwarf die PR-Abteilung eine Presseerklärung, in der sie die Zahlen richtigstellte und sich für die Nennung der falschen Zahlen entschuldigte. Die neuen Zahlen waren schlechter, das Echo von Kunden, Lesern, Partnern und Mitarbeitenden aber war reinweg positiv. Über die Zahlen sprach kaum einer. Jeder aber bemerkte, dass man es unglaublich groß fand, dass das Unternehmen zu seinen Fehlern gestanden und sich entschuldigt habe. Dadurch wurde das Unternehmen für viele als menschlicher, wärmer und reflektierter – letztendlich nachhaltiger – wahrgenommen.
Im realen Geschäftsleben setzt sich derzeit das Unternehmen Patagonia für mehr Transparenz und Offenheit in der Lieferkette ein und strebt an, die Rückverfolg-

barkeit der Materialien zu ermöglichen. Durch ein Mapping aller beteiligten Unternehmen und Richtlinien für eine lückenlose Überwachungskette soll sichergestellt werden, dass nachhaltige Materialien nicht durch weniger nachhaltige Alternativen ersetzt oder vermischt werden. Patagonia arbeitet bereits mit Zulieferern zusammen, um glaubwürdige Zertifizierungen von unabhängigen Stellen zu erlangen und die Sicherheit zu gewährleisten, dass die ausgewählten Materialien tatsächlich in ihren Produkten verarbeitet sind. Das Unternehmen prüft ständig die neuesten Entwicklungen in den Bereichen Rückverfolgbarkeit und Lieferkettentransparenz und implementiert Best Practices, um die Transparenz in Textil- und anderen Rohstoff-Lieferketten zu steigern.
Quelle: https://eu.patagonia.com/de/de/our-footprint/material-traceability.html

TIPPS

1. Fördere eine offene Kommunikationskultur, indem Du regelmäßig Feedback von allen Stakeholdern, zuallererst den Mitarbeitenden, einholst und konstruktives Feedback gibst. Dadurch schaffst Du Vertrauen und baust Barrieren ab, die eine transparente Arbeitsumgebung verhindern.
2. Sei transparent bei der Entscheidungsfindung und erkläre Deinen Mitarbeitenden, warum bestimmte Entscheidungen getroffen werden. Du kannst Deine Mitarbeitenden einladen, Fragen zu stellen oder Vorschläge zu machen, um eine offene Diskussion zu führen.
3. Stelle sicher, dass alle Mitarbeitenden Zugang zu relevanten Informationen haben, um ihre Arbeit besser zu verstehen und zu verbessern. Offenheit bei Daten und Prozessen hilft, Verständnis und Motivation zu schaffen. Dadurch verstehen die Mitarbeitenden, wie ihre Arbeit zum Erfolg des Unternehmens beiträgt.

1.1.8 Lernbereitschaft und Weiterbildung: Schlüssel zur persönlichen und organisationalen Entwicklung

Lernbereitschaft und Weiterbildung sind wichtige Aspekte für persönliches Wachstum und beruflichen Erfolg. Für eine Führungskraft sollte dies selbstverständlich sein, denn ein Aufstieg auf der Karriereleiter ist in der Regel mit neu erworbenem Wissen für neue Aufgabengebiete verbunden. Die einfache Formel lautet: ohne Lernbereitschaft keine Agilität, sowohl auf der persönlichen Ebene einer Führungskraft als auch in dem von ihr verantworteten Bereich.

Definition

Lernbereitschaft bezieht sich auf die Fähigkeit und Bereitschaft, kontinuierlich zu lernen und sich neuen Herausforderungen zu stellen. Weiterbildung hingegen bezieht sich auf die gezielte Entwicklung von Fähigkeiten und Wissen durch spezifische Schulungen oder Kurse, um das eigene Potenzial zu maximieren und den Karriereweg voranzutreiben. Nur dann, wenn diese auf Langfristigkeit angelegt sind, stellen sich auch nachhaltige Lernerfolge ein.

BEISPIELE

Für das Unternehmen BOXX ist Diversity mehr als nur Nebensache. Die Geschäftsführung glaubt, dass jeder Mitarbeitende Interesse hat, dazuzulernen, neue spannende Dinge zu verstehen, sich mitgenommen fühlen möchte und bereit ist, sich dafür in Maßen zu engagieren. Deshalb bietet das Unternehmen jedem seiner Mitarbeitenden das gleiche Weiterbildungsprogramm an, ob Führungskraft oder einfacher Arbeiter. Und hat dadurch häufiger Aha-Effekte. Dann nämlich, wenn Mitarbeitende, die scheinbar in einem Bereich zufrieden sind und gute Arbeit leisten, nach einer selbst gewählten Weiterbildung in einen anderen Bereich wechseln wollen – und hier nicht wiederzuerkennen sind. Und zwar ganz einfach, weil sie dort genau in dem Bereich arbeiten, in dem sie ihre Talente perfekt einbringen können. Chancen geben und alle mitnehmen, das ist eines der Mottos des Unternehmens. Und es funktioniert. Gerade Fachkräftemangel ist deshalb für BOXX kein Thema. Nicht nur, dass sich jeder Mitarbeitende durch die gleichen Weiterbildungsmöglichkeiten gleich wertgeschätzt fühlt. Auch ältere Mitarbeitende, die schon in Ruhestand gegangen sind, kommen gern in Teilzeit oder als freie Mitarbeitende zurück in ihr ehemaliges Unternehmen. Insgesamt ist es wichtig, dass Führungskräfte ebenso wie der oder die Einzelne eine positive Einstellung gegenüber Lernbereitschaft und

Weiterbildung haben, um beruflichen Erfolg zu erreichen. Indem man sich ständig weiterbildet und bereit ist, neue Herausforderungen anzunehmen, kann man wertvolle Fähigkeiten und Erfahrungen sammeln, die es einem ermöglichen, in der Karriere weiter voranzukommen und seine Ziele zu erreichen.
Die Digitalisierung verändert die Arbeitswelt und stellt Unternehmen, wie beispielsweise Google, vor große Herausforderungen. Insbesondere qualifizierte Fachkräfte mit digitaler Kompetenz werden immer mehr gesucht. Die Google Zukunftswerkstatt hat mit den Google Career Certificates ein neues Weiterbildungsprogramm gestartet, das Menschen die Möglichkeit gibt, sich IT-Kenntnisse anzueignen, die auf dem Arbeitsmarkt besonders gefragt sind. Es handelt sich um Trainings in vier besonders stark nachgefragten IT-Berufsfeldern: Projektmanagement, UX-Design, Datenanalyse und IT-Support. Die Kurse setzen keine einschlägige Berufserfahrung voraus und auch ein entsprechender Hochschulabschluss ist nicht erforderlich.
Die Trainings sind zum selbstständigen Lernen online auf der Plattform Coursera abrufbar. Wer Interesse an dem Kursangebot hat, muss lediglich eine kurze Online-Bewerbung ausfüllen. Um möglichst vielen Menschen die Chance auf berufliche Weiterbildung zu geben, bietet Google 100.000 Zertifizierungsstipendien für Menschen in Europa, Afrika und dem Nahen Osten an. Die Kurse sind Teil der von Google gemeinsam mit zahlreichen Partnern gegründeten Google Zukunftswerkstatt. Mit dieser Bildungsinitiative möchte Google die Chancen der Digitalisierung sichtbar machen und Impulse im Bereich der digitalen Weiterbildung setzen.
Quelle: https://www.handelsblatt.com/adv/google-zukunftswerkstatt/google-career-certificates-mit-weiterbildung-die-chancen-der-digitalisierung-nutzen/27678374.html

TIPPS

1. Biete Deinen Mitarbeitenden bzw. Deinem Team regelmäßig Schulungen und Kurse an, um ihre Fähigkeiten und Kenntnisse zu erweitern. Das zeigt, dass Du in die Entwicklung Deiner Mitarbeitenden investierst, und fördert eine Kultur der Weiterbildung. Schaffe Zeit und Raum für informelles Lernen und ermögliche ihnen, sich auszutauschen und voneinander zu lernen, beispielsweise durch Reverse Mentoring, Buddy-Konzepte, kollegiales Feedback, interne gegenseitige Coaching-Angebote oder interne Schulungen.
2. Setze klare Ziele für die Weiterbildung Deiner Mitarbeitenden und unterstütze sie bei der Umsetzung dieser Ziele. Gemeinsam kann ein individueller Entwicklungsplan erstellt werden, der auf die Bedürfnisse jedes Mitarbeitenden abgestimmt ist.
3. Zeige als Führungskraft selbst Lernbereitschaft und investiere in Deine eigene Weiterbildung. Indem Du Dich regelmäßig weiterbildest und neue Herausforderungen annimmst, kannst Du ein Vorbild für Deine Mitarbeitenden sein und eine Kultur der kontinuierlichen Verbesserung fördern.

1.1.9 Entscheidungsfindung und Problemlösung: Agile Ansätze für effektive Prozesse

Entscheidungsfindung und Problemlösungskompetenz sind wesentliche Fähigkeiten für Führungskräfte. Ein wichtiger Aspekt bei der Entscheidungsfindung ist, dass sie auf Fakten bzw. Daten basiert. Dies erfordert ein gründliches Verständnis der Situation sowie eine Analyse der verfügbaren Informationen.

Definition

Entscheidungsfindung und Problemlösung beziehen sich auf den Prozess, bei dem ein Problem erkannt und eine Lösung gefunden wird. Dabei werden Entscheidungen auf der Grundlage von fundierten Informationen und Kriterien getroffen, um eine positive Veränderung herbeizuführen oder ein Ziel zu erreichen.

BEISPIELE

Die mittelständische Hotelkette BARU ist mit einem starken Umsatzrückgang konfrontiert. Um das Problem zu lösen, analysieren die Führungskräfte die Gründe für den Umsatzrückgang. Als mögliche Gründe identifizieren sie mangelnde Marketingaktivitäten. Die vielen schlechten Bewertungen deuten auch auf eine unzureichende Produktqualität hin. Was ist es genau? Neben der Durchsicht aller digital zugänglichen Quellen, Feedbacks und Fotos suchen die Führungskräfte in der

Gewinn- und Verlustrechnung der Hotelkette nach Auffälligkeiten und schauen sich die Hotels vor Ort an. Durch das Sammeln von Daten und Informationen können die Führungskräfte eine fundierte Entscheidung treffen, welche Maßnahmen ergriffen werden müssen, um das Problem zu lösen.
Eine weitere wichtige Kompetenz bei der Entscheidungsfindung und Problemlösung ist die Fähigkeit, verschiedene Optionen und Lösungen zu bewerten und abzuwägen. Dies erfordert eine klare und strukturierte Herangehensweise sowie die Einbeziehung von relevanten Stakeholdern und Experten. Nur so können Führungskräfte die besten Entscheidungen treffen und Probleme effektiv lösen.
Die Geschichte der IKEA Flatpacks ist ein perfektes Beispiel dafür, wie effektive Entscheidungsfindung und Problemlösungskompetenz zu revolutionären Veränderungen in einer Branche führen können. Der Gründer von IKEA, Ingvar Kamprad, erkannte schon früh, dass die Kosten für den Versand sperriger Möbel zu hoch waren. Die Notwendigkeit, die Transportkosten zu senken, führte zur Geburt der Flat-Pack-Idee. Gillis Lundgren, eine der Schlüsselfiguren für den Erfolg von IKEA, spielte eine wichtige Rolle bei der Verbreitung der Idee der Flat-Pack-Möbel. Seine einfache Idee, die Beine eines Tisches abzunehmen, um diesen in sein Auto zu packen, führte zur Entwicklung des IKEA-Flat-Pack-Konzepts. Lundgrens Beitrag revolutionierte die Möbelindustrie und machte die Herstellung von Möbeln erschwinglicher, bequemer und nachhaltiger. Das Flat-Pack-Konzept von IKEA hat sich erheblich auf das Wachstum des Unternehmens ausgewirkt, da es einen einfacheren Transport der Produkte ermöglicht und die Versandkosten senkt. Es hat auch das Möbeldesign beeinflusst, indem es Designer dazu ermutigt hat, funktionale und minimalistische Produkte zu entwerfen, die sich leicht zusammenbauen lassen.
Quelle: https://www.ikea.com/ph/en/this-is-ikea/about-us/the-story-of-ikea-flatpacks-puba710ccb0

Die Geschichte der IKEA Flatpacks unterstreicht die Bedeutung von Problemlösung und Entscheidungsfindung in der Wirtschaft. Wenn man als Führungskraft vor Herausforderungen steht, ist es wichtig, über den Tellerrand hinauszuschauen und innovative Lösungen zu finden. Führungskräfte, die bereit sind, Risiken einzugehen und neue Ideen umzusetzen, werden mit größerer Wahrscheinlichkeit erfolgreich sein – und damit auch ihre Unternehmen – und die Landschaft ihrer Branche verändern, so wie es IKEA mit seinem Flatpack-Konzept getan hat.

TIPPS

1. Identifiziere das Problem klar und genau, bevor Du Entscheidungen triffst. Vermeide es, voreilige Entscheidungen auf der Grundlage unklarer oder unvollständiger Informationen zu treffen.
2. Verwende strukturierte Methoden, um Entscheidungen zu treffen und Probleme zu lösen, wie zum Beispiel SWOT-Analysen, Mindmapping oder Entschei-

Zahnarztpraxis als Wohlfühlort,
Architekten GRAFT, Ku 64, Headquarters,
Berlin Kudamm
© Ku 64
(Nähere Informationen zur Organisation
siehe auch Kap. Abb., Seite 316)

dungsbaumanalysen. Diese Methoden helfen dir, alle relevanten Faktoren zu berücksichtigen und Optionen objektiv zu bewerten.
3. Sei mutig und entschlossen: Treffe Entscheidungen. Aber sei auch bereit, Kurskorrekturen vorzunehmen, wenn Du neue Informationen erhältst oder wenn sich die Umstände bzw. die Fakten ändern. Denke daran, dass Entscheidungen und Problemlösung kontinuierliche Prozesse sind und nicht als Einmalentscheidungen behandelt werden sollten.

1.2 Nachhaltige Feedbackkultur

Vor Jahren sprach ich auf einer Konferenz mit ca. 4.000 Teilnehmenden, organisiert von einem der größten deutschen Verbände. Ich wurde am Eingang von einer Vorständin des Verbandes abgeholt, die in der Zeit der Vorbereitung auch meine Ansprechpartnerin gewesen war. Sie, kurze blonde Haare, natürlich, wirkte immer frisch, aufgeräumt, pragmatisch, sprach geradeheraus – eine Frau, die schon viel erlebt hatte, die sich nicht »die Butter vom Brot« nehmen ließ, die aber das Herz auf dem richtigen Fleck hatte, wie man es so sagt. Sie war für mich der Inbegriff einer Frau mit Klasse und Power. Aus den Absprachen hatte sich ein freundschaftlicher Austausch entwickelt.

An dem Tag hatte sie eine Frau dabei, die durch ihr Äußeres sofort auffiel: fast po-lange, mit Extensions verlängerte platinblonde Haare, verlängerte Wimpern, verlängerte mit Glitzer verzierte rote Fingernägel. Meine Ansprechpartnerin hatte mir erzählt, dass sie diese Frau karrieremäßig aufbauen und unterstützen wolle – diese habe es im Leben so schwer gehabt und Frauen müssten doch zusammenhalten. Während mich meine Ansprechpartnerin kurz und herzlich begrüßte, stellte sich »die Neue« sehr detailliert und offen vor: Sie sei die, die Herr X und Herr Y immer fertig machen würden, sie sei das Opfer, sie hätte es schwer, von Beginn an, immer das Gleiche, sie verstehe das nicht – ihr Aussehen könne das doch nicht sein. Mich lobte sie überschwänglich. Sie hätte so viel von mir gehört. Mir war das fast unangenehm, aber in dem Moment ging dieses Gefühl unter – ich musste mich schnell orientieren, gleich ging es los mit Verkabelung und dann würde ich die Konferenz mit meiner Keynote eröffnen. Ein Fotograf hielt den Moment der inoffiziellen Begrüßung mit uns drei Frauen fest.

Ich bekam die Fotos später und hatte das gleiche Gefühl wie in dem damaligen Moment: Berechnung. Die »Neue« erschien mir falsch, kalt, gespielt freundlich. Der Blick auf mich war neidisch, lauernd, vorsichtig und passte so gar nicht dazu, dass sie sich scheinbar so geöffnet hatte gegenüber einer Person, mir, die sie bis dahin gar nicht kannte. Monate später rief mich meine Ansprechpartnerin aufgelöst an: Die damals »Neue« hätte sie betrogen, diese würde schlecht hinter ihrem Rücken über sie reden und habe sie ausgenutzt. Sie sei aufs Tiefste erschüttert: Sie habe diese so unterstützt, sei so für diese eingestanden und habe sich immer vor sie gestellt, auch wenn von außen viele Gegenstimmen kamen. Und jetzt habe sie selbst deshalb ein Reputationsproblem. Es kämen Sätze wie: »Du hast ja wohl gar kein Gefühl für Menschen?! Wen hast Du uns denn da ins Nest gesetzt?? Was die über Dich erzählt hat – allerhand, irgendetwas muss da doch dran sein?!« Ich war erschrocken, erinnerte mich an das Gefühl bei der ersten Begegnung, an das Déjà-vu, als ich die Fotos sah. Warum hatte ich ihr das nicht gleich damals gesagt? Feedback ist so wichtig. Klar und konzentriert. Gutes Feedback darf nicht wertend sein, aber beobachtend, nicht die Person bewertend, aber ihr Verhalten. Ich versuche seitdem, auf diese Gefühle, diese Intuition bewusst zu achten und sie genauso – zeitnah – weiterzugeben. Vielleicht hätte ich meiner Ansprechpartnerin damit früher die Augen geöffnet.

1.2.1 Feedbackkompetenz: Effektiv Rückmeldung geben und Mitarbeiter motivieren

Wirksames Feedback ist ein wichtiger Bestandteil der Führungskommunikation und kann helfen, die Leistung und das Engagement der Mitarbeitenden zu verbessern. Indem Führungskräfte konstruktive Rückmeldungen geben, können sie dazu beitragen, ein positives Arbeitsumfeld zu schaffen, das auf kontinuierlichem Wachstum und Verbesserung basiert.

Feedback zu geben und zu empfangen, erfordert nicht nur eine klare und präzise Kommunikation, sondern auch die Fähigkeit, die richtige Zeit und die richtigen Umstände abzupassen. Wenn Feedback falsch eingesetzt wird, kann es das Vertrauen und den Respekt zwischen zwei Personen stark beeinträchtigen.

Zeit und Umstände sind dabei wichtige Faktoren, um Feedback effektiv zu gestalten. Es ist entscheidend, Feedback zur richtigen Zeit zu geben. Denn optimalerweise sollte die Person bereit und offen sein für die Rückmeldung. Wenn Feedback in einer stressigen oder belastenden Situation gegeben wird, kann es die Wahrnehmung und die Reaktion beider Personen beeinflussen. Aber zu lange auf den besten Moment zu warten, ist schlecht. Je länger man mit einem Feedback wartet, umso weniger sind der betreffenden Person die Situationen, um die es geht, wahrscheinlich präsent.

Klarheit und Genauigkeit sind ebenso wichtig, um das Feedback effektiv zu gestalten. Wenn das Feedback unklar oder vage ist, kann es zu Missverständnissen und Frustration führen. Es ist daher wichtig, Feedback klar, präzise und konkret zu formulieren, um sicherzustellen, dass die Person versteht, was gemeint ist. Auch sollte man vermeiden, wertende Begriffe zu verwenden oder von Verhaltensweisen auf die gesamte Person zu schließen. »Du bist …« verallgemeinert zu Unrecht. Wertende Ausdrücke wie: »… mit diesem schlechten Verhalten bist Du …« haben in einem Feedback keinen Platz.

Vertrauen und Respekt sind Schlüsselfaktoren für eine effektive Feedbackbeziehung. Wenn eine Person das Vertrauen oder den Respekt der anderen verliert, kann es schwierig sein, effektiv Feedback zu geben und zu empfangen. Es ist daher wichtig, eine offene und respektvolle Umgebung zu schaffen, in der Feedback als Chance zur Verbesserung angesehen wird.

Definition

Wirksames Feedback bezieht sich auf einen kommunikativen Prozess, bei dem eine Person einer anderen Person konstruktive Rückmeldungen gibt, z. B. zu ihrem Verhalten oder ihren Leistungen oder auch, um die Empfängerin oder den Empfänger im eigenen Lernprozess zu unterstützen.

BEISPIELE

Kevin, ein Mitarbeiter in der Produktion, hat Schwierigkeiten, seine Aufgaben rechtzeitig abzuschließen. Christiane, seine Führungskraft, sieht das und bietet ihm konkrete Verbesserungsvorschläge an. Sie lobt ihn: »Du hast das bisher wirklich super gemacht, aber Du musst etwas Gas geben, die Deadline muss eingehalten werden.

Ich zeige Dir gern, wie Du Deine Aufgaben besser priorisierst, und gebe Dir ein paar Zeitmanagementtipps weiter, die mir richtig gut geholfen haben.«
Das Unternehmen Adobe ersetzte im Jahr 2012 die jährliche Leistungsüberprüfung und Bewertung durch einen weniger strukturierten Ansatz. Dieser Ansatz, Check-In genannt, fördert offene und laufende Gespräche zwischen Mitarbeitenden und Führungskräften über Leistung und Karrierewachstum sowie den Austausch von Echtzeit-Feedback. Damit soll vermieden werden, dass sich Mitarbeitende am Ende des Jahres benachteiligt und unterbewertet fühlen. Um dem Wachstum des Unternehmens und der steigenden Anzahl von Mitarbeitenden gerecht zu werden, bietet Adobe mit diesem digital unterstützten Check-In die Möglichkeit, Ziele zu dokumentieren, Feedback auszutauschen und Karrierepläne zu erstellen. Durch regelmäßige Gespräche zwischen Mitarbeitenden und Führungskräften werden eine bessere Zusammenarbeit und persönliche Entwicklungen gefördert.

Feedback and ongoing conversations between managers and employees are at the heart of what make check-ins successful – both to ensure employees have the clarity they need to be successful in their roles and to support their career growth.
Gloria Chen, Chief People Officer and EVP, Employees Experience

Quelle: https://www.adobe.com/check-in.html

TIPPS

1. Sei spezifisch und konkret: Vermeide vage und allgemeine Aussagen, indem Du das zu klärende Verhalten oder die Leistung der Mitarbeitenden konkret beschreibst und spezifische Beispiele anführst. Biete Lösungen und Verbesserungsvorschläge an: Feedback sollte nicht nur konstruktiv sein, sondern auch konkrete Verbesserungsvorschläge und Lösungen anbieten. So kann man die Mitarbeitenden in ihren Lernprozessen unterstützen.
2. Sei empathisch und respektvoll: Feedback sollte nicht verletzend oder respektlos sein. Es sollte auf eine empathische und respektvolle Art und Weise gegeben werden – verwende eine positive Sprache und vermeide negatives Feedback. Konzentriere Dich stattdessen darauf, das Verhalten oder die Leistung der Mitarbeitenden positiv zu verstärken und zu bestärken. So kann man die Mitarbeitenden motivieren und inspirieren.
3. Gib regelmäßig Feedback: Feedback sollte kein einmaliges Ereignis sein, sondern regelmäßig gegeben werden. Nur so lassen sich Mitarbeitende in ihrem Lernprozess unterstützen und motivieren.

1.2.2 Mut zur Kritik: Wie Feedback-Seeking das Potenzial von Teams entfesseln kann

Wird in Unternehmen kein Feedback gegeben, werden wertvolle Chancen zur Verbesserung verpasst. Das ist oft eine Frage der Kultur: Manche vermeiden es, Feedback zu geben, aus Angst vor Unannehmlichkeiten, andere geben einfach kein Feedback, weil sie es nicht gewohnt sind oder Angst vor dem Feedback anderer haben. Das Gegenteil ist Feedback-Seeking. Hier bittet man selbst um Feedback. Um Feedback-Seeking und damit eine positive Feedbackkultur zu fördern, ist es als Führungskraft wichtig, eine offene und vertrauensvolle Umgebung zu schaffen. So wird Feedback zur festen Größe als Chance zur Verbesserung im Team oder auch Unternehmen. Mentoring-Programme oder Peer-Feedback-Gruppen sind hier gute Möglichkeiten, den entsprechenden Raum zu schaffen.

Feedback-Seeking ist ein wichtiger Aspekt der Führungskompetenz, bei dem Führungskräfte aktiv Feedback von ihren Mitarbeitern suchen. Diese Praxis ermöglicht es Führungskräften, Einblicke in ihre eigene Leistung, Stärken und Schwächen zu gewinnen und kontinuierlich zu wachsen. Eine Führungskraft, die Feedback-Seeking praktiziert, stellt gezielte Fragen an ihre Mitarbeiter, um deren Perspektiven und Einschätzungen zu erhalten. Indem sie ihre Offenheit für Feedback demonstriert, schafft sie eine Umgebung des Vertrauens und der Offenheit, in der sich Mitarbeitende ermutigt fühlen, ehrlich und konstruktiv zu antworten.

Feedback-Seeking ermöglicht es Führungskräften, ihre eigenen blinden Flecken zu erkennen und zu verstehen, wie sie von ihren Mitarbeitern wahrgenommen werden. Es bietet auch eine wertvolle Gelegenheit, die Bedürfnisse, Erwartungen und Sichtweisen der Mitarbeitenden besser zu verstehen.

Definition

Feedbackvermeidung bezieht sich auf das bewusste oder unbewusste Vermeiden von Feedback durch eine Person. Im Gegensatz dazu meint Feedback-Seeking das proaktive Suchen nach Feedback, um die eigene Leistung und das eigene Verhalten zu verbessern.

BEISPIEL

Zappos ist ein Unternehmen, das sich seit jeher dem Ziel verschrieben hat, alle an seinem Geschäft Beteiligten glücklich zu machen, seien es Kunden, Mitarbeiter, Verkäufer, Aktionäre oder die Gemeinschaft. Um dies zu erreichen, konzentriert sich das Unternehmen auf die vier Cs: Commerce, Customer Service, Company Culture und Community. Ein Weg, um sicherzustellen, dass sie auf dem richtigen Weg sind, ist die aktive Einholung von Feedback von allen Beteiligten. Sie sind davon überzeugt, dass Feedback entscheidend für ihren Erfolg ist und ihnen hilft, sich in allen Bereichen des Unternehmens kontinuierlich zu verbessern. So ermutigt das Unternehmen beispielsweise seine Kunden, Bewertungen und Rezensionen zu seinen Produkten und Dienstleistungen abzugeben, um Verbesserungsmöglichkeiten zu ermitteln und die Bedürfnisse seiner Kunden besser zu erfüllen. Zappos ist sich auch bewusst, dass Feedback nicht immer leicht zu hören ist, aber sie sehen es als Chance, zu lernen und zu wachsen. Sie scheuen sich nicht vor Kritik und suchen aktiv nach konstruktivem Feedback, um zu verstehen, wie sie sich verbessern können.
Quelle: https://www.zappos.com/c/about?utm_campaign=zappos&utm_medium=zappos-home&utm_source=footer&utm_content=text

TIPPS

1. Fördere mit entsprechenden Formaten eine Feedbackkultur, in der Feedback als Chance zur Verbesserung gesehen wird. Mentoring-Programme, Peer-Feedback-Gruppen, und Webinare zum Feedbackgeben unterstützen dies.
2. Betone die Bedeutung von Feedback für das eigene Wachstum und die eigene Entwicklung und zeige, wie Feedback dazu beitragen kann, Ziele zu erreichen. Suche auch als Führungskraft das Feedback Deiner Mitarbeitenden.
3. Bereite Feedbackgespräche sorgfältig vor, notiere die konkreten Fakten und Kernaussagen, um das Feedback spezifisch und aussagekräftig aufzubauen.

1.2.3 Nachhaltiges Feedback: Schlüssel zur Mitarbeiterförderung und -entwicklung

Feedback an die Mitarbeitenden sollte in einem strukturierten Prozess erfolgen, der klare Ziele und Erwartungen definiert, regelmäßige Check-Ins beinhaltet und eine offene und vertrauensvolle Kommunikation fördert. An für sich erscheint das sehr logisch – in der Realität allerdings wird Feedback als Bestandteil der Personalentwicklung oft vergessen oder bewusst ausgespart: zu anstrengend, zu aufwändig, führt unter Umständen dazu, dass der Mitarbeitende das Unternehmen verlässt. Argumente wie diese werden oft genannt und führen dazu, dass Konflikte offen, aber unausgesprochen liegenbleiben, Mitarbeitende frustriert ihren Job nach Vorschrift erledigen und die Reputation eines Unternehmens unter einer schlechten Unternehmenskultur leidet.

Definition

Die Integration von Feedback in die Mitarbeiterförderung und -entwicklung ist ein wesentlicher Bestandteil der Talententwicklung und Personalführung. Feedback kann dazu beitragen, Leistung zu verbessern, Stärken zu fördern und Entwicklungsbereiche zu identifizieren.

BEISPIEL

John, Marketingmanager bei einem nachhaltigen Verpackungsunternehmen, bespricht seine Herausforderungen und Ideen mit seinem Vorgesetztem Mike einmal monatlich. Mit diesem regelmäßigen Feedback unterstützt Mike Johns Weiterentwicklung maßgeblich. Nach konstruktiver Kritik und konkreten Möglichkeiten, sich weiterzuentwickeln, fühlt sich John immer ermutigt und seine Arbeit verbessert sich mit jedem Feedback. Mike versteht die Bedeutung von Feedback und Ermutigung für die Mitarbeiterentwicklung als wichtigen Baustein für den Erfolg des Unternehmens.

TIPPS

1. Regelmäßiges Feedback fördert die Entwicklung und Leistung der Mitarbeiter. Feedbackgespräche sollten fest regelmäßig eingeplant werden, damit sie auch die entsprechende Gewichtung bekommen – auf beiden Seiten.
2. Das Feedback einer Führungskraft sollte sowohl Lob und Anerkennung – echtes Lob ermutigt und motiviert Mitarbeitende, ihre Fähigkeiten und Leistungen weiter zu verbessern – als auch konstruktive Kritik enthalten: Mit klaren konstruktiven Inhalten, Tipps und Beispielen aus der Praxis können Mitarbeitende leicht nachvollziehen, wie sie ihre Leistung verbessern können.
3. Offenheit und Transparenz: Eine solche Arbeitsumgebung unterstützt eine Unternehmenskultur, in der die Mitarbeitenden das Gefühl haben, dass sie ihre Gedanken und Ideen frei äußern können. Dies wird dazu beitragen, dass sie sich mehr engagieren und am Arbeitsplatz wohler fühlen.

1.2.4 Feedback, Konflikte und Innovation: Wie Verantwortungsbewusstsein und Eigeninitiative zum Erfolg führen

Die Förderung von Verantwortungsbewusstsein und Eigeninitiative durch Feedback ist ein wichtiger Aspekt in der Entwicklung von Mitarbeitenden. Ein weiterer wichtiger Faktor ist die Fähigkeit, Konflikte zu lösen und Beziehungen zu verbessern. Konflikte können in jedem Arbeitsumfeld auftreten und es ist wichtig, dass Mitarbeitende lernen, diese Konflikte auf eine konstruktive Weise zu lösen. Darüber hinaus ist die Förderung von Innovation und kontinuierlicher Verbesserung ein wichtiger Bestandteil der Entwicklung von Mitarbeitenden und Unternehmen. Indem Mitarbeitende ermutigt werden, neue Ideen einzubringen und Verbesserungen vorzuschlagen, kann das Unternehmen wettbewerbsfähiger werden und sich weiterentwickeln.

Definition

Nachhaltiges Feedback für Mitarbeitende durch die Führungskraft führt zu einer positiven Weiterentwicklung der Mitarbeitenden, sowohl was Verantwortungsübernahme betrifft als auch hinsichtlich des konstruktiven Umgangs mit Konflikten. Umgekehrt gilt dies natürlich genauso.

BEISPIELE

Die Marketingassistentin Anna arbeitet hart in ihrem Job, aber sie fühlt sich frustriert und unmotiviert. Marianne, ihre Chefin, bemerkt dies und beschließt, ihr regelmäßig Feedback zu geben und sie in die Konzeption neuer Marketingkampagnen einzubeziehen. Die Kombination aus regelmäßigen Feedbacktreffen und einer Aufgabe mit mehr Verantwortung und sichtbaren Ergebnissen tut Anna gut. Sie fühlt sich wertgeschätzt. Ihr Verantwortungsbewusstsein und ihre Eigeninitiative wachsen. Sie beginnt, ihre Ideen und Meinungen mit ihrem Team zu teilen und sich proaktiv an der Lösung von Konflikten zu beteiligen. Schließlich ist sie diejenige, die das Team mit Fingerspitzengefühl und regelmäßigem Feedback zu einer erfolgreichen Kampagne führt. Anna wird befördert und ist glücklich, dass ihr Einsatz und ihre Weiterentwicklung von ihrem Unternehmen anerkannt werden.
Bei kununu steht Feedback im Mittelpunkt. Die Plattform bietet Unternehmen und Mitarbeitenden einen Ort, um sich gegenseitig besser zu verstehen und vonein-

ander zu lernen. Mit anonymen Bewertungen können Mitarbeitende ihr Feedback teilen und Unternehmen haben die Möglichkeit, auf diese zu antworten und Verbesserungsmaßnahmen umzusetzen. So können Talente überzeugt und gebunden werden, die perfekt zum Unternehmen passen. Auch kununu selbst arbeitet täglich daran, besser zu werden, und unterstützt Mitarbeitende und Bewerber auf ihrem beruflichen Weg. Mit dem Ziel, dass auf die Frage »Wie läuft's bei der Arbeit?« immer öfter geantwortet wird: »Besser!«
Quelle: https://inside.kununu.com/ueber-kununu/#wofuer-wir-stehen

TIPPS

1. Verbessere die Beziehungen im Team bzw. der Mitarbeitenden untereinander: Schaffe eine Atmosphäre des Zusammenhalts und der respektvollen Offenheit, indem Du regelmäßige Teamaktivitäten organisierst. Fördere die Zusammenarbeit und schaffe ein Umfeld, in dem Deine Mitarbeitenden sich wohlfühlen und Ideen und Meinungen offen austauschen können.
2. Ermutige zu Innovationen: Stelle sicher, dass Deine Mitarbeitenden den Frei- und Kreativraum haben, neue Ideen und Innovationen zu entwickeln. Biete Anreize für innovative Ideen ebenso wie für neue und innovative Wege, um Aufgaben zu erledigen.
3. Stärke die kontinuierliche Verbesserung: Ermutige die Mitarbeitenden, regelmäßig ihre Arbeitsprozesse zu überprüfen und nach Möglichkeiten zur Verbesserung zu suchen. Biete Unterstützung und Ressourcen an, um Veränderungen umzusetzen, und sorge dafür, dass dies im Unternehmen anerkannt und belohnt wird.

1.2.5 Vielfalt stärken, Feedback verbessern: Wie eine inklusive Feedbackkultur zum Erfolg führt

Die Berücksichtigung von Diversität und Inklusion in der Feedbackkultur ist ein wichtiger Aspekt für Unternehmen, um sicherzustellen, dass alle Mitarbeitenden gehört und geschätzt werden. Ein offenes und transparentes Feedbacksystem kann dazu beitragen, dass alle Stimmen gehört werden und dass Mitarbeitende aus verschiedenen Hintergründen sich wohl dabei fühlen, ihr Feedback zu geben. Darüber hinaus sollten Führungskräfte auch Schulungen und Trainingsprogramme zur Verfügung stellen, um das Bewusstsein für die Bedeutung von Diversität und Inklusion zu erhöhen und sicherzustellen, dass alle Mitarbeitenden sensibilisiert sind. Eine Kultur der Inklusion und Diversität kann die Mitarbeiterzufriedenheit erhöhen, die Mitarbeiterbindung stärken und letztendlich dazu beitragen, dass das Unternehmen wettbewerbsfähiger wird.

Definition

Eine Feedbackkultur, die auf Diversität und Inklusion ausgelegt ist, bietet jedem und jeder Mitarbeitenden die Möglichkeit, Feedback zu geben und zu erhalten, unabhängig von Geschlecht, Rasse oder ethnischer Herkunft. Inklusive Feedbackkultur kann dazu beitragen, dass alle Stimmen gehört werden und dass alle Mitglieder des Teams ihr Potenzial ausschöpfen können.

BEISPIELE

Angela war neu in ihrem Team. Im ersten Teammeeting sprachen alle Englisch. »Oh je, alles auf Englisch«, schoss es ihr durch den Kopf. Angela sprach gutes Französisch und Italienisch, aber Englisch? Dass man das von ihr vielleicht erwarten würde, war ihr gar nicht klar gewesen, als sie bei diesem Unternehmen vor ein paar Wochen gestartet war. Lena, die Teamleiterin, die Angelas Blick sah, nahm sie in der Pause zur Seite: »Du, es ist absolut ok, wenn Du heute auf Deutsch sprichst – ich übersetze das dann. Englisch ist hier grundsätzlich wichtig. Lass uns später dazu sprechen, wie Du möglichst schnell in die Sprache kommst.« Angela meldete sich nach der Pause mehrfach zu Wort – das Zuhören war anstrengend, funktionierte aber recht gut und ihre Äußerungen brachten das Team signifikant weiter. »Mir haben Deine Beiträge heute sehr gut gefallen. Du warst nicht nur mutig und hast Dir Gedanken gemacht. Die Vorschläge waren auch noch richtig gut. Ich setze mich dafür ein, dass wir Dir einen Crashkurs bezahlen, der Dich schnell richtig fit macht, was Englisch angeht.«

Microsoft hat in den letzten Jahren seine Feedbackkultur verbessert, um eine offene, vertrauensvolle und kommunikative Arbeitsumgebung zu schaffen. Eine interne Umfrage aus dem Jahr 2018 zeigt, dass zwar 90 % der Angestellten Feedback geben und erhalten wollten, aber nur 25 % tatsächlich regelmäßig Rückmeldungen gaben. Zudem erhielten 93 % der Mitarbeitenden keine konstruktive Kritik. Um eine Feedbackkultur aufzubauen, reicht es nicht aus, nur Feedbacksysteme zu implementieren. Eine Kultur des Feedbacks erfordert eine angemessene Reaktion auf die erhaltenen Rückmeldungen. Eine angemessene Reaktion kann das Engagement der Mitarbeitenden verdoppeln, wie Jacob Morgan in seiner Studie »The Employee Experience Advantage« feststellt.

Microsoft hat gemeinsam mit Neurowissenschaftlern neue Konzepte für seine Feedbackkultur erarbeitet. Sie haben drei Dinge etabliert: Erstens ermutigten sie die Mitarbeiter, bewusst nach Feedback zu fragen. Zweitens forderten sie Mitarbeitende auf, Perspektiven zu sammeln anstatt Feedback zu erhalten. Dies ist ein aktiver Prozess, der von den Mitarbeitenden selbst ausgeht. Schließlich wurde die Online-Feedback-Plattform von Microsoft umgebaut, um qualitatives Feedback zu fördern. Die einzige Möglichkeit, Feedback zu geben, besteht jetzt darin, Kommentare abzugeben. Quantitative Rückmeldungen wurden abgeschafft.

Quelle: https://abilitools.com/2020/11/02/feedback-kultur/

TIPPS

1. Berücksichtige bei der Feedbackkultur Inklusion und Diversität, Unterschiede in Geschlecht, Rasse, ethnischer Herkunft, Religion und sexueller Orientierung bei der Gestaltung von Feedbackmethoden und -systemen.
2. Sensibilisiere Deine Mitarbeiter. Biete Schulungen und Trainingsprogramme an, um das Bewusstsein für die Bedeutung von Diversität und Inklusion zu erhöhen. Je mehr Deine Mitarbeitenden für diese Themen sensibilisiert sind, desto besser kannst Du als Führungskraft eine inklusive Feedbackkultur etablieren.
3. Es ist wichtig, sicherzustellen, dass jeder und jede Mitarbeitende Zugang zu den gleichen Möglichkeiten hat, Feedback zu geben und zu erhalten. Biete Unterstützung für Mitarbeitende an, die Schwierigkeiten haben, sich zu äußern, oder für diejenigen, die aufgrund ihrer Hintergründe möglicherweise mehr Unterstützung benötigen.

1.2.6 Selbstreflexion durch Feedback: Wie Du Dich selbst weiterentwickelst

Feedback für sich selbst zu erhalten und zu nutzen, ist ein wichtiger Bestandteil der persönlichen Entwicklung. Dabei geht es darum, Erkenntnisse über die eigene Arbeitsweise, Stärken und Schwächen zu gewinnen und ausgehend davon an sich zu arbeiten, sich weiterzuentwickeln und Potenziale zu entfalten.

Definition

Regelmäßige Selbstreflexion ist der erste Schritt, die eigene Arbeitsweise und die erzielten Ergebnisse kritisch hinterfragen und bewerten. Gerade wenn man sich auch aus einer Fremdsicht heraus reflektieren kann, ist das Ergebnis hilfreich für die eigene Weiterentwicklung. Zusätzlich ist es sinnvoll, sich mit Kollegen und anderen Stakeholdern auszutauschen, um Feedback und Anregungen zu erhalten – am besten als 360-Grad-Feedback.

BEISPIEL

Es war ein sonniger Tag, als Maria, eine erfahrene Führungskraft in einem renommierten Unternehmen, beschloss, einen ungewöhnlichen Ansatz zu wählen, um ihre Führungsqualitäten zu verbessern. Sie hatte von der Bedeutung der Selbstreflexion in Bezug auf Leadership gehört und beschlossen, eine persönliche Er-

fahrung zu machen, die ihr dabei helfen würde, ihre Stärken und Schwächen als Anführerin besser zu verstehen. Maria entschied sich, an einem Führungskräfteseminar teilzunehmen, das in einem weit entfernten Land stattfand. Das Seminar bot den Teilnehmern die Möglichkeit, eine Woche lang in einer abgelegenen Bergregion zu leben und sich mit ihrer persönlichen Entwicklung als Führungskraft auseinanderzusetzen.
Inmitten der majestätischen Berge und der atemberaubenden Natur begann Maria ihre Reise der Selbstreflexion. Jeden Morgen nahm sie sich Zeit, um über ihre bisherige Führungserfahrung nachzudenken und ihre Entscheidungen zu hinterfragen. Sie reflektierte über ihre Kommunikationsfähigkeiten, ihre Fähigkeit, andere zu motivieren, und ihre Herangehensweise an Herausforderungen. Während ihres Aufenthalts hatte Maria auch die Möglichkeit, mit anderen Führungskräften in Gespräche einzutauchen und von ihren Erfahrungen zu lernen. Sie tauschte sich mit Menschen aus verschiedenen Branchen und Kulturen aus, und diese interkulturelle Perspektive erweiterte ihren Horizont und half ihr, ihre eigene Führungsphilosophie zu schärfen.

TIPPS

1. Sei offen und neugierig: Nimm Feedback nicht persönlich und sei bereit, Dich weiterzuentwickeln. Stelle gezielte Fragen, um mehr über die Wahrnehmung anderer zu erfahren und deren Perspektive zu verstehen.
2. Verwende verschiedene Feedbackmethoden: Nutze nicht nur ein Feedback-Tool, sondern kombiniere verschiedene Methoden wie 360-Grad-Feedback, One-on-One-Gespräche und anonyme Umfragen, um ein umfassenderes Bild zu erhalten.
3. Setze Feedbackziele: Definiere klare Ziele und Maßnahmen auf der Grundlage von Feedback und arbeite gezielt an Deiner Weiterentwicklung. Verfolge Deine Fortschritte und reflektiere regelmäßig.

1.3 Nachhaltiges Self Leadership

»Ich wollte nochmal zum Begriff und so fragen: Self Leadership – das klingt für mich spirituell und esoterisch. Führen hat doch bisher auch ohne das Ganze geklappt. Muss das jetzt sein? Verlangen das jetzt die jüngeren Generationen von uns?« – Das war die erste Frage aus dem Publikum gewesen an diesem Abend nach einem Vortrag über Leadership, den ich vor über 200 Vorstands- und Geschäftsführungsmitgliedern einer großen Holding gehalten hatte. »Was verstehen Sie denn unter spirituell und esoterisch«, fragte ich amüsiert zurück? »Ja, so einen Psycho-Kram, also dieser ganze Quatsch um Wellbeing und so«, kam von dem Teilnehmer als Antwort, einem, soweit ich von der Bühne sehen konnte,

Kakao-Bauer bei der Arbeit
(c) Alfred Ritter Schokolade
(Nähere Informationen zur Organisation siehe auch Kap. Abb., Seite 319)

untersetzten Mittfünfziger im dunklen Anzug mit weißem Hemd. Ob nur er das so sah? Dass die Beschäftigung mit mir selbst als Führungskraft, mit dem Sich-Selbst-Führen etwas Exotisches war?

Nachhaltiges Self-Leadership heißt, dass Führungskräfte nur dann gute Führungskräfte sind, wenn sie gelernt haben, sich selbst zu führen, an sich zu arbeiten, sich weiterzubilden und zu entwickeln. Und sich auch mit ihrer eigenen Verletzlichkeit, mit ihren Ängsten und mit ihren dunklen Seiten wie Neid, Missgunst, Schadenfreude auseinandersetzen. Mit Wellbeing hat das einiges zu tun: Nur wenn wir für uns selbst sorgen, auf uns aufpassen und in uns selbst ruhen, können wir aus einer inneren Kraft und Ruhe heraus auch in herausfordernden Zeiten klar und souverän entscheiden, ohne dass wir uns getrieben fühlen. Selbstreflexion und Bei-sich-Bleiben gehören ebenso zum nachhaltigen Self-Leadership – warum habe ich wie in welcher Situation reagiert? Wo bin ich voreingenommen, wo bringe ich Dinge mit in eine Entscheidung, die hier nichts verloren haben? Wo reagiere ich in einer Situation unangemessen, weil gerade Glaubensmuster, alte Trigger oder Traumata wirken?

Nachhaltiges Self Leadership bedeutet keinen Stillstand, keinen Abschluss als Ziel, sondern dauerhafte Entwicklung. Es bedeutet auch kein ständiges Weiterrennen. All das steht im Kontrast zu der alten Vorstellung von Führung, dass die Position einer Führungskraft ein Status ist, für den man viel tut, bis man ihn erworben hat, und von da an das, was man selbst bis dahin gelernt und geleistet hat, von anderen verlangt. All das steht auch konträr zu der Vorstellung, dass Arbeiten heißt: stressig, hektisch, lebensdominierend, anstrengend. Mein eigenes Self-Leadership hatte ich im Krankenhaus gelernt – als nach einem Unfall klar war: Da komme ich nur raus und in ein normales Leben zurück, wenn ich lerne, mich selbst zu führen. Bis dahin hatte ich zwar Träume und Ziele, die ich klar verfolgte, ich ließ mich aber oft vom Arbeitsalltag führen. Ein Termin jagte den nächsten. Die gute 60/40-Regel für meinen Kalender, 60 % Termine, 40 % Freiräume für Kreatives, Strategie – und Pausen, ließ ich oft links liegen. Ließ mir meinen Kalender von meiner Assistentin zupacken. Rückblickend kam ich oft wochenlang gar nicht in einen Entspannungszustand. Wenn ich nicht arbeitete, joggte ich, wanderte, fuhr Rennrad, war auf irgendwelchen Veranstaltungen bis spätabends, um frühmorgens wieder im Flieger nach irgendwo zu sitzen. Regelmäßiges Essen? Keine Zeit. Meditation, Yoga, einfach mal in Ruhe spazieren? Keine Ruhe. Reflektieren, nachdenken, mir Zeit für mich nehmen? Nur mit Coach. So hatte mein Kalender mein Leben diktiert und ich fand es gar nicht schlimm. So ging es auch vielen anderen um mich herum. Wir waren wie in einer Bubble, in der es normal war, dass der Alltag so aussah. Wir lebten an uns vorbei, erreichten beruflich dabei viel, aber auf Kosten unserer Work-Life-Balance. Mir gab ein Krankenhausaufenthalt Zeit zum Nachdenken und Umdenken. Zum Verstehen, dass es ein Geschenk und eine Aufgabe gleichzeitig ist, dass wir uns um uns selbst kümmern – liebevoll, strategisch, nachhaltig.

1.3.1 Eigenverantwortung statt Fremdbestimmung: Der entscheidende Unterschied zwischen Self Leadership und Geführt-Werden

Self Leadership und Führung durch andere sind zwei grundlegende Konzepte in der Arbeitswelt. Beide sind wichtig, um erfolgreich zu sein, aber sie unterscheiden sich in ihrer Herangehensweise und in den Ergebnissen, die sie erzielen.

Definition

Self Leadership bezieht sich auf die Fähigkeit, sich selbst zu führen, indem man Verantwortung für seine Entscheidungen und Handlungen übernimmt, seine Ziele klar definiert und seine eigene Motivation aufrechterhält. Im Gegensatz dazu wird man bei der Führung durch andere von anderen Menschen angeleitet und geleitet, ein bestimmtes Ziel zu erreichen.

BEISPIEL

Bei XESOX steht Christine beispielhaft für Self Leadership. Die Head of Communication arbeitet in einem Team, behält aber gleichzeitig ihre eigenen Ziele im Auge. Sie weiß, was sie erreichen will, und arbeitet hart daran, diese Ziele zu erreichen, ohne dabei auf die Hilfe anderer angewiesen zu sein.
Mark dagegen ist ein typisches Beispiel für Führung durch andere. Der Personal Manager leitet ein Team, indem er den Mitarbeitenden klare Anweisungen gibt und sicherstellt, dass jeder seine Aufgaben erfüllt. Diese Art der Führung kann effektiv sein, wenn das Ziel klar definiert ist und alle Teammitglieder zusammenarbeiten, um es zu erreichen.

TIPPS

1. Als Führungskraft solltest Du Verantwortung für Dein eigenes Handeln und Deine Entscheidungen übernehmen. Reflektiere regelmäßig Deine Erfolge und Fehler, um daraus zu lernen und Dich zu verbessern.
2. Setze klare und messbare Ziele für Dich und Dein Team. Stelle sicher, dass alle Beteiligten die Ziele verstehen und motiviert sind, diese zu erreichen.
3. Es gibt keine universelle Führungsstrategie. Als Führungskraft solltest Du Dich an den Bedürfnissen Deines Teams orientieren und Deine Führungsmethode entsprechend anpassen.

1.3.2 Meister des Selbstcoachings: Wie Du zum eigenen Coach wirst

Sich selbst zu coachen ist effektiv, um persönliche Ziele zu erreichen und das eigene Leben zu verbessern. Selbstreflexion und Selbstmotivation zu fördern und einen klaren Plan zu entwickeln, um Veränderungen herbeizuführen, ist dabei unerlässlich. Der eigene Coach zu sein trägt dazu bei, dass man sich selbst besser kennenlernt und sich auf die Dinge konzentriert, die wirklich wichtig sind, um ein erfülltes Leben zu führen.

Definition

Der Ausdruck »Der eigene Coach sein« bezieht sich auf die Fähigkeit, sich selbst zu coachen, indem man sich selbst reflektiert, Ziele setzt und einen Plan zur Erreichung dieser Ziele entwickelt. Es geht darum, seine eigenen Ressourcen zu nutzen, um persönliches Wachstum und Verbesserungen zu erreichen.

BEISPIEL

Denis hat sich neben seinem Job als Leiter M & A bei ShareYou zum Ziel gesetzt, einen Marathon zu laufen. Um dieses Ziel zu erreichen, setzt er sich kleine Zwischenziele, wie zum Beispiel eine bestimmte Strecke in einer bestimmten Zeit zurückzulegen. Er hat sich einen Pulsmesser gekauft und trackt seine Werte mit einer App in seinem Handy. Zusätzlich hat er sich einen Trainingsplan erstellt und um einen Ernährungsplan ergänzt. Er hat sich vorgenommen, dass sein Training keinen Stress bereiten, sondern neben dem Job einfach machbar sein soll. Als Ideal stellt er sich vor, dass er Prinzipien seines Trainings auch danach beibehält, um nachhaltig fit zu bleiben, wie einen Ernährungsplan, feste Laufzeiten und Ruhephasen, um Kraft zu tanken und zu entspannen. Wichtig ist für ihn auch, seine Erfolge zu feiern. Er identifiziert zudem mögliche Herausforderungen, wie zeitintensive Projekte, die mit seinem Trainingsplan kollidieren können, und plant im Voraus, wie er diese überwinden kann.

TIPPS

1. Definiere klare, messbare und realistische Ziele, die Du erreichen möchtest. Formuliere sie positiv und stelle sicher, dass sie zu Deinen Werten und Deinem Unternehmen passen.

2. Erstelle einen Aktionsplan mit konkreten Schritten, die Dich Deinen Zielen näherbringen. Lege Meilensteine fest und überprüfe regelmäßig, ob Du noch auf Kurs bist.
3. Reflektiere regelmäßig Deine Fortschritte und Herausforderungen. Analysiere, was gut funktioniert und was verbessert werden kann. Frage Dich, welche Verhaltensweisen oder Einstellungen Dich davon abhalten, Deine Ziele zu erreichen.

1.3.3 Self-Consulting: Mit Selbstreflexion zur persönlichen Entwicklung

Die Fähigkeit, der eigene Berater zu sein, ist eine wertvolle Ressource, denn es bedeutet, Verantwortung für seine Entscheidungen zu übernehmen und eigenständig Probleme zu lösen. Dazu gehört auch, seine eigenen Werte, Überzeugungen und Ziele zu definieren und zu verfolgen. Letztendlich ist die Selbst-Beratung eine wertvolle Fähigkeit, um nachhaltig die Kontrolle über das eigene Leben zu behalten und in allen Bereichen des Lebens bessere Entscheidungen zu treffen. Sie hilft, die eigenen Ziele und Träume zu verwirklichen und ein erfülltes Leben zu führen.

Definition

Wenn man sein eigener Berater ist, bedeutet das: Man ist in der Lage, seine eigenen Entscheidungen zu treffen und Probleme eigenständig zu lösen. Es geht darum, Selbstvertrauen und Selbstständigkeit zu entwickeln und sich selbst in allen Aspekten des Lebens beratend zur Seite zu stehen.

BEISPIEL

Janine leitet den Verwaltungsbereich in ihrem Unternehmen Serusa. Sie ist seit 10 Jahren dabei. In der Zwischenzeit hat sie zwei Kinder bekommen, ein Führungsprogramm mitgemacht und ist zweimal befördert worden. Sie steht jetzt vor der Entscheidung, einen neuen Job anzunehmen oder bei ihrem derzeitigen Arbeitgeber zu bleiben. Zwar hat sie sich bisher nicht bei einem anderen Arbeitgeber beworben, aber ihr ist klar, dass sie in ihrer momentanen Situation mit zwei schulpflichtigen Kindern eingeschränkt reisefähig ist. Auch ein Umzug in die Stadt, in der sich das Headquarter ihres Unternehmens befindet, kommt für sie aufgrund ihrer Kinder nicht in Frage. Sie ist aktuell zufrieden mit ihrem Job, aber wenn sie Angebote von anderen Firmen bekommt, kommt sie doch ins Nachdenken. Viele ihrer Kolleginnen haben nach ein oder zwei Jahren das Unternehmen verlassen, denn ihr Arbeitgeber zahlt nicht gut. Auch Weiterbildung wird nicht unterstützt. Aber ein Umstellen auf einen neuen Arbeitgeber bedeutet erst einmal zusätzlichen Zeitaufwand und das Risiko, dass die Unternehmenskultur schlechter ist, der neue Job weniger Spaß macht oder der Vorgesetzte doch nicht so sympathisch ist, wie er im Vorstellungsgespräch zu sein schien. Im Unternehmen redet sie nicht darüber, dass sie gerade ein sehr attraktives Angebot von einem Mitbewerber bekommen hat und das auch noch in der gleichen Stadt mit einem kürzeren Anfahrtsweg und einem tollen Karriereprogramm.
Anstatt sich von anderen beeinflussen zu lassen, nimmt sie sich Zeit, um ihre eigenen Werte und Ziele zu reflektieren und eine proaktive Entscheidung zu treffen. Sie recherchiert die verschiedenen Optionen, holt sich Feedback aus dem Internet ein und wägt sorgfältig Vor- und Nachteile ab. Am Ende trifft sie eine fundierte Entscheidung, die zu ihren Zielen und Werten passt. Janine verlässt ihr Unternehmen. Die Geringschätzung von Weiterbildung, die niedrige Bezahlung und die hohe Fluktuation von Mitarbeitenden waren die Punkte, die für sie den Ausschlag gaben, dass es jetzt genug ist und sie sich auf neue Chancen einlassen kann.

TIPPS

1. Sei selbstreflektierend: Nimm Dir Zeit, um Deine Werte, Überzeugungen und Ziele zu definieren und regelmäßig zu überprüfen. Frage Dich, was Dir wirklich wichtig ist und ob Deine Entscheidungen damit übereinstimmen. Analysiere, was gut funktioniert hat und was verbessert werden kann.
2. Höre auf Deine Intuition: Vertraue auf Dein Bauchgefühl, wenn es darum geht, Entscheidungen zu treffen. Es ist wichtig, auf Deine innere Stimme zu hören und nicht immer auf das, was andere sagen.
3. Akzeptiere, dass Fehler passieren, und nutze sie als Gelegenheit, um zu lernen und zu wachsen. Stelle sicher, dass Du aus Fehlern lernst und sie nicht wiederholst. Sei dabei jedoch auch geduldig und verständnisvoll mit Dir selbst.

1.3.4 Die Illusion der Wahrheit: Warum Selbstbetrug manchmal hilfreich und meistens gefährlich ist

Selbstbetrug kann sowohl positive als auch negative Auswirkungen haben. Er kann dazu beitragen, unser Selbstwertgefühl und Wohlbefinden aufrechtzuerhalten. Häufig führt Selbstbetrug allerdings zu ernsthaften Problemen, wenn er uns daran hindert, die Realität zu akzeptieren und angemessen auf unsere Herausforderungen und Probleme zu reagieren.

Definition

Selbstbetrug beschreibt das Phänomen, bei dem eine Person sich selbst belügt oder täuscht, um unangenehmen Wahrheiten oder Konsequenzen auszuweichen. Ob Selbstbetrug gut oder schlecht ist, hängt von der Intensität und Häufigkeit ab sowie von den Auswirkungen auf das individuelle Wohlbefinden und die zwischenmenschlichen Beziehungen.

BEISPIEL

Janine hat seit Wochen einen stressigen Job – ein Projekt zieht sich in die Länge, der Auftraggeber verlangt immer mehr. Das ist eigentlich gut, aber er möchte das Ergebnis inklusive einer weiteren Anfrage in der gleichen Zeit haben, wie es vorher für ein kleineres Beratungspaket vereinbart wurde. Für Janine bedeutet das seit Beginn des Projekts nicht nur tägliche Überstunden bis in die Nacht hinein, sondern auch komplette Wochenendschichten und einen Auftraggeber, der sie mit Mikrocontrolling nahezu überwacht, indem er sie über die vereinbarten Updates täglich mehrmals nach dem Stand fragt, Druck macht und dabei immer auf die Deadlines verweist. Ihr Chef lässt sie nicht aus dem Projekt, auch wenn sie alles dafür geben würde und schon mit Burn-out gedroht hat. Sie könnte auch mit Kündigung drohen, aber so weit will sie nicht gehen – sie versteht sich eigentlich gut mit ihrem Chef und weiß, dass dieser einfach nur hilflos ist in dieser Angelegenheit und zu schätzen weiß, welchen Job sie gerade macht. Als Krücke, um mit der Situation fertigzuwerden, hat sich Janine auf den Spiegel ein gemaltes Stück Käse geklebt: »Cheese« steht darauf und jedes Mal, wenn sie vor dem Spiegel steht, muss sie lachen, zumindest lächeln. Sie hat mit sich vereinbart, dass das Wort am Spiegel dafür steht, dass alles halb so schlimm ist, dass sie da durchkommt, dass es ja nur für kurze Zeit ist und ihr Chef sie danach bestimmt befördern und entlasten wird. Ob das so kommen wird, weiß keiner. Aber mit dem Lächeln startet sie positiv in den Tag und das gibt ihr Kraft.

Selbstbetrug kann allerdings auch zu negativen Auswirkungen führen, wenn jemand sich weigert, seine eigenen Fehler oder Schwächen anzuerkennen oder aber auch eine für ihn sehr negative Situation als solche. Wenn sich jemand in einer Opferrolle sieht und die Schuld für sein Versagen anderen zuschiebt, anstatt Verantwortung für seine eigenen Handlungen zu übernehmen, können zwischenmenschliche Beziehungen beeinträchtigt werden und es kann zu einem Mangel an persönlichem Wachstum kommen. Befindet sich jemand in einer Situation, die ihm nicht guttut, weil er entweder nicht befördert oder gemobbt wird, keine Wertschätzung erhält oder die Aufgaben keine Herausforderungen an ihn stellen, dann kann ein Selbstbetrug sehr schwer wiegen. Etwas überspielen, sich etwas vorgaukeln, gute Miene zum bösen Spiel machen: All das kann dazu beitragen, dass Menschen psychosomatisch erkranken, Burn-out bekommen oder sich chronisch gestresst fühlen, schnell erkranken, schnell erschöpft sind und wenig belastbar.

TIPPS

1. Sei ehrlich zu Dir selbst: Reflektiere regelmäßig Deine Gedanken und Handlungen und frage Dich, ob Du Dir selbst etwas vormachst. Versuche, Deine Schwächen und Fehler anzuerkennen und an ihnen zu arbeiten.
2. Bitte regelmäßig um Feedback von Kollegen und Mitarbeitenden, um sicherzustellen, dass Du nicht in Selbsttäuschung verfällst. Stelle sicher, dass Du Dich auf konstruktive Kritik einlässt und bereit bist, Änderungen vorzunehmen.
3. Sei selbstbewusst, aber realistisch: Es ist wichtig, ein gesundes Selbstvertrauen zu haben, aber achte darauf, Dich nicht zu überschätzen. Versuche, realistische Ziele zu setzen, und arbeite in kleinen beständigen Schritten daran, sie zu erreichen.

1.3.5 Der Sparringspartner: Wie man durch Partnerschaft im Self Leadership wächst

Ein Sparringspartner kann eine wertvolle Unterstützung sein, um die persönliche und berufliche Entwicklung zu fördern und die eigenen Ziele zu erreichen. Es ist hierbei wichtig, eine vertrauensvolle Beziehung aufzubauen und sicherzustellen, dass der Sparringspartner in der Lage ist, ehrliches und konstruktives Feedback zu geben.

Definition

Ein Sparringspartner im Self-Leadership ist eine Person, der ich auf Augenhöhe begegne, die eine vertrauensvolle Beziehung zu mir aufbaut und mich dabei unterstützt, die eigenen Fähigkeiten und Perspektiven zu erweitern, um die persönlichen Ziele zu erreichen. Der Sparringspartner kann als Coach, Mentor oder Kollege fungieren, der ehrliches Feedback gibt und bei der Selbstreflexion und -entwicklung unterstützt.

BEISPIEL

Beate fühlt sich als alleinige Geschäftsführerin einer Bäckereikette oft etwas einsam mit ihren Entscheidungen. Sie hätte gern eine Person, die sie mal schnell fragen kann, ob eine Strategie sinnvoll oder ob eine Preiserhöhung gerade jetzt geschickt ist, ob sie einen Abteilungsleiter hart anfassen sollte oder nicht. Letztendlich kann sie das auch alles allein entscheiden, was sie in der Regel auch tut. Und doch wünscht sie sich jemanden zu haben, mit dem sie auf Augenhöhe ist, der ihr zur Seite steht. Einen Coach dafür zu nehmen, kommt für sie nicht in Frage. Denn es sollte jemand sein, der sie verstehen kann und ebenso wie sie in einer Verantwortung steht, sodass er nachvollziehen kann, was ansteht und bedacht werden muss. Sie tritt in zwei Unternehmerverbände ein und findet bei einem ein Format, das ihr gut gefällt. Bei den regelmäßigen Netzwerktreffen hat sie das Gefühl, offen sprechen zu können. Hier sitzen alle im gleichen Boot. Sie lernt hier an einem der Abende eine etwas ältere Geschäftsführerin kennen, mit der sie gleich auf einer Wellenlänge ist. Sie beschließen sich gegenseitig als Sparringspartner zu unterstützen. Beate bekommt von ihr ehrliches Feedback zu ihren Stärken und Schwächen. Diese hilft ihr, ihre Strategie zu verfeinern. Dank der Unterstützung durch ihre Sparringspartnerin kann sie letztendlich ihr Unternehmen erfolgreich ausbauen.

TIPPS

1. Suche nach einer vertrauensvollen Beziehung: Ein Sparringspartner sollte jemand sein, dem Du vertrauen und mit dem Du eine vertrauensvolle Beziehung aufbauen kannst. Suche nach jemandem, mit dem Du auf einer persönlichen Ebene gut klarkommst und der Dir ehrliches Feedback geben kann.
2. Nutze Dein Netzwerk: Vielleicht gibt es in Deinem Netzwerk bereits jemanden, der als Sparringspartner in Frage kommen könnte. Überlege dir, wer in Deinem Umfeld eine ähnliche Position oder Erfahrungen in dem Bereich hat, in dem Du Dich weiterentwickeln möchtest.
3. Suche nach jemandem mit Erfahrung: Ein guter Sparring Partner sollte Erfahrung in dem Bereich haben, in dem Du Dich weiterentwickeln möchtest. Suche nach jemandem, der Dich in Deinem Wissen und Deinen Fähigkeiten ergänzt und Dir helfen kann, neue Perspektiven zu gewinnen.

1.3.6 Rituale als Schlüssel zum Erfolg: Die Bedeutung von Gewohnheiten im Self Leadership

Rituale spielen im Self-Leadership eine wichtige Rolle. Sie tragen dazu bei, innere Stärke und Selbstbewusstsein aufzubauen und ein Gefühl der Selbstbestimmung über den Alltag zu vermitteln. Es gibt auch Rituale, die zwar helfen, Stress zu regulieren, die aber definitiv keine gute nachhaltige Lösung sind, wenn es darum geht, in der eigenen Mitte und gesund zu bleiben. Wichtig ist es, Rituale zu finden, die zu den individuellen Bedürfnissen und Zielen passen und regelmäßig durchgeführt werden. So können sie dazu beitragen, eine positive und gesunde Lebensweise zu fördern und die persönliche Entwicklung zu unterstützen.

Definition

Rituale sind regelmäßige und bewusste Handlungen oder Abläufe, die dazu beitragen, Stabilität, Struktur und Sinnhaftigkeit im Alltag zu schaffen. Sie helfen dabei, emotionale und mentale Zustände zu regulieren, Selbstvertrauen zu stärken und die Konzentration zu verbessern.

BEISPIELE

Matthias hat sein Leben darauf hingearbeitet, Partner einer der großen Wirtschaftsberatungen zu werden. Partner, das war sein großes Ziel. Dafür hat er alles hintenangestellt: Beziehung, Essen, Schlaf – Gesundheit. Einmal pro Stunde raucht er eine Zigarette draußen, egal, wo er gerade ist. Er redet sich ein, das sei eine gesunde Unterbrechung – Bewegung, draußen sein, mal kurz abschalten, bevor es dann mit der Arbeit weitergeht. Dass das kein gesundes Ritual ist, ist ihm eigentlich klar. Oft vergisst er zu essen und denkt dann am späten Abend daran. Dann gibt es Chips und Fernsehen und dazu Dosen mit alkoholischen Mix-Getränken oder Junk-Food von einer Imbissbude. Aber zugeben, das will er nicht und aufhören kommt für ihn eigentlich auch nicht in Frage, denn das ist das Einzige, was er an Struktur in seinen Tag einbringt. Ansonsten wird sein Tag von Projektdeadlines und anstehenden Calls diktiert. Ob er das gut oder schlecht findet? In seinem Fall überwiegt der Druck, das selbstgewählte Ziel »Partner« zu halten.
Jennifer macht es anders. Auch sie hat einen stressigen Job, dazu drei Kinder und einen Hund. Ihr Arbeitsalltag als Head of Procurement bei einem großen Konzern

ist von Ritualen geprägt, die sie eingeführt hat. Mehrmals pro Woche kommt ein Personal Trainer zu ihr ins Büro: einmal Rückengymnastik, einmal Yoga und dann noch das, wozu sie gerade Lust hat. Zu festen Zeiten telefoniert sie einmal täglich mit ihren Kindern. Alle 1-2 Stunden geht sie für mindestens fünf Minuten nach draußen für einen schnellen Spaziergang, wenn es geht, zusammen mit einer Kollegin oder mit ihrer persönlichen Assistentin. Und wenn es geht, dann ist mindestens ein Meeting am Tag ein Walking Meeting. Dabei kann man zwar schlecht mitschreiben, aber sie löst das Problem mit einem Diktiergerät, oft geht es auch ohne. Essen lässt Jennifer konsequent nie ausfallen. Ein gutes Frühstück in Ruhe zusammen mit ihren Kindern ist ihr ebenso wichtig wie ein gesundes Mittagessen. Weder das ein noch das andere sind für sie verhandelbar. Findet ein Meeting mittags statt? Dann muss der- oder diejenige mit zum Lunch. Durch die bewusste und regelmäßige Durchführung gesunder Rituale reduziert Jennifer den Stresslevel und hat ein starkes Gefühl der Gelassenheit und Selbstkontrolle entwickelt. Sie erledigt ihre Arbeit effektiv und effizient und fühlte sich insgesamt zufriedener und ausgeglichener als ihre Kollegen, die von Termin zu Termin hasten und sich davon den Tag diktieren lassen.

TIPPS

1. Finde Rituale: Diese sollten zu Deinen individuellen Bedürfnissen und Zielen passen. Nimm Dir regelmäßig Zeit, diese zu praktizieren. Identifiziere auch regelmäßige Handlungen oder Abläufe, die Du als Rituale in Deinen Alltag einbauen kannst.
2. Nutze Rituale: Sie können mentale und emotionale Zustände regulieren und Deine Konzentration verbessern, z. B., indem Du mit einer Meditation oder Atemübung in den Tag startest.
3. Verwende Rituale: Sie bieten Struktur und Stabilität in Deinem Leben und können dadurch auch Deine Produktivität steigern.

1.3.7 Vom Wollen zum Tun: Praktische Tipps für Selbstdisziplin im Alltag

Sich selbst zu disziplinieren kann eine Herausforderung sein, aber es ist eine Fähigkeit, die man entwickeln kann. Es erfordert eine bewusste Entscheidung, um langfristige Ziele zu erreichen und kurzfristigen Versuchungen zu widerstehen.

Definition

Sich selbst zu disziplinieren bedeutet, bewusst Entscheidungen zu treffen und darauf basierend Handlungen auszuführen. Es geht darum, Selbstkontrolle und Durchhaltevermögen zu entwickeln, um langfristige Ziele zu erreichen.

BEISPIEL

Tom ist dafür ein gutes Beispiel. Durch langes Arbeiten und spätes ungesundes Essen war sein Gewicht auf 110 Kilo geklettert, sodass er sich in seinem Körper nicht mehr wohlfühlte. Die Anzüge kniffen, er traute sich kaum, große Bewegungen zu machen, weil er fürchtete, eine Naht könne reißen. Aber er hatte das Ziel, in einem halben Jahr 70 Kilo zu wiegen, sich in seinem Körper wieder wohlzufühlen und seine alte Fitness zurückzugewinnen. Seine Kollegen unkten: Wie willst Du das denn schaffen? Dein Job beginnt um 7 und endet frühestens um 22:00 Uhr – willst Du davor oder danach laufen und wann willst Du eigentlich noch Deine Familie sehen? Tom war klar: Das würde kein Spaziergang werden. Um sein Ziel zu schaffen, musste er seine Essgewohnheiten Stück für Stück ändern, Sport in seinen vollen Tag einbauen, wo es passte, und dabei seine Aufgaben privat und beruflich nicht vernachlässigen. Tom machte sich einen Plan und besprach diesen mit seiner Familie ebenso wie mit seinem Team. »Unterstützt mich bitte«, bat er alle. Und meinte damit nur, dass sie ihn nicht in Versuchung mit ungesundem Essen bringen und Verständnis dafür haben sollten , dass er jetzt Prioritäten setzte und alte Gewohnheiten änderte.
Tom begann, sich jeden Tag bewusst an seinen Plan zu halten, auch wenn es bedeutete, früh aufzustehen oder sich nach einem anstrengenden Arbeitstag zu überwinden. Wenn er sich versucht fühlte, Elemente seines Plans zu vernachlässigen oder auszulassen, erinnerte er sich an sein Ziel und an das gute Gefühl, das es ihm bringen würde, wenn er es erreicht hätte. Tom schaffte es schließlich, sein Wohlfühlgewicht zu erreichen, und fühlte sich durch seine Disziplin und seine Entschlossenheit gestärkt und selbstbewusst.

TIPPS

1. Setze klare und erreichbare Ziele für Dich selbst und unterteile sie in konkrete Schritte, um Dich auf dem Weg zum Erfolg zu halten. Visualisiere sie und stelle Dir vor, wie es sich anfühlen wird, sie zu erreichen, um Dich weiterhin zu motivieren und zu inspirieren. Belohne Dich selbst für Fortschritte und Erfolge, um Deine Motivation aufrechtzuerhalten.
2. Vermeide Ablenkungen und erstelle eine tägliche Routine, um Deine Zeit und Energie effektiver zu nutzen. Setze Dir selbst Deadlines und halte Dich daran, um Druck aufzubauen und Dich selbst zu motivieren.
3. Involviere Dein Umfeld: Bitte um Verständnis und Unterstützung für Dein Ziel. Es ist kontraproduktiv, wenn das Umfeld gegenarbeitet, beispielsweise mit Junk Food zum Mittagessen oder vom Joggen abhält – aus wohlgemeintem Rat oder auch nur, weil man nicht möchte, dass Du aus Deinem bisherigen Verhaltensmuster herausgehst, denn das ändert auch das gesamte System und setzt möglicherweise ein träges Umfeld unter Druck, es Dir nachmachen zu müssen.

1.3.8 Zielsicher zum Erfolg: Die Kunst des Planens und Zielsetzens

Ziele setzen und planen ist ein wichtiger Aspekt im Bereich des Selbstmanagements. Indem man bewusst Ziele festlegt und einen Plan erstellt, kann man effektiver und effizienter arbeiten, um das gewünschte Ergebnis zu erreichen.

Definition

Ziele setzen und planen bezieht sich auf den Prozess der bewussten Planung sowohl des Ziels als auch des Wegs dorthin. Es beinhaltet die Identifizierung von Hindernissen, die Aufteilung von Zielen in kleine, messbare Schritte und die Überwachung des Fortschritts.

BEISPIEL

Isa möchte Italienisch lernen. Das ist neben dem Job allerdings total stressig. »Warum tust Du Dir das an«, kommt die Entgegnung von einer Kollegin. »Entspann Dich doch mal. Musst Du immer lernen oder arbeiten?« Isa weiß, dass es hart sein wird, neben dem schon stark zeitlich belastenden Job noch eine Sprache gut zu lernen. Sie ist aber hochmotiviert. Was sie antreibt: die Vorstellung davon, wie es sein wird, beim nächsten Treffen mit dem italienischen Geschäftspartner diesen mit ihrer Sprachkenntnis zu überraschen. Dazu klingt die Sprache so großartig, nach Urlaub, Sonne und Entspannung. Das will sich Isa in ihren Alltag holen. Mit diesem Ziel vor Augen plant sie Teilziele. Was ist realistisch? Sie erkundigt sich bei einem Sprachenlehrer und schreibt sich ihre Etappenziele auf: Wie viel Vokabeln schafft

sie wöchentlich zu lernen, wann will sie den ersten Kinofilm auf Italienisch anschauen, wann das erste Buch lesen, wann den ersten Text selbst schreiben? Isa erstellt sich einen Plan, der nicht nur inhaltliche Teilziele enthält, die realistisch sind. Sie schreibt ihn auf. Sie stellt sich das Erreichen der Teilziele genüsslich vor. Und sie findet heraus, welche Lernmethode für sie am besten geeignet ist, um sie in ihren Alltag zu integrieren. Schließlich entscheidet sie sich für eine geführte Methode mit Selbstlernen – Rosetta Stone hat ihr gut gefallen.
Isa überwacht regelmäßig ihren Fortschritt, trägt diesen ein und passt ihren Plan entsprechend an, wenn erforderlich. Durch diesen Prozess kann sie ihr Ziel erreichen und gleichzeitig ihre Fähigkeit zur Selbstführung verbessern.

TIPPS

1. Setze SMARTe Ziele: Stelle sicher, dass Deine Ziele spezifisch, messbar, erreichbar, relevant und zeitgebunden sind.
2. Teile Deine Ziele in kleine, machbare Schritte auf, um ein Gefühl des Fortschritts zu erhalten und die Aufgabe weniger überwältigend zu machen.
3. Erstelle einen Zeitplan oder eine Roadmap, um sicherzustellen, dass Du auf Kurs bleibst und Dein Ziel erreichen kannst, und überwache regelmäßig Deinen Fortschritt, um den Weg ggf. anzupassen.

1.3.9 Die Macht der Worte: Klare und effektive Kommunikation in der Führung

Klare und effektive Kommunikation ist ein wesentlicher Bestandteil jeder erfolgreichen Zusammenarbeit und gelingenden Beziehung. Sie bezieht sich auf die Fähigkeit, Ideen und Informationen auf eine Art und Weise zu vermitteln, die beim Empfänger richtig verstanden wird und zu einem erfolgreichen Ergebnis führt. Eine effektive Kommunikation trägt dazu bei, Missverständnisse zu vermeiden und eine produktive Zusammenarbeit zu fördern.

Definition

Klare und effektive Kommunikation übermittelt Botschaften auf eine klare und verständliche Weise, um sicherzustellen, dass die Nachricht beim Empfänger so ankommt, wie sie inhaltlich gedacht ist.

BEISPIEL

Carolin und Tim geraten oft aneinander. Während die Leiterin Vertrieb sehr klar und geradeaus spricht, verklausuliert Tim gern seine Anliegen und möchte niemandem wehtun. Der HR-Teamleiter fühlt sich oft durch Carolins Kommunikationsweise provoziert: »Wie redest Du mit mir? Kannst Du nicht ein bisschen netter sprechen?«

»Was möchtest Du denn von mir?«, fragt Carolin verwundert. »Soll ich Dich verhätscheln? Wir wollen doch etwas erreichen, das braucht Klartext,« lacht sie.
Während Carolin sachlich auf der Ebene der Daten, Zahlen und Fakten unterwegs ist und etwas bewegen möchte, hört Tim auf der emotionalen Ebene zu. Carolin spricht ihm zu wenig empathisch. Er fühlt sich nicht verstanden und findet ihre Art derb. Als Carolin Tim von dem Vier-Ohren-Modell von Schulz von Thun erzählt und dies am Ampelbeispiel erklärt, müssen sie beide lachen. Während der Beifahrer mit der Aussage »Die Ampel ist rot« darauf hinweisen möchte, dass der Fahrer das nicht übersieht und das Auto rechtzeitig zum Stehen bringt, fühlt sich der Autofahrer angegriffen: Will da jemand seine Fahrkünste in Frage stellen? Glaubt da jemand, dass er nicht aufpasst und unverantwortlich fährt? Will da jemand die Beziehung dominieren und ihm klarmachen, wer das Sagen hat? Dass die Aussage einfach sachlich gemeint ist – das kann er sich nicht vorstellen.

TIPPS

1. Verwende eine klare und präzise Sprache: Vermeide Fachjargon und unnötig komplexe Sprache, um sicherzustellen, dass auch alle Beteiligten verstehen, was Du sagen möchtest.
2. Bleibe sachlich: Vermeide es, Deine Emotionen in die Kommunikation einzubringen. Konzentriere Dich stattdessen auf die Fakten und vermeide Konfrontationen.
3. Aktives Zuhören: Zeige Deinen Gesprächspartnern, dass Du zuhörst, indem Du Augenkontakt hältst und Fragen stellst, um sicherzustellen, dass sie Deine Intention und Bedürfnisse bzw. Anliegen verstehen.

2 Ausrichtung einer nachhaltigen Strategie

»Bringing solar energy to everyone is simple: It starts with you.
Let's take the power of the future into our own hands.«
Olafur Eliasson Founder / Artist, Little Sun-Solarlampen-Installation vor Brandenburger Tor, Berlin, Deutschland

(Nähere Informationen zur Organisation siehe auch Kap. Abb., Seite 317)

Abb. 2: Ganzheitliches Nachhaltigkeitsmodell - Fokus Ökologisch © Anabel Ternes/Haufe 2023

Nachhaltigkeit wird selbst von vielen Nachhaltigkeitsexperten nicht nachhaltig gelebt. Ein Kollege rühmte sich vor ein paar Wochen: »Ich lebe in einem Null-Energie-Haus, ich arbeite in einer Nachhaltigkeitsberatung, aber wir verdienen noch nicht so viel. Da können wir uns zuhause kein teures Essen, keine teure Kleidung und Medizin leisten. Da muss es dann doch mal das Huhn für 1 Euro oder die Kleidung von KiK sein.« Ich war entsetzt, hatte vor meinem Auge das mit Medikamenten in engster Haltung aufgezogene Huhn, mit Plastik in der Styroporverpackung im Tiefkühlregal. So etwas habe ich mich bisher immer erfolgreich geweigert zu essen. Von einer meiner Großmütter kenne ich den Satz aus meiner Kindheit: »Du musst groß und stark werden, Kind. Wenn Du kein Fleisch isst, dann ergeht es Dir so.« Und dann zeigte sie auf Todesanzeigen von Kindern, die sich ausgeschnitten auf einem Platz auf einem Sideboard gleich im Eingangsbereich stapelten. Fleisch war für sie gleichbedeutend mit gutem Lebensmittel, das für Wachstum sorgt. Ich habe ihren Vorhaltungen todesmutig getrotzt. Ließ mich von den Fettaugen auf der Fleischbrühe anschauen, ohne diese zu essen. Fand den Geruch von rotem Fleisch unangenehm und aß wenn, dann nur Wild, von dem mir erzählt wurde, dass es geschossen werden musste, weil es schwach oder krank war und den Winter nicht überleben würde. Das Fleisch bei Großmutter war nicht mit Plastik verpackt, es stammte aus ihrem Wald oder ihrer – heute würde man sagen – Bio-Landwirtschaft, sie nannte es von glücklichen Hühnern, Schweinen und Kühen.

Ich finde: Es gibt keine Alternative zum nachhaltigen Leben. Kein Geld dafür zu haben, halte ich bei den meisten für eine Ausrede. Und: Man kann auch nachhaltig, nahrhaft und günstig essen. Wie man nachhaltig und trotzdem günstig und nahrhaft kochen kann, zeigen wir bei GetYourWings seit vielen Jahren schon zusammen mit Kindern und Jugendlichen für ebendiese.

Gerade in Deutschland sind für viele BürgerInnen günstige Preise bei Nahrungsmitteln, Mitteln zur Aufrechterhaltung oder Wiederherstellung der Gesundheit und Kleidung ganz wichtig – Schnäppchen und Rotstiftpreise. Gegenüber den anderen Ländern Europas nimmt Deutschland dabei einen Spitzenplatz ein. Wer denkt, das beträfe ausschließlich Menschen, die es nicht anders wissen, der irrt. Auch viele Menschen, die laut Statistik angeben, einen akademischen Abschluss und einen Führungsjob innezuhaben, geben zu, dass sie bei Nahrungsmitteln, Kleidung und Medizin auf günstige Preise schauen und Qualität hintenanstellen. So titelte der Standard 2022: »Deutsche sparen beim Essen, nicht beim Reisen.« Wie die Zeitung ausführte, zeigen laut dem Marktforschungsunternehmen GfK Verbraucher beim Kauf von Gütern des täglichen Bedarfs wie Lebensmittel oder Körperpflegeprodukte eine erhöhte Sparsamkeit. Zudem wird häufiger auf Sonderangebote oder Eigenmarken der Hersteller zurückgegriffen: Im ersten Quartal 22 ist der Anteil der Eigenmarken am Gesamtumsatz um 34,6 % gestiegen.

Aktuell ist für 36 % der Menschen der Preis das wichtigste Kriterium bei der Kaufentscheidung. In Bezug auf Kleidung kaufen Konsumenten preisgünstigere Produkte im Fachhandel oder weichen auf andere Vertriebslinien mit niedrigeren Preisen aus. Daher konnten sich die Textildiscounter über eine zweistellige Umsatzsteigerung freuen.[2]

Das ist im Sinne von Nachhaltigkeit nicht gut, denn wenn wir Ziele wie faire Löhne, einen guten CO2-Footprint, keine Kinderarbeit, Tier- und Umweltfreundlichkeit nicht ernst nehmen, verstehen wir das Konzept von Nachhaltigkeit nicht. Nachhaltigkeit funktioniert nur, wenn wir nicht nur die Technologien in Unternehmen stehen haben, wenn viele Unternehmen Umweltzertifizierungen kaufen und Nachhaltigkeitsreports erstellen. Nachhaltigkeit braucht zuallererst den nachhaltigen Mindset von allen Beteiligten – das Verständnis dafür, was wir tun, wie alles miteinander zusammenhängt und warum wir das tun, was wir tun. Wer das Lieferkettensorgfaltspflichtengesetz beispielsweise isoliert sieht, mag sich daran stören, es als einengend, zeitfressend, kostenerzeugend empfinden. Wer allerdings alle Gesetze und Regelungen im Zusammenhang sieht, versteht, dass dies im ersten Schritt zwar Kosten erzeugen kann, im zweiten Schritt aber auch Chancen bereithält: nämlich, dass ein Unternehmen versteht, wo sich Energieaufwand vermeiden, Prozesse verschlanken und Kosten sparen lassen.

2.1 Nachhaltigkeit im Einklang: Warum drei Säulen nicht genug sind

Nachhaltigkeit ist ein zentrales Konzept für eine lebenswerte Welt in der Zukunft, das sich auf die Verwendung von Ressourcen bezieht. Mit diesem Konzept soll sichergestellt werden, dass unsere lebensnotwendigen Ressourcen auch für zukünftige Generationen verfügbar sind. Dabei ist Nachhaltigkeit nicht nur auf die ökologische Komponente reduziert, sondern es werden diesbezüglich drei Säulen unterschieden:

- die ökologische,
- die ökonomische und
- die soziale Nachhaltigkeit.

Man spricht deshalb auch von ESG: environmental, social, governance.

- Die **ökologische** Nachhaltigkeit konzentriert sich darauf, die Umwelt und ihre Ressourcen zu schützen. Dazu gehören Maßnahmen wie die Reduzierung von Treibhausgasemissionen, der Schutz von Biodiversität und die Förderung

2 APA, 21.7.2022, https://www.derstandard.de/story/2000137645401/deutsche-sparen-beim-essen-nicht-beim-reisen.

Abb. 3: Ganzheitliches Nachhaltigkeitsmodell – Fokus Prozess © Anabel Ternes/Haufe 2023

erneuerbarer Energien. Ein Beispiel für ökologische Nachhaltigkeit ist die Verwendung von Solarzellen zur Stromerzeugung.
- Die **ökonomische** Nachhaltigkeit zielt darauf ab, eine stabile und nachhaltige Wirtschaft zu schaffen. Dies beinhaltet die Förderung von Investitionen in umweltfreundliche Technologien und die Schaffung von Arbeitsplätzen, die mit ökologischen und sozialen Standards vereinbar sind. Ein Beispiel für ökonomische Nachhaltigkeit ist die Unterstützung von kleinen und mittleren Unternehmen, die nachhaltige Produkte herstellen.
- Die **soziale** Nachhaltigkeit bezieht sich auf die Förderung von sozialer Gerechtigkeit und Integration. Dabei geht es darum, die Bedürfnisse und Rechte aller Menschen zu berücksichtigen, insbesondere von Minderheiten und benachteiligten Gruppen. Ein Beispiel für soziale Nachhaltigkeit ist die Förderung von Bildung und Ausbildung, um Chancengerechtigkeit zu gewährleisten und alle Menschen in die Lage zu versetzen, ein nachhaltiges Leben zu führen.

Diese drei Säulen der Nachhaltigkeit sind eng miteinander verbunden und beeinflussen sich gegenseitig. Wenn wir eine nachhaltige Umwelt schützen, können wir auch eine nachhaltige Wirtschaft schaffen und gleichzeitig soziale Gerechtigkeit fördern. Nur, wenn wir die drei Säulen gleichberechtigt nebeneinander und synergetisch verbunden sehen, kann echte Nachhaltigkeit entstehen und wachsen. Das erfordert ein gesamtsystemisches Denken, das sich ganzheitlich, umfassend und verbindend darstellt. In der Umsetzung braucht es im Ideal ein kollaboratives Arbeiten. Dies steht dem Individual-Leistungsdenken entgegen, das weitgehend unsere Gesellschaft bestimmt. Möchte man also Nachhaltigkeit wirklich nachhaltig umsetzen, erfordert es weit mehr als die Gestaltung von drei Säulen. Er verlangt nach einem grundlegend anderen Denken, nach einem neuen Mindset und dessen Abbildung. Dies muss sich vor allem durch eine dreidimensionale Verbundenheit, Synergien und Überlappungen darstellen.

Die drei Säulen ESG bestimmen das Thema Nachhaltigkeit in der aktuellen Debatte und konzentrieren diese damit auf einer sach- bzw. thematischen Ebene. So geht es bei Unternehmen, die nachhaltig werden wollen, zumeist um die Anschaffung von Software, Technik und die Umstellung von Energieträgern. Die Weiterbildung aller Mitarbeitenden zu dem Thema beispielsweise wird meist aber gar nicht in den Blick genommen, in der Regel wird die Weiterbildung zumeist auf Geschäftsführung und Nachhaltigkeitsbeauftragte beschränkt. Das sind sicherlich die wichtigsten Gruppen im Unternehmen, die dieses Wissen haben sollten – aber nicht nur. Wie sollen sich alle Mitarbeitenden vom neuen Kurs der Nachhaltigkeit mitgenommen fühlen, wenn viele von ihnen gar nicht wissen, was Klimawandel heißt, warum wir Energie sparen sollten und was Plastikmüll in den Ozeanen für Schäden anrichtet. Hier ist das Gegenargument oft der Kostenfaktor, auch wenn es lediglich ein paar Stunden bis ein paar Tage sind, die für eine Weiterbildung aller eingesetzt werden müssten. Viele Unternehmen scheuen dieses Investment.

Daher braucht das Drei-Säulen-Modell der Nachhaltigkeit, um richtig verstanden zu werden, eine ergänzende Darstellung, die ihre Dreidimensionalität in den Blick nimmt. Denn hier wird eine zweite, ebenso wichtige Ebene – und zwar die der Stakeholder – gar nicht in den Blick genommen. Diese differenzieren sich allgemein gesehen in die Ich-, Wir- und Gesamtebene, d. h., die Ebene des Individuums, der Gruppe und der Gesamtheit der Gesellschaft oder Bevölkerung.

Was passiert also, wenn die Finanzabteilung eine Software einführt, die Parameter für die CSRD (Corporate Sustainability Reporting Directive) ermittelt? In vielen Unternehmen steht eine Person dahinter, die das Thema treibt, entweder aus Marketinggründen, aus Pflichtbewusstsein bzw. um akkurat arbeiten zu können oder aus einer Mischung aus Sachverstand und emotionalem Engagement. Heißt das aber, dass sie die Abteilung mitnimmt und die Kollegen verstehen, wofür die Software eingesetzt wird und wie sie diese ggfs. weiterentwickeln können? Nicht unbedingt. Auch der nächste Schritt, die Involvierung der HR-Abteilung , die diese Software auch verwendet, und damit die Verbindung der Schnittstelle zur Finanzabteilung, der findet bei vielen Unternehmen nicht statt. Sehr oft findet kein Austausch vor dem Kauf und kein Austausch danach statt, obwohl dies nicht nur einen besseren Datentransfer bedeuten würde, sondern auch das Einsparen von Energie und Zeit . Vom Individuum bis zur Gesellschaft oder Bevölkerung: Wenn das Individuum emotional nicht dabei ist, wie soll dann die nächstgrößere Gruppe – das Team oder die Abteilung – und wie erst die große Menge – die Bevölkerung, bestehend aus u. a. Kunden, Bewerbern und Kooperationspartnern – engagiert dabei sein?

Die drei Ebenen der Stakeholder werden in drei Kreisen zusätzlich zu den drei Säulen abgebildet und überschneiden sich teilweise – ein Mitglied des Unternehmens ist auch Teil der Bevölkerung. In diesen drei Kreisen geht es auch um die Gedanken, Wünsche und Ziele der Stakeholder in Bezug auf Soziales, Ökologisches und Ökonomisches. Aber auch das reicht nicht. Es braucht für eine authentische, innovative und gleichzeitig stabile Nachhaltigkeit drei weitere Faktoren, die dies garantieren:

- eine klare Struktur bzw. eine stabile wie flexible Organisation,
- transparente, integrative Prozesse und
- eine verständliche Kommunikation für alle Stakeholder über die passenden Kanäle hinweg.

Diese weiteren drei Faktoren, die die Stakeholder-Dimensionen mit den drei Säulen ESG verbinden, garantieren ein Durchwirken von Nachhaltigkeit: So können z. B. Unternehmen mittels eines Intranets ihre Mitarbeitenden erreichen, diese informieren, über Umfragen mit einbinden und mit viraler Kommunikation emotional ansprechen.

Deshalb verstehe ich Nachhaltigkeit als Modell aus den folgenden Themen bzw. Faktoren, die ineinanderwirken und sich gegenseitig bedingen:

1. Ökologisch, Sozial, Ökonomisch
2. Individuum, Gruppe, Gesellschaft (Stakeholder)
3. Struktur bzw. Organisation, Prozesse und Kommunikation.

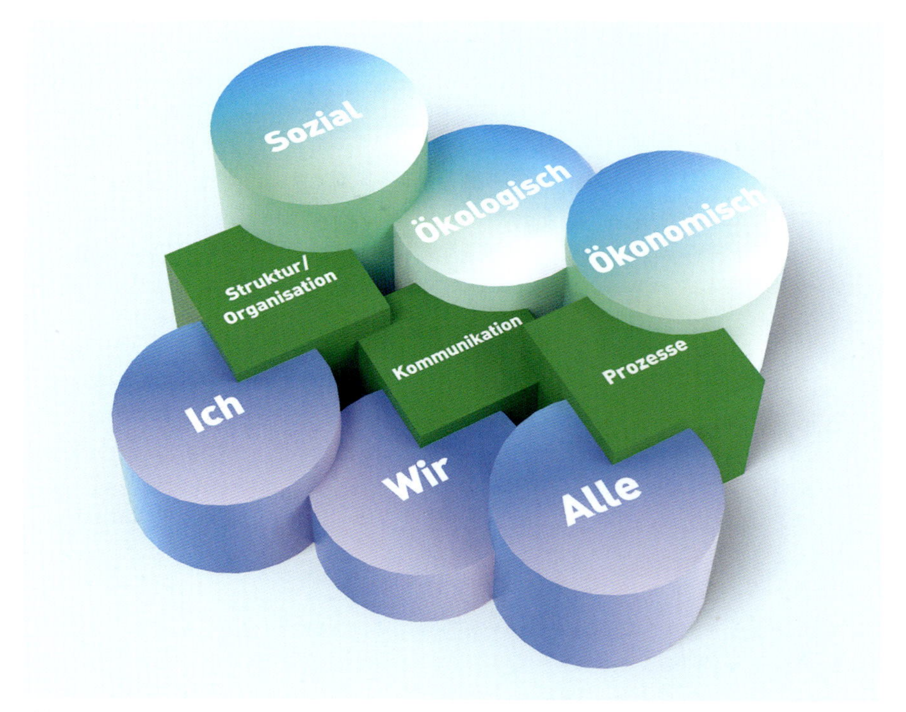

Abb. 4: 3-Ebenen-Modell der Nachhaltigkeit (nach Anabel Ternès)

Nur so lässt sich langfristig Nachhaltigkeit sichern – für sich selbst, in Gruppen, Wirtschaftseinheiten und in der Gesellschaft. Trotz teils schon drastisch sichtbarer Folgen des Industriezeitalters gibt es verhältnismäßig wenig Reaktion und verändertes Handeln. Dies ist ein Indiz dafür, dass wir noch im Industriezeitalterdenken verharren. Umso wichtiger, dass wir von Modellen ausgehend verstehen, was Nachhaltigkeit umfasst und wie es umgesetzt werden muss, damit es wirklich ankommen kann. Im konkreten Fall heißt das: Nur, wenn das 3-Ebenen-Modell der Nachhaltigkeit für jeden verständlich ist, kann es auch umgesetzt werden.

BEISPIEL

In einem kleinen Dorf in Afrika lebt Adjoa, die ihre eigenen Gemüsegärten angelegt hatte. Sie nutzt dabei ausschließlich biologische Methoden, um ihre Ernte anzubauen, und fördert somit die ökologische Nachhaltigkeit. Ihre Nachbarn waren zunächst skeptisch, aber als sie sahen, wie gut Adjoas Ernte wuchs, begannen sie, sich für ihre Methoden zu interessieren.
Adjoa nutzte diese Gelegenheit, um auch über ökonomische und soziale Nachhaltigkeit zu sprechen. Sie ermutigte ihre Nachbarn, ihre eigenen Gemüsegärten anzulegen, um ihre Ernährung und ihre Finanzen zu verbessern. Durch den Anbau von biologischem Gemüse konnten sie auch ihre Ausgaben senken und ihre Gesundheit verbessern. Adjoa organisierte sogar Schulungen, um anderen Dorfbewohnern zu zeigen, wie man biologische Gärten anlegt und pflegt.
Durch ihr Engagement für alle drei Säulen der Nachhaltigkeit konnte Adjoa einen synergetischen Effekt erzielen. Sie schuf eine nachhaltige Lebensweise, die nicht nur die Umwelt schützt, sondern auch die Wirtschaft des Dorfes verbessert und den sozialen Zusammenhalt stärkt. Heute ist Adjoa vielen Mädchen der Umgebung ein Vorbild. Ihre nachhaltigen Methoden werden mittlerweile von vielen Menschen in anderen umliegenden Dörfern übernommen.

TIPPS

1. Als Führungskraft ist es wichtig, klare Nachhaltigkeitsziele zu setzen, die alle sechs Kreise der Nachhaltigkeit berücksichtigen und integrieren. Zum Beispiel könnte ein Ziel darin bestehen, den CO2-Ausstoß zu reduzieren und gleichzeitig soziale Gerechtigkeit und wirtschaftliche Stabilität zu fördern, wobei alle relevanten Beteiligten einbezogen werden. Die Umsetzung der Nachhaltigkeitsziele erfordert die Anwendung von drei Faktoren: angemessene Strukturen und Organisation, effektive Prozesse und eine gute Kommunikation. Nur durch diese langfristig wirksamen Maßnahmen kann eine nachhaltige Strategie erfolgreich umgesetzt werden.
2. Integriere Nachhaltigkeit in die Geschäftsstrategie: Nachhaltigkeit sollte einen Teil der Geschäftsstrategie bilden, um sicherzustellen, dass alle Entscheidungen unter Berücksichtigung der drei Säulen getroffen werden. Fördere innovative Lösungen und schaffe ein Klima, in dem nachhaltiges Denken und Handeln gefördert werden.
3. Stärke die interne Zusammenarbeit und vernetze Dich mit anderen: Um Nachhaltigkeit erfolgreich zu implementieren, ist eine starke interne Zusammenarbeit notwendig. Ermutige daher den Austausch von Wissen und Erfahrungen zwischen den verschiedenen Abteilungen und vernetze Dich auch mit anderen Unternehmen, um gemeinsam nachhaltige Lösungen zu finden.

»Mikrohaus«, »Minihaus« oder »Singlehaus«: Tiny House!
© Tiny Ways; greendealhouses www.gdhbv.com
(Nähere Informationen zur Organisation siehe auch Kap. Abb., Seite 318)

2.2 Nachhaltige Zielformulierung: Mittel- und langfristige Ziele im Fokus

Im Unternehmen sind wir es gewohnt, auf ein Jahr hin zu planen. Im Vorstandsjob auf drei, maximal fünf Jahre. In der Politik auf eine Legislaturperiode hin. Auf welche Spanne hin planst du? Hast Du kurz-, mittel- und langfristige Ziele, die Du verfolgst? Und wie konsequent gehst Du diese an? Betrachten wir Regierungen wie China, dann sehen wir, ganz abgesehen von Inhalten, wie stark eine Planung mit langfristigen Zielen ist. Wir mögen das gut oder schlecht finden.

China hat in den letzten Jahren verstärkt Maßnahmen ergriffen, um Nachhaltigkeit in seine wirtschaftliche Planung zu integrieren. Diese Maßnahmen können dazu beitragen, langfristigen wirtschaftlichen Erfolg zu fördern und Umweltauswirkungen zu reduzieren. Hier sind einige konkrete Punkte, die auf den Erfolg Chinas durch die Integration von Nachhaltigkeit in die Wirtschaft hinweisen:

1. Investitionen in erneuerbare Energien – China hat beträchtliche Investitionen in erneuerbare Energien wie Solar- und Windkraft getätigt. Dadurch ist es zum weltweit größten Produzenten erneuerbarer Energien geworden.
2. Förderung der Elektromobilität – China hat ambitionierte Pläne zur Förderung von Elektrofahrzeugen und Infrastruktur für Elektromobilität umgesetzt. Das Land ist heute der weltweit größte Markt für Elektrofahrzeuge.
3. Umweltschutzmaßnahmen – China hat Schritte unternommen, um die Umweltverschmutzung zu reduzieren und die Luft- und Wasserqualität zu verbessern. Maßnahmen wie strenge Emissionsstandards und Umweltschutzsteuern wurden eingeführt.
4. Förderung von grünen Industrien – China hat Industrien zu Umwelttechnik, erneuerbaren Energien und Energiesparlösungen aktiv gefördert. Dies hat zur Schaffung von Arbeitsplätzen und zur wirtschaftlichen Entwicklung in diesen Bereichen beigetragen.

Es ist wichtig anzumerken, dass der Erfolg Chinas nicht ausschließlich auf die Integration von Nachhaltigkeit in die Wirtschaft zurückzuführen ist. Es gibt viele Faktoren, die zum wirtschaftlichen Aufstieg des Landes beitragen, darunter auch staatliche Investitionen, Arbeitskraft, Infrastruktur und politische Rahmenbedingungen.

Fakt ist, dass die langfristige Planung von Zielen eine Power hat, die nur schwer zu übertreffen ist, denn nur so lässt sich von langer Hand eine Strategie umsetzen. Ich erlebe immer wieder, dass Personalabteilungen vom sogenannten War of Talents, vom Fachkräftemangel, überrascht sind. Stellen werden frei, weil die Inhaberinnen und Inhaber in Ruhestand gehen, neue Stellen werden geschaffen und plötzlich findet man so schnell keine Besetzung. Lässt sich das nicht vor-

One Black Tie Necklace Buys 6 Months of Food, Aufsteller vor Same Sky-Kette

(Nähere Informationen zur Organisation siehe auch Kap. Abb., Seite 318)

her absehen? Ja, aber viele Personalabteilungen planen nicht dementsprechend. Noch nicht, denn wenn sie es nicht zeitnah tun, werden sie die Probleme haben, die viele Unternehmen aufgrund von kurzfristiger Planung jetzt schon haben. Mir entgegnen immer HR-Manager und -Managerinnen, dass man doch oft im Voraus gar nicht wüsste, welche Stelle denn nachbesetzt werden muss oder welche Stellen dazukommen, bei denen das Jobprofil noch gar nicht feststeht. Aber letztendlich entscheiden sich Menschen vor allem für ein Unternehmen und seine Unternehmenskultur und in viele Jobprofile kann und muss man sich on the job einarbeiten. Wozu also warten? Unternehmen tun gut daran, nicht nur in puncto neue Mitarbeitende mittel- und langfristig zu denken. Auch in Sachen Standort-, Produkt- und Zielgruppenentwicklung sollten sie ebenso weit im Voraus Ziele setzen und Strategien formulieren.

2.3 Transparent erfolgreich: Mit offener Berichterstattung nachhaltig Vertrauen aufbauen und langfristigen Erfolg sichern

Die Formulierung von mittel- und langfristigen Zielen ist ein wichtiger Schritt für Unternehmen, um ihre Nachhaltigkeitsbemühungen voranzutreiben. Dabei sollte man auch Transparenz bei der Berichterstattung über den Fortschritt hinsichtlich der Erreichung dieser Ziele berücksichtigen. Indem Unternehmen ihre Nachhaltigkeitsleistung offenlegen, können sie ihr Engagement für die Umwelt und die Gesellschaft demonstrieren und eine vertrauensvolle Beziehung zu ihren Kunden, Investoren und anderen Interessengruppen aufbauen. Es gibt verschiedene Ansätze zur Berichterstattung, wie beispielsweise die Nutzung und Kommunikation von Nachhaltigkeitsindikatoren oder die Veröffentlichung eines Nachhaltigkeitsberichts.

Eine transparente Berichterstattung kann Unternehmen auch dabei helfen, ihre internen Prozesse und Abläufe zu verbessern, indem sie Daten zur Analyse und Verbesserung sammeln. Dadurch, dass Unternehmen ihre Nachhaltigkeitsleistung messen und offenlegen, können sie nicht nur ihre eigenen Prozesse verbessern, sondern auch als Vorbild für andere Unternehmen in ihrer Branche dienen und so einen positiven Einfluss auf die Umwelt und die Gesellschaft insgesamt ausüben.

Definition

Transparenz und Berichterstattung beziehen sich auf die Offenlegung von Informationen und Daten durch Unternehmen zu ihrer Nachhaltigkeitsleistung, einschließlich ihrer Umwelt-, Sozial- und Governance-Praktiken.

BEISPIEL

Transparenz in der Nachhaltigkeitsberichterstattung ist ein wichtiger Aspekt für Modemarken und Einzelhändler, um das Vertrauen der Verbraucher zu gewinnen und ihre Verantwortung gegenüber Mensch und Umwelt zu demonstrieren. Im Fashion Transparency Index 2019, der von Fashion Revolution veröffentlicht wurde, führten Adidas, Reebok und Patagonia die Liste an und erhielten jeweils 64 % der möglichen Punkte. Diese Unternehmen zeichnen sich durch ihre umfassende Offenlegung von Menschenrechts- und Umweltrichtlinien, Informationen zur Unternehmensverantwortung, Lieferantenangaben sowie Angaben zu den Ergebnissen und Auswirkungen ihrer Nachhaltigkeitspraktiken aus. Sie verstehen Transparenz nicht nur als das Teilen positiver Geschichten, sondern als die Präsentation eines Gesamtbildes ihrer Bemühungen.

Obwohl diese Marken einen hohen Grad an Transparenz aufweisen, gibt es immer noch Bereiche, in denen Verbesserungen möglich sind. Zum Beispiel besteht weiterhin Bedarf an einer umfassenden Offenlegung des CO2-Fußabdrucks entlang der gesamten Lieferkette, da die meisten Unternehmen nur ihre eigenen Standortemissionen veröffentlichen. Auch in Bezug auf die Gleichstellung der Geschlechter und die Offenlegung von Informationen über faire Löhne und Menschenrechtsstandards gibt es noch Raum für Fortschritte. Der Fashion Transparency Index zeigt jedoch insgesamt, dass die Modebranche in den letzten Jahren bedeutende Schritte unternommen hat, um transparenter zu werden. Im Vergleich zu früheren Jahren haben sich die durchschnittlichen Punktzahlen erhöht, und immer mehr Unternehmen veröffentlichen Sozial- und Umweltdaten. Die steigende Nachfrage der Verbraucher nach Transparenz und verantwortungsbewusster Mode hat dazu beigetragen, dass viele Marken bestrebt sind, ihre Nachhaltigkeitsleistungen offenzulegen und zu verbessern.

Insgesamt verdeutlicht das Beispiel von Adidas, Reebok und Patagonia im Fashion Transparency Index 2019, wie Transparenz in der Nachhaltigkeitsberichterstattung zu einem Maßstab für die Modebranche werden kann. Es ermutigt andere Unternehmen, ihre Bemühungen zu intensivieren und einen ganzheitlichen Ansatz zu verfolgen, um ihre ökologischen und sozialen Auswirkungen transparent zu kommunizieren. Durch eine offene und umfassende Berichterstattung können Modemarken das Vertrauen der Verbraucher gewinnen und dazu beitragen, eine nachhaltigere und verantwortungsvollere Industrie zu schaffen.

Quelle: https://fashionunited.de/nachrichten/business/adidas-reebok-und-patagonia-fuehren-2019-den-fashion-transparency-index-an/2019042631690

Ein Boot, das Einwanderer über das Mittelmeer transportiert hat, El Palmar, Andalucia, España

TIPPS

1. Sei ehrlich und transparent in Bezug auf die Nachhaltigkeitsleistung Deines Unternehmens. Zeige, wo Du stehst, welche Ziele Du hast und wie Du sie erreichen möchtest. Kommuniziere Deine Fortschritte regelmäßig. Erstelle einen Nachhaltigkeitsbericht oder füge Nachhaltigkeitsindikatoren in Deine bestehenden Berichte ein, um Deine Leistung transparent darzustellen.
2. Betrachte Nachhaltigkeit nicht als Belastung, sondern als Chance. Sieh es als Gelegenheit, Innovationen und Effizienzsteigerungen zu fördern, die Dein Unternehmen langfristig erfolgreicher machen können.
3. Arbeite mit anderen Unternehmen und Branchenverbänden zusammen, um Best Practices zu teilen und gemeinsame Nachhaltigkeitsziele zu setzen. Gemeinsames Engagement kann zu einer positiven Veränderung beitragen und Dein Unternehmen als Vorreiter in Deiner Branche positionieren.

2.4 Von Konkurrenz zu Kooperation: Erfolgreiche Partnerschaften für nachhaltige Unternehmensentwicklung

Partnerschaften und Kooperationen sind wichtige Instrumente für Unternehmen, um ihre Nachhaltigkeitsziele zu erreichen. Um erfolgreiche Partnerschaften bzw. Kooperationen zu bilden, sollten Unternehmen zunächst klare Ziele und Erwartungen formulieren und sicherstellen, dass alle Partner diese teilen. Was auch wichtig ist: die Etablierung einer offenen Kommunikation und eines klaren Verantwortungsbereiches, um Konflikte zu vermeiden. Nachhaltigkeitseffekte lassen sich maximieren, wenn Partnerschaften auf einer fairen und ausgewogenen Verteilung von Nutzen und Risiken beruhen und langfristig angelegt sind.

Partnerschaften und Kooperationen können dazu beitragen, dass Unternehmen ihre gesellschaftliche Verantwortung wahrnehmen und gleichzeitig wirtschaftlichen Nutzen erzielen. Sie können auch die Reputation und das Vertrauen in das Unternehmen stärken, indem sie zeigen, dass sie bereit sind, mit anderen zusammenzuarbeiten, um positive Veränderungen zu bewirken.

Definition

Partnerschaften und Kooperationen beziehen sich auf die Zusammenarbeit von Unternehmen mit anderen Unternehmen, Organisationen oder Regierungsbehörden, um gemeinsame Ziele zu erreichen. Solche Partnerschaften können den Austausch von Ressourcen, Know-how und Best Practices ermöglichen, um größere Fortschritte zu erzielen und gleichzeitig gesellschaftliche und ökologische Herausforderungen anzugehen.

BEISPIEL

Die Kia Corporation und »The Ocean Cleanup« sind eine langfristige Partnerschaft eingegangen, um gemeinsam innovative Lösungen für eine nachhaltigere Zukunft zu entwickeln. »The Ocean Cleanup« ist eine gemeinnützige Organisation aus den Niederlanden, die Technologien zur Befreiung der Meere von Plastikmüll entwickelt. Kia wird finanzielle Unterstützung leisten und Plastikmüll, der von »The Ocean Cleanup« gesammelt wird, in den Produktionsprozess integrieren, um eine erneute Umweltverschmutzung zu verhindern. Kia wird »The Ocean Cleanup« sieben Jahre lang unterstützen und im Gegenzug verwertbare Anteile des gesammelten Kunststoffs erhalten, um die Plastikverschmutzung zu reduzieren. Kia-Präsident Ho Sung Song betonte, dass die Partnerschaft ein wichtiger Schritt auf dem Weg zu einer nachhaltigen Zukunft für Kia sei. Durch die Zusammenarbeit hofft »The Ocean Cleanup«, andere zu inspirieren und Plastikverschmutzung in eine Lösung umzuwandeln.
Quelle: https://flotte.de/artikel/110/18776/kia-kooperiert-mit-the-ocean-cleanup.html

TIPPS

1. Definiere klare nachhaltige Ziele und Erwartungen für jede Partnerschaft. Stelle sicher, dass alle Partner ein gemeinsames Verständnis davon haben, was erreicht werden soll. Lege klare Verantwortlichkeiten fest. Es ist wichtig, eine klare Rollenverteilung und Entscheidungsfindung zu haben, um die Partnerschaft effektiv zu gestalten.
2. Suche nach Partnern, die komplementäre Fähigkeiten und Ressourcen haben. Eine gute Partnerschaft sollte darauf abzielen, Synergien zu schaffen und den Nutzen für alle Partner zu maximieren.
3. Sei bereit, langfristige Beziehungen aufzubauen. Eine erfolgreiche Partnerschaft erfordert Zeit und Engagement. Eine langfristige Beziehung kann dazu beitragen, Vertrauen aufzubauen und den Erfolg der Partnerschaft zu maximieren.

2.5 Nachhaltige Stakeholder-Power: Wie man das Engagement und die Effektivität steigert

Stakeholder-Beteiligung ist ein wichtiger Bestandteil der Unternehmensführung und wird immer wichtiger, weil der Erfolg eines Unternehmen heute immer mehr abhängt von der Beziehung zu Kunden, Geschäftspartnern, Medien und Mitarbeitenden. Die Einbeziehung vieler Interessenvertreter kann dazu beitragen, ein besseres Verständnis der Bedürfnisse und Erwartungen zu gewinnen, die die Organisation berücksichtigen sollte, und so das Vertrauen und die Loyalität der Kunden und Mitarbeitenden zu stärken, was wiederum den langfristigen

Regenwald mit Kakaopflanzen-Anbau, Ritter Schokolade
© Alfred Ritter
(Nähere Informationen zur Organisation siehe auch Kap. Abb., Seite 319)

Erfolg der Organisation fördern kann. Aber natürlich muss klar sein, welche Stakeholder welche Rolle übernehmen sollten, welche Ressourcen das von einem Unternehmen erfordert und welche Chancen daraus erwachsen. Nachhaltige Stakeholder-Beziehungen werden qualifiziert durch ihre Langfristigkeit, eine Kommunikation auf Augenhöhe und ein Win-Win-Miteinander. Eine offene Kommunikation und Zusammenarbeit mit den Stakeholdern können dazu beitragen, langfristige und erfolgreiche Beziehungen aufzubauen.

Definition

Nachhaltige Stakeholder-Beteiligung ist ein Prozess, bei dem Organisationen ihre Interessenvertreter einbeziehen und eng mit ihnen zusammenarbeiten, um Entscheidungen zu treffen, die deren Bedürfnisse und Erwartungen berücksichtigen. Die Stakeholder können Kunden, Mitarbeitende, Lieferanten, Investoren, Regierungsbehörden und andere Gruppen sein, die von den Aktivitäten und Entscheidungen der Organisation betroffen sind. Der nachhaltige Ansatz erfordert eine andere Herangehensweise als bei normalen Stakeholder-Beteiligungen. Es geht weniger um kurzfristige Effekte, vielmehr wollen alle Beteiligten ressourcenorientiert agieren, und zwar in sozialer, ökologischer und ökonomischer Sicht.

BEISPIELE

Ein fiktives Beispiel für eine erfolgreiche nachhaltige Stakeholder-Beteiligung ist die Zusammenarbeit zwischen dem mittelständischen Unternehmen XGroup und der lokalen Gemeinschaft in Xüven, wo sich das Headquarter befindet. Für ihr Vorhaben, eine neue große Logistikhalle in Xüven zu bauen, hält das Unternehmen eine öffentliche Anhörung ab, um die Bevölkerung zu informieren sowie deren Bedenken und Interessen anzuhören. Bis dahin gab es in der Gemeinde Bedenken, dass das Logistikcenter das Verkehrsaufkommen in der Gemeinde nachteilig erhöhen würde und damit die Lärmbelastung sowie die Gefahren für Radfahrer, insbesondere für Kinder und ältere Menschen. Auch gab es Sorgen, dass der Zuzug von vielen Menschen die Mieten in der Gemeinde ansteigen lassen und den Zusammenhalt im Ort beeinträchtigen würde. Die Einbeziehung der Gemeinde trägt dazu bei, dass die Bedenken der Menschen beseitigt und die Beziehung zwischen dem Unternehmen und dem Ort verbessert werden können.

Microsoft hat verschiedene Initiativen implementiert, um die Interaktion und Zusammenarbeit mit Stakeholdern zu fördern. Ein solches Beispiel ist das Microsoft Technology Adoption Program (TAP). Hierbei werden ausgewählte Kunden und Partner frühzeitig in die Entwicklung neuer Technologien und Produkte von Microsoft einbezogen. Durch ihre Teilnahme haben sie die Möglichkeit, Feedback zu geben, Herausforderungen zu identifizieren und gemeinsam mit Microsoft an Lösungen zu arbeiten. Dieser enge Austausch ermöglicht es Microsoft, Produkte

Angeschwemmt, der andere Blick auf unsere Meeresräume

(Nähere Informationen siehe auch Kap. Abb., Seite 320)

besser an die Bedürfnisse der Stakeholder anzupassen und sicherzustellen, dass sie effektiv und benutzerfreundlich sind.
Quelle: https://www.it-visions.de/glossar/alle/6287/Technology_Adoption_Program.aspx

TIPPS

1. Beteilige Stakeholder frühzeitig und kontinuierlich bei wichtigen Entscheidungen und Strategien, um eine gemeinsame Basis zu schaffen und ein Gefühl der Zusammenarbeit zu fördern.
2. Stelle sicher, dass Du alle Stakeholder auf Augenhöhe behandelst und allen eine faire Chance gibst, dass sie ihre Meinungen und Bedenken äußern. Schaffe ein Umfeld, das eine offene und transparente Kommunikation fördert, um das Vertrauen und die Loyalität der Stakeholder zu stärken.
3. Nutze moderne Kommunikationstechnologien und -plattformen, um eine breitere und effektivere Beteiligung der Interessenvertreter zu ermöglichen.

2.6 Nachhaltiges Supply Chain Management: Die Kette für eine zukunftsfähige Wertschöpfung

Nachhaltiges Supply Chain Management versucht zunehmend, Nachhaltigkeitsprinzipien entlang ihrer Lieferketten zu integrieren. Dabei sollen soziale und ökologische Aspekte wie faire Arbeitsbedingungen, ethische Beschaffung und Umweltschutz berücksichtigt werden, während gleichzeitig die wirtschaftliche Rentabilität gewährleistet wird.

Endkunden hinterfragen die Nachhaltigkeit von Produkten mehr als je zuvor. In der ersten Stufe betreffen diese Anforderungen vor allem die B2C-Industrien. Allerdings erfordert dies eine konsistent nachhaltige Supply-Chain-Transparenz bis in die letzte Stufe der Wertschöpfungskette. Letztendlich müssen sich somit alle Industrien auf entsprechende Nachfrageänderungen einstellen.[3]
Dr. Jan Joachim Herrmann, Partner bei PwC Deutschland

3 https://www.pwc.de/de/nachhaltigkeit/sustainable-supply-chain.html.

Definition

Nachhaltiges Supply Chain Management bezieht sich auf die umfassende Verwaltung und Koordination von Lieferkettenaktivitäten mit dem Ziel, soziale, ökologische und wirtschaftliche Nachhaltigkeit entlang des gesamten Lieferkettenprozesses sicherzustellen. Es beinhaltet die Integration von Nachhaltigkeitsprinzipien wie Ressourceneffizienz, ethische Beschaffung, Umweltschutz und faire Arbeitsbedingungen in die Planung, Steuerung und Überwachung der gesamten Lieferkette.

BEISPIEL

Ein Beispiel für nachhaltiges Supply Chain Management ist ein Lebensmittelhersteller, der sicherstellt, dass seine Rohstoffe aus nachhaltigen Quellen stammen. Das Unternehmen arbeitet eng mit seinen Lieferanten zusammen, um sicherzustellen, dass sie ökologische Praktiken anwenden und soziale Verantwortung übernehmen. Dies beinhaltet den Einsatz von umweltfreundlichen Anbaumethoden, den Verzicht auf den Einsatz von Pestiziden oder den Schutz von Arbeiterrechten. Durch diese Maßnahmen stellt das Unternehmen sicher, dass seine Produkte nicht nur qualitativ hochwertig sind, sondern auch den Nachhaltigkeitsanforderungen entsprechen. Ein ganzheitlicher Ansatz zum nachhaltigen Supply Chain Management bringt viele Vorteile mit sich. Unternehmen können ihre Lieferketten robuster gestalten, indem sie potenzielle Risiken wie Ressourcenknappheit, Lieferunterbrechungen oder Reputationsrisiken minimieren. Gleichzeitig stärkt nachhaltiges Supply Chain Management das Vertrauen der Verbraucher, da sie Produkte von Unternehmen bevorzugen, die sich für soziale und ökologische Verantwortung engagieren. Durch die Schaffung eines transparenten und verantwortungsvollen Lieferkettenmanagements können Unternehmen langfristigen Erfolg erzielen und gleichzeitig einen positiven Beitrag zur Gesellschaft und Umwelt leisten.

TIPPS

1. Mache Transparenz zur Priorität: Schaffe klare Sichtbarkeit entlang der gesamten Lieferkette, um potenzielle Risiken und Herausforderungen zu identifizieren. Erfasse Informationen zu Lieferanten, Materialien, Produktionsstandorten und Praktiken, um sicherzustellen, dass sie den Nachhaltigkeitsstandards entsprechen.
2. Arbeite eng mit den Lieferanten zusammen, um sicherzustellen, dass sie die gleichen Nachhaltigkeitsziele verfolgen. Ermutige sie zur Umsetzung von umweltfreundlichen Praktiken, zur Einhaltung von Arbeitsrechten und zur Vermeidung von Ressourcenverschwendung. Investiere in langfristige Beziehungen, um gemeinsam nachhaltige Lösungen zu entwickeln.

Möwe mit Müll

3. Implementiere effektive Beschaffungsrichtlinien: Integriere Nachhaltigkeitskriterien in die Beschaffungsprozesse. Betrachte nicht nur den Preis, sondern auch Umweltauswirkungen, ethische Aspekte und soziale Verantwortung bei der Auswahl von Lieferanten. Überprüfe regelmäßig die Einhaltung dieser Richtlinien, um sicherzustellen, dass die Beschaffung nachhaltig ist.

2.7 Von gut zu großartig: Wie kontinuierliche Verbesserung zum nachhaltigen Erfolg führt

Ein weiterer wichtiger Aspekt auf dem Weg zu mehr Nachhaltigkeit ist die kontinuierliche Verbesserung, um die eigenen mittel- bzw. langfristigen Ziele zu erreichen und nachhaltig, hier als langfristig verstanden, erfolgreich zu sein.

Definition

Kontinuierliche Verbesserung ist ein nachhaltiger Prozess, bei dem ein Unternehmen ständig danach strebt, seine Produkte, Dienstleistungen und Geschäftsabläufe zu verbessern. Es ist ein systematischer Ansatz, der darauf abzielt, die Effizienz, Qualität und Kundenzufriedenheit kontinuierlich zu steigern. Damit ist er auch nachhaltig im Sinne von langfristig möglichem Erfolg.

BEISPIELE

Ein Beispiel dafür ist das Produktionsunternehmen Welze, das sich zum Ziel gesetzt hat, seine Produktionsprozesse zu optimieren und die Fehlerquote zu reduzieren. Durch die Implementierung des kontinuierlichen Verbesserungsprozesses Lean Manufacturing kann das Unternehmen systematisch Probleme identifizieren und beheben, um so die Effizienz und Qualität der Produktion kontinuierlich zu verbessern. Durch regelmäßige Überprüfung und Anpassung der Prozesse können sie ihre Ziele erreichen, gleichzeitig Kosten sparen und die Kundenzufriedenheit steigern.
Connect + Develop ist ein Innovationsprogramm von Procter & Gamble (P&G), das auf offene Innovation setzt. Das Unternehmen strebt danach, mit den innovativsten Köpfen weltweit zusammenzuarbeiten, sei es einzelnen Erfindern, kleinen Unternehmen oder sogar Fortune-500-Unternehmen, um die großen Herausforderungen des eigenen Unternehmens zu bewältigen. Das Hauptziel von Connect + Develop besteht darin, P&G dabei zu unterstützen, die Bedürfnisse in verschiedenen Bereichen des Geschäfts zu erfüllen, sei es in Bezug auf Produkte, Technologie, den Einzelhandel, E-Commerce oder die Lieferkette. Dabei arbeitet P&G eng mit externen Ressourcen, Innovatoren und Patentinhabern zusammen, um sprunghafte und nachhaltige Innovationen sowie eine gesteigerte Produktivität zu fördern. Innerhalb von P&G gibt es ein globales Team, das speziell damit beauftragt ist, Connect +

Atomnacht, Antwerpen, Belgique
© Nicolas Hippert

Develop zu fördern. Dieses Team sucht aktiv nach Innovationen, arbeitet mit potenziellen Partnern zusammen und bringt bahnbrechende Ideen und Produkte durch das Unternehmen und auf den Markt.
Quelle: https://www.pgconnectdevelop.com/what-is-connect-develop/

TIPPS

1. Identifiziere kontinuierlich Verbesserungspotenzial in allen Bereichen des Unternehmens, sei es in der Produktion, im Kundenservice oder in der Verwaltung.
2. Implementiere einen systematischen Ansatz wie Kaizen oder Lean Manufacturing, um kontinuierliche Verbesserung zu fördern und sicherzustellen, dass Prozesse im Sinne von Nachhaltigkeit regelmäßig überprüft und optimiert werden.
3. Stelle sicher, dass Mitarbeitende aktiv in den kontinuierlichen Verbesserungsprozess eingebunden werden, indem Du ihre Ideen und Vorschläge berücksichtigst und förderst. Belohne Mitarbeitende, die zur kontinuierlichen Verbesserung beitragen, um das Engagement und die Motivation für nachhaltige Prozesse zu steigern.

2.8 Branchenspezifische, nationale oder internationale Standards und Zielsetzungen

Ich komme aus dem Konsumgüterbereich, vielmehr ursprünglich aus dem Interieur. Ich mag qualitativ hochwertige Stoffe, die sich gut anfühlen, Farben, die einem Raum den letzten Schliff geben als Wandfarbe, Farbe von Mobiliar, Vorhängen oder Accessoires, Formen, die Harmonien erzeugen oder diese brechen. Ich beschäftige mich heute weiterhin mit der Wirkung von Räumen auf Menschen. Als ich vor einigen Monaten eingeladen war, eine der wichtigsten Konsumgütermessen nach Corona zu eröffnen, war das für mich beeindruckend in vielerlei Hinsicht. Vor allem freute es mich, wie viele Unternehmen sich in der Zwischenzeit auf den Weg zu mehr Nachhaltigkeit gemacht hatten und mit welcher Effizienz, Kreativität und mit welchem Innovationsgeist.

Aufgefallen war mir da unter anderem Interface, ein weltweit führender Hersteller von modularen Teppichböden, seit den 1990er Jahren Vorreiter in der Nachhaltigkeitsbewegung. Der Gründer Ray Anderson setzte sich das Ziel, »null negativen Einfluss« auf die Umwelt zu haben und stattdessen einen »positiven Fußabdruck« zu hinterlassen. Interface setzt branchenspezifische Standards, indem es innovative Ansätze zur Nachhaltigkeit in der Teppichbodenindustrie eingeführt hat. Das Unternehmen hat eine Reihe von Maßnahmen ergriffen, um den ökologischen Fußabdruck seiner Produkte zu reduzieren, einschließlich des Einsatzes recycelter Materialien, der Umstellung auf erneuerbare Energien und der Umstellung auf geschlossene Kreisläufe für Materialien und Ressourcen. Auf internationaler Ebene hat Interface dazu beigetragen, den Teppichbodenherstellungssektor zu verändern, indem es andere Unternehmen dazu inspirierte, nachhaltigere Praktiken zu übernehmen. Das Unternehmen hat auch bei der Entwicklung von Standards und Zertifizierungen für nachhaltige Teppichböden mitgewirkt. Das bedeutet, dass Interface als Unternehmen eine Vorreiterrolle in der Schaffung einer nachhaltigeren Teppichbodenindustrie einnimmt. Durch seine Bemühungen trägt das Unternehmen zur Reduzierung des ökologischen Fußabdrucks der Branche bei und zeigt, dass es möglich ist, ökonomischen Erfolg mit Umweltverantwortung zu verbinden. Heute sind weltweit alle von Interface verkauften Bodenbeläge über den gesamten Lebenszyklus CO2-neutral. 76 % aller genutzten Energie in den eigenen Produktionsstätten stammt aus erneuerbaren Quellen. Verglichen zu 1996 gibt es heute 96 % weniger Treibhausgasemissionen in den Produktionsstätten für Teppichfliesen, 85 % weniger Abfall auf Deponien aus Produktionsstätten für Teppichfliesen und es stammen bei den Materialien in ihren Bodenbelägen mittlerweile 50 % mehr aus recycelten oder biobasierten Quellen. ReUse und ReCycling sind ein großes Thema, wenn es darum geht, gebrauchte Teppichfliesen wiederaufzubereiten oder zur Herstellung neuer Produkte zu nutzen. Für Unternehmen wie dieses kann ich mich echt begeistern – und, ganz ehrlich, es tut gut, sich mit Unternehmen wie diesen zu beschäftigen, die Nachhaltigkeit als Chef- und Herzenssache betrachten – und umsetzen.

Im Folgenden werden ausgewählte wichtige Standards und Zielsetzungen näher erläutert.

Planetare Belastungsgrenzen und die 17 SDGs

Im Jahr 2009 stellte ein Team von Wissenschaftlern das Konzept der planetaren Grenzen vor. Dabei wurden neun Prozesse und Systeme identifiziert, die von entscheidender Bedeutung für die Stabilität und Widerstandsfähigkeit der Erde sind. Wenn die Belastungsgrenze des Erdsystems in diesen Bereichen überschritten wird, drohen erhebliche und nicht umkehrbare Umweltveränderungen. In einem Update des Konzepts im Jahr 2015 stellten die Wissenschaftler fest, dass die Menschheit bereits in vier Bereichen den sicheren Betriebsbereich verlassen hat. Diese Bereiche umfassen den Klimawandel, Änderungen in der Landnutzung, den menschlichen Eingriff in biogeochemische Kreisläufe (Stickstoff und Phosphor) sowie die Integrität der Biosphäre, den Verlust der biologischen Vielfalt und das Artensterben betreffend.

Im gleichen Jahr verabschiedeten die Vereinten Nationen die Sustainable Development Goals (SDGs), eine Sammlung von 17 Zielen für eine nachhaltige Entwicklung. Der Kern der SDGs besteht darin, eine nachhaltige Entwicklung auf globaler Ebene bis zum Jahr 2030 zu fördern. Die SDGs decken eine Vielzahl von Themenbereichen ab, darunter die Bekämpfung von Armut, Ernährungssicherheit, Gesundheit, Bildung, Geschlechtergleichstellung, erneuerbare Energien, nachhaltige Städte und Gemeinden sowie Umwelt- und Klimaschutz. Jedes Ziel hat spezifische Unterziele und Indikatoren, die dazu dienen, den Fortschritt bei der Erreichung dieser Ziele zu messen.

Abb 5: Sustainable Development Goals

Die SDGs sind von großer Bedeutung für die Schaffung einer nachhaltigeren Zukunft und haben weltweit breite Unterstützung erfahren. Regierungen, Unternehmen und die Zivilgesellschaft arbeiten gemeinsam daran, diese Ziele zu erreichen und eine bessere Welt für kommende Generationen zu gestalten. Die Umsetzung der SDGs ermöglicht den Aufbau einer gerechteren, inklusiveren und ökologischeren Gesellschaft, die allen Menschen auf der Welt zugutekommt.

Um die Umsetzung der SDGs zu optimieren, wurde das Konzept der Folke-Rockströms-Hochzeitstorte entwickelt. Basierend auf dem Modell der planetaren Belastbarkeitsgrenzen haben Carl Folke, Johan Rockström und andere Forscher im Jahr 2016 ein erweitertes Modell entworfen, das dem Aufbau einer Hochzeitstorte[4] ähnelt. Dieses Modell zielt darauf ab, das wissenschaftliche Konzept der planetaren Belastbarkeitsgrenzen auf die Ziele für eine Nachhaltige Entwicklung

4 Siehe https://www.bmuv.de/themen/nachhaltigkeit-digitalisierung/nachhaltigkeit/integriertes-umweltprogramm-2030/planetare-belastbarkeitsgrenzen.

der Vereinten Nationen zu übertragen. Der Ausgangspunkt dieses Modells liegt in der Erkenntnis, dass Wirtschaftssysteme und Gesellschaften in die Biosphäre eingebettet und daher von der Erhaltung der Biosphäre abhängig sind.

ISO 14001 Norm für Umweltmanagementsysteme

Die ISO 14001 ist eine internationale Norm für Umweltmanagementsysteme, die von der Internationalen Organisation für Normung (ISO) veröffentlicht wurde. Sie legt die Anforderungen an ein Umweltmanagementsystem fest und soll Unternehmen dabei helfen, ihre Umweltleistung zu verbessern und die Auswirkungen ihrer Aktivitäten auf die Umwelt zu reduzieren.

Die ISO 14001-Norm umfasst Anforderungen an die Umweltleistung, Umweltaspekte, Umweltziele und -programme sowie Schulungen für Mitarbeitende und interessierte Parteien. Sie erfordert auch die Einführung eines systematischen Ansatzes zur Überwachung und Messung von Umweltleistungen und zur kontinuierlichen Verbesserung.

Die Umsetzung der ISO 14001-Norm ist für Unternehmen freiwillig, aber viele Unternehmen nutzen sie als Teil ihrer Bemühungen um Nachhaltigkeit und als Möglichkeit, ihre Umweltauswirkungen zu minimieren. Durch die Implementierung dieser Norm können Unternehmen ihre Umweltauswirkungen reduzieren, ihre Effizienz steigern und das Vertrauen von Kunden, Lieferanten und anderen interessierten Parteien gewinnen.

BSC (Balanced Scorecard)

Die Balanced Scorecard ist ein strategisches Managementinstrument, das unterstützt, Ziele und Leistungen in verschiedenen Bereichen ausgewogen zu messen und zu steuern. Sie berücksichtigt nicht nur finanzielle Aspekte, sondern auch nicht-finanzielle Faktoren wie Kundenzufriedenheit, interne Prozesse und Lern- und Entwicklungspotenziale. Die BSC umfasst die Perspektiven Finanzen, Kunden, Prozesse und Lernen & Entwicklung.

Wenn es um nachhaltige Führung geht, kann die Balanced Scorecard einige Vorteile bieten.

1. Ganzheitlicher Ansatz: Nachhaltige Führung bezieht sich nicht nur auf finanzielle Ergebnisse, sondern auch auf soziale und ökologische Auswirkungen. Die BSC bietet ein Rahmenwerk, um diese verschiedenen Dimensionen der Nachhaltigkeit zu erfassen und zu bewerten. Sie ermöglicht es, die Leistung des Unternehmens in Bezug auf Nachhaltigkeit umfassend zu messen und sicherzustellen, dass alle relevanten Aspekte berücksichtigt werden.
2. Langfristige Ausrichtung: Nachhaltige Führung zeichnet sich durch eine langfristige Perspektive aus. Die BSC unterstützt dieses Konzept, indem sie

nicht nur kurzfristige finanzielle Ziele, sondern auch langfristige Nachhaltigkeitsziele in den Fokus rückt. Sie ermöglicht es, die Auswirkungen der Entscheidungen und Maßnahmen eines Unternehmens auf die langfristige Nachhaltigkeit hin zu bewerten und anzupassen.

3. Transparenz und Kommunikation: Eine BSC kann dazu beitragen, die Leistung des Unternehmens in Bezug auf Nachhaltigkeit transparent darzustellen. Dies ermöglicht eine bessere Kommunikation sowohl intern als auch extern. So kann man die Fortschritte in Bezug auf Nachhaltigkeit verständlich vermitteln und das Engagement des Unternehmens für eine nachhaltige Führung deutlich machen. Dies stärkt das Vertrauen der Stakeholder und fördert eine offene Diskussion über Nachhaltigkeitsthemen.
4. Performance Management: Die BSC bietet ein Instrumentarium für das Performance Management im Bereich der Nachhaltigen Führung. Indem klare Ziele und Kennzahlen festgelegt werden, lassen sich die Leistung des Unternehmens überwachen und bei Bedarf Korrekturmaßnahmen ergreifen. Dies fördert eine kontinuierliche Verbesserung und stellt sicher, dass nachhaltige Ziele systematisch verfolgt werden.
5. Integration von Nachhaltigkeit in die Unternehmensstrategie: Durch die Einbindung von Nachhaltigkeitskennzahlen in die BSC wird Nachhaltigkeit zu einem integralen Bestandteil der Unternehmensstrategie. Dies bedeutet, dass nachhaltige Entscheidungen und Maßnahmen auf allen Ebenen des Unternehmens gefördert und unterstützt werden. Die BSC ermöglicht eine klare Ausrichtung der Aktivitäten auf die langfristige nachhaltige Vision des Unternehmens.

Die Balanced Scorecard kann somit dazu beitragen, dass nachhaltige Führung nicht nur ein Lippenbekenntnis bleibt, sondern in die Praxis umgesetzt wird. Sie bietet eine strukturierte Herangehensweise, um die Leistung des Unternehmens in Bezug auf Nachhaltigkeit zu messen.

Corporate-Governance-Kodex

Der Corporate-Governance-Kodex ist ein Leitfaden für die Unternehmensführung, der in Deutschland von einer Regierungskommission entwickelt wurde. Er enthält Empfehlungen und Standards für die Organisation zur Überwachung und Kontrolle von Unternehmen. Der Kodex zielt darauf ab, die Transparenz und Verantwortlichkeit von Unternehmen zu verbessern, indem er klare Regeln für die Zusammenarbeit zwischen Vorstand und Aufsichtsrat, die Offenlegung von Unternehmensinformationen und die Einbindung von Aktionären vorgibt. Er enthält auch Empfehlungen für die Vergütung von Vorständen und Aufsichtsratsmitgliedern, um die Interessen der Aktionäre zu schützen.

Der Corporate-Governance-Kodex ist für börsennotierte Unternehmen verpflichtend und hat eine wichtige Funktion bei der Schaffung von Vertrauen und Verantwortlichkeit in der Unternehmensführung. Er wird von Unternehmen als Orientierungshilfe und Best Practice genutzt, um ihre Corporate Governance zu verbessern und die Einhaltung von Gesetzen und Vorschriften sicherzustellen. Die regelmäßige Überprüfung und Aktualisierung des Kodex trägt zur kontinuierlichen Verbesserung der Corporate Governance bei, stärkt nachhaltiges Wirtschaften und hilft Unternehmen dabei, im globalen Wettbewerb erfolgreich zu sein.

LEED (Leadership in Energy and Environmental Design)

LEED ist ein international anerkanntes Zertifizierungsprogramm für grüne Gebäude, das vom US Green Building Council entwickelt wurde. Das LEED-Programm bewertet Gebäude anhand von Kriterien wie Energie- und Wassereffizienz, Materialien und Ressourceneffizienz, Innenraumqualität und Umweltverträglichkeit, um so Gebäude zu fördern, die weniger Energie und Ressourcen verbrauchen, die Umwelt weniger belasten und eine bessere Innenraumqualität bieten. Zertifizierte Gebäude haben nachgewiesenermaßen eine höhere Rentabilität und einen höheren Wiederverkaufswert als nicht-zertifizierte Gebäude.

Das LEED-Programm ist in vielen Ländern weltweit verbreitet und wird von vielen Regierungen, Unternehmen und Organisationen genutzt. Es fördert nicht nur eine nachhaltigere Bauweise, sondern trägt auch dazu bei, die öffentliche Gesundheit zu verbessern und die Umwelt zu schützen.

BREEAM (Building Research Establishment Environmental Assessment Method)

BREEAM ist ein international anerkanntes Zertifizierungsprogramm für nachhaltige Gebäude. Es wurde vom Building Research Establishment (BRE) in Großbritannien entwickelt und bewertet Gebäude anhand von Kriterien wie Energieeffizienz, Ressourceneffizienz, Abfallmanagement, Wassereffizienz, Innenraumqualität und Umweltverträglichkeit. Das Ziel von BREEAM ist es, die Nachhaltigkeit von Gebäuden zu fördern und eine bessere Umweltbilanz zu erreichen.

Mit diesem weltweit verbreiteten Instrument soll die Nachhaltigkeit von Gebäuden gefördert und der Klimawandel bekämpft werden. Zertifizierte Gebäude haben eine höhere Rentabilität und einen höheren Wiederverkaufswert als nicht-zertifizierte Gebäude. Das BREEAM-Programm trägt auch zur Verbesserung der Lebensqualität und Gesundheit der Gebäudenutzer bei.

CDP (Carbon Disclosure Project)

Das CDP ist eine Non-Profit-Organisation, die Unternehmen und Städte dabei unterstützt, ihre Klimabilanz zu verbessern und Maßnahmen zur Bekämpfung des Klimawandels zu ergreifen. Das CDP sammelt und analysiert Daten zu Treibhausgasemissionen und Klimarisiken von Unternehmen und Städten weltweit und stellt diese Informationen Investoren, Regierungen und der Öffentlichkeit zur Verfügung. Das CDP bewertet Unternehmen und Städte anhand von Kriterien wie Emissionsreduktion, Klimastrategie und Offenlegung von Klimarisiken.

CDP möchte damit Unternehmen und Städte motivieren, ihre Umweltbilanz zu verbessern und sich auf eine kohlenstoffarme Zukunft vorzubereiten. Die Teilnahme am CDP ist freiwillig. Viele Unternehmen und Städte nutzen das Programm, um ihre Klimastrategie zu verbessern und ihren Ruf als umweltbewusste Organisationen zu stärken.

SASB (The Sustainability Accounting Standards Board)

Das Sustainability Accounting Standards Board entwickelt einheitliche Standards und Metriken für die Berichterstattung über Nachhaltigkeit von Unternehmen. Unternehmen sollen damit ihre Nachhaltigkeitsleistung besser messen und berichten können. Die Arbeit des SASB trägt zur Förderung von Nachhaltigkeit und verantwortungsvollem Unternehmertum bei.

Der Schwerpunkt des SASB liegt auf der Integration von Nachhaltigkeitsthemen in die Finanzberichterstattung von Unternehmen. Die Standards des SASB decken eine breite Palette von Nachhaltigkeitsthemen ab, wie z. B. Umwelt-, Sozial- und Governance-Faktoren und werden von Investoren, Regierungen und Unternehmen auf der ganzen Welt genutzt. Sie helfen Investoren bei der Bewertung von Unternehmen hinsichtlich ihrer Nachhaltigkeitsleistung und ermöglichen es Unternehmen, die Erwartungen ihrer Stakeholder besser zu erfüllen.

3 Widerstandsfähige nachhaltige Governance

Plant for the Planet: vor Ort wirken
Plant for the Planet Foundation
(Nähere Informationen zur Organisation siehe auch Kap. Abb., Seite 321)

Abb. 6: Ganzheitliches Nachhaltigkeitsmodell - Fokus Struktur/Organisation © Anabel Ternes/Haufe 2023

Wie kannst Du denn etwas Positives über DIE sagen? Empört schaute mich ein Augenpaar an, nachdem ich gerade einen Vortrag darüber gehalten hatte, wie Unternehmen, die vormals durch ihr nicht-nachhaltiges Handeln aufgefallen waren, ihre Geschäftsmodelle und -praktiken, Prozesse, Lieferketten etc. umstellen. Konkret ging es der Frau um Unilever. Ein Unternehmen, dessen Produkte sich seit meiner Kindheit in meinem Alltag befanden, von Vaseline, Signal-Zahncreme, Dove-Körpermilch bis hin zu Lipton-Tee und Knorr-Suppen. »Vergisst Du denn, was die alles verbrochen haben?« Ich verstand sehr gut, was in der Frau vorging. Letztendlich hatte ich mich das auch gefragt, als ich mich mit dem Thema auseinandergesetzt hatte, wie und warum Unternehmen, die sich lange Zeit nicht um Nachhaltigkeit gekümmert hatten, auf Nachhaltigkeit umstellten. Mich erinnerte das an ein Gespräch mit dem Chef einer Kommunikationsagentur, der mir mal sagte: »Weißt Du, ich könnte für alle arbeiten, aber für die Großen, da arbeite ich grundsätzlich nicht. Wenn da kein Eigentümer dahintersteht, sondern nur Aktien, überbezahlte Vorstände mit Verantwortung auf Zeit, die so austauschbar sind, und viel, viel Marketing-Blabla, das kann ich nicht, keine Lust. Da ist mir jede Sekunde zu schade für und jeder Cent Geld zu viel, den ich dadurch verdiene.« Ja, das fand ich konsequent. Und doch war da dieses Gefühl, das sagte: Jeder hat eine Chance verdient. Und wer die Chance wahrnimmt, auf Nachhaltigkeit umzustellen, darf auch die Sichtbarkeit dafür bekommen, denn er kann andere motivieren, es ihm gleichzutun, Kunden auf den Plan rufen, genau das, was er umgestellt hat, zu honorieren, und so nach und nach komplett nachhaltig zu werden.

Ich erklärte, dass ich es gut finde, wenn diese Unternehmen ein Einsehen haben und nachhaltig werden – egal, ob das Einsehen aus innerer Überzeugung begonnen hatte oder aus der Einsicht, dass ein nicht-nachhaltiges Verhalten viele Kunden kosten würde. Natürlich ist es schöner, wenn alle oder die meisten der Mitarbeitenden in einem Unternehmen hinter der Nachhaltigkeitsstrategie stehen, und zwar nicht nur, weil es ihren Job sichert, sondern vor allem, weil sie das persönlich gut finden, am besten noch, weil sie sich für das Thema selbst engagieren. Aber Nachhaltigkeit ist ein Thema, bei dem alle Unternehmen mitgenommen werden sollten. Jemand wegen seines ehemals schlechten Geschäftsgebarens auszuschließen, das finde ich schlecht.

Unilever wurde in der Vergangenheit aufgrund einiger Produkte und Praktiken kritisiert, die nicht als nachhaltig angesehen wurden. Das war beispielsweise der Verkauf von palmölhaltigen Produkten. Palmöl ist eine Zutat, deren Produktion mit Entwaldung, Umweltzerstörung und sozialen Konflikten in Verbindung gebracht wird. In einem weiteren Vorwurf ging es wiederum um Verpackungsmüll: Wie viele Unternehmen in der Konsumgüterindustrie wurde auch Unilever wegen der Verwendung von Einwegverpackungen kritisiert. Einige Kritiker bemängelten die Menge an Kunststoffabfällen, die durch die Verpackung der Produkte entstehen. Und dann stand zeitweise in der Kritik, welche Chemikalien in Produkten verwendet wurden: Dies betraf insbesondere Stoffe wie Mikroplastik, Parabene oder Triclosan, die Umweltauswirkungen haben könnten.

Allerdings hat das Unternehmen in den letzten Jahren umfangreiche Bemühungen unternommen, seine Nachhaltigkeitspraktiken zu verbessern. Unilever hat sich verpflichtet, Nachhaltigkeit in sein Geschäftsmodell zu integrieren, und setzt dabei auf eine umfassende und langfristige Nachhaltigkeitsstrategie mit ehrgeizigen messbaren Zielen, um Umweltauswirkungen zu reduzieren, die Ressourceneffizienz zu verbessern und soziale Verantwortung zu fördern, wie zum Beispiel die Reduzierung des CO2-Fußabdrucks, die Förderung des Einsatzes von nachhaltigem Palmöl, die Reduktion von Verpackungsmaterialien, die Verwendung sicherer und umweltfreundlicher Inhaltsstoffe in den Produkten und die Förderung der Chancengleichheit. Darüber hinaus hat das Unternehmen eine starke Unternehmensführung, die Nachhaltigkeit auf allen Ebenen des Unternehmens fördert und eine transparente Berichterstattung über die Fortschritte sicherstellt. Das finde ich nicht nur gut, sondern es ist auch wichtig, darüber zu reden. Denn diese Entwicklung ist klasse.

Die Kunst der intelligenten Entscheidungen: eine Anleitung zur erfolgreichen nachhaltigen Governance

Der Aufbau einer effektiven Governance für intelligente und nachhaltige Entscheidungen ist ein wichtiger Schritt für Unternehmen, um sicherzustellen, dass Entscheidungen auf einer fundierten Basis getroffen und die Geschäftsziele erreicht werden. Eine effektive Governance umfasst die Einrichtung von klaren Prozessen und Richtlinien für Entscheidungsfindung. Dabei müssen die Ziele des Unternehmens berücksichtigt werden, um sicherzustellen, dass Entscheidungen im Einklang mit den strategischen Zielen getroffen werden.

Eine wichtige Rolle spielt dabei die Datengovernance. Durch die Definition von Datenstandards und -richtlinien wird sichergestellt, dass Daten korrekt und einheitlich erfasst werden. Auch die Einbindung von Experten aus verschiedenen Abteilungen und Bereichen des Unternehmens ist wichtig, um sicherzustellen, dass Entscheidungen aus verschiedenen Perspektiven betrachtet und die Auswirkungen auf alle Bereiche des Unternehmens berücksichtigt werden. Darüber hinaus können Technologien wie künstliche Intelligenz und maschinelles Lernen eingesetzt werden, um Entscheidungen zu automatisieren und zu optimieren. Hierbei ist jedoch eine sorgfältige Überwachung bzw. Kontrolle erforderlich, um sicherzustellen, dass die Ergebnisse der Algorithmen und Modelle fair und zuverlässig sind.

Nachhaltigkeit kann die erfolgreiche Governance konkret optimieren, indem sie transparente und verantwortungsvolle Entscheidungsstrukturen fördert. Durch die Integration von Nachhaltigkeitsprinzipien in die Unternehmensführung können ethische Standards, Umweltschutz und soziale Verantwortung in die strategische Planung, Risikobewertung und Entscheidungsprozesse einfließen. Eine nachhaltige Governance stärkt das Vertrauen der Stakeholder, minimiert Risiken und fördert langfristigen Erfolg, der ökonomisch, ökologisch und sozial verantwortlich ist, und damit die Widerstandsfähigkeit eines Unternehmens.

3.1 Umfangreiche, komplexe rechtliche Ansprüche als Teil von Nachhaltigkeit

Compliance im Fokus: Gesetzliche Anforderungen für ein erfolgreiches Unternehmen

Widerstandsfähige nachhaltige Governance ist ein wichtiges Thema für Unternehmen, um ihre langfristige Stabilität und Wettbewerbsfähigkeit zu gewährleisten. Dabei müssen sie sich an gesetzliche Anforderungen halten, wie zum Beispiel Datenschutz, Arbeitsrecht, Steuerrecht und Wettbewerbsrecht.

- Der Datenschutz spielt dabei eine entscheidende Rolle. Unternehmen müssen sicherstellen, dass sie personenbezogene Daten gemäß den geltenden Vorschriften schützen. Das umfasst beispielsweise die Einhaltung der Datenschutz-Grundverordnung (DSGVO) in der Europäischen Union.
- Auch das Arbeitsrecht ist ein wichtiger Aspekt bei der Widerstandsfähigkeit und Nachhaltigkeit der Governance. Unternehmen müssen die Rechte ihrer Mitarbeitenden respektieren und sicherstellen, dass sie fair und gerecht behandelt werden. Dazu gehört zum Beispiel die Einhaltung von Mindestlöhnen, Arbeitszeitgesetzen und Arbeitssicherheitsvorschriften.
- Das Steuerrecht ist ein weiterer wichtiger Aspekt. Unternehmen müssen sicherstellen, dass sie ihre Steuerverpflichtungen erfüllen und alle relevanten Steuern gemäß den geltenden Vorschriften entrichten. Dazu gehört auch die Einhaltung von Transparenz- und Offenlegungspflichten.
- Das Wettbewerbsrecht schließlich legt fest, welche Verhaltensweisen im Wettbewerb erlaubt sind und welche nicht. Unternehmen müssen sicherstellen, dass sie keine unfairen Praktiken anwenden und keine Kartelle bilden.

Insgesamt müssen Unternehmen eine Vielzahl von gesetzlichen Anforderungen erfüllen, um eine widerstandsfähige und nachhaltige Governance zu gewährleisten. Eine sorgfältige Einhaltung dieser Vorschriften ist entscheidend, um langfristig erfolgreich zu sein und das Vertrauen der Kunden, Mitarbeitenden und Investoren zu gewinnen.

Bücherschlangen

Nachhaltigkeit kann in Bezug auf gesetzliche Anforderungen konkret Unternehmen dazu motivieren, über die bloße Einhaltung von Mindeststandards hinauszugehen. Die proaktive Ergreifung von Maßnahmen dient zur Übernahme sozialer und ökologischer Verantwortung. Indem sich Unternehmen hier engagieren, über gesetzliche Vorgaben hinausgehen und sich für höhere Standards einsetzen, erzielen sie langfristige positive Auswirkungen auf Umwelt, Gesellschaft und Stakeholder.

BEISPIEL

Ein Unternehmen, das umfangreiche, komplexe rechtliche Ansprüche hat, ist Google LLC. Als eines der weltweit größten Technologieunternehmen ist Google in verschiedenen Bereichen tätig, darunter Suchmaschinen, digitale Werbung, Cloud Computing, Softwareentwicklung. Google hat mit einer Vielzahl rechtlicher Aspekte zu tun, die von branchenspezifischen Vorschriften über den Schutz der Privatsphäre bis hin zu Urheberrechts- und Wettbewerbsgesetzen reichen. Das Unternehmen operiert global und unterliegt sowohl nationalen als auch internationalen Rechtsvorschriften und Regulierungen. Als führender Anbieter von Internetdiensten und Datenverarbeitung hat Google die Verantwortung, sicherzustellen, dass es die rechtlichen Anforderungen in den Märkten, in denen das Unternehmen tätig ist, erfüllt. Dies beinhaltet die Einhaltung von Datenschutzgesetzen, die Bekämpfung von Cyberkriminalität, die Gewährleistung der Sicherheit und Integrität der von Benutzern bereitgestellten Informationen und den Schutz geistigen Eigentums.
Was unternimmt Google zu den Themen?

- Bekämpfung von Cyberkriminalität: Google hat verschiedene Maßnahmen ergriffen, um Cyberkriminalität entgegenzuwirken. Dazu gehört beispielsweise die ständige Weiterentwicklung seiner Sicherheitsinfrastruktur, um Angriffe und Datenlecks zu verhindern. Google arbeitet auch eng mit Strafverfolgungsbehörden zusammen, um bei der Aufklärung von kriminellen Aktivitäten im Internet zu unterstützen. Zudem investiert Google in die Erforschung und Entwicklung fortschrittlicher Sicherheitstechnologien wie maschinellem Lernen und künstlicher Intelligenz, um Bedrohungen zu erkennen und zu bekämpfen.
- Gewährleistung der Sicherheit und Integrität der von Benutzern bereitgestellten Informationen: Google hat verschiedene Maßnahmen implementiert, um die Sicherheit und Integrität der von Benutzern bereitgestellten Informationen zu gewährleisten. Dazu gehört beispielsweise die Verwendung von Verschlüsselungstechnologien, um die Übertragung sensibler Daten zu schützen. Google führt auch regelmäßige Sicherheitsaudits durch, um Schwachstellen zu identifizieren und zu beheben. Darüber hinaus ermöglicht Google Benutzern die Kontrolle über ihre eigenen Daten, indem ihnen Einstellungen und Optionen zur Verwaltung ihrer Privatsphäre angeboten werden.
- Schutz geistigen Eigentums: Google hat Mechanismen implementiert, um den Schutz des geistigen Eigentums zu gewährleisten. Beispielsweise bietet das

Baldachin aus Bambusblättern
© Kazuend

Unternehmen Tools und Verfahren für Urheberrechtsinhaber, um gegen die unerlaubte Verwendung ihrer Inhalte vorzugehen. Google hat auch Richtlinien und Verfahren zur Bekämpfung von Markenrechtsverletzungen, um sicherzustellen, dass Markeninhaber vor Missbrauch geschützt werden. Darüber hinaus arbeitet Google mit Rechteinhabern zusammen, um Inhalte zu lizenzieren und eine faire Nutzung geistigen Eigentums zu fördern.

Aufgrund seiner Größe und globalen Reichweite wird Google oft Gegenstand rechtlicher Auseinandersetzungen, Untersuchungen und regulatorischer Anforderungen. Das Unternehmen muss sich kontinuierlich mit den sich entwickelnden rechtlichen Landschaften in verschiedenen Ländern auseinandersetzen und seine Geschäftspraktiken entsprechend anpassen, um mit den rechtlichen Ansprüchen umzugehen. Das bedeutet, dass Google als Unternehmen erhebliche Ressourcen in die rechtliche Compliance investiert, um sicherzustellen, dass es den geltenden Gesetzen und Vorschriften entspricht. Es steht vor der Herausforderung, komplexe rechtliche Anforderungen zu verstehen, sich anpassenden regulatorischen Rahmenbedingungen gerecht zu werden und gleichzeitig innovative Dienstleistungen und Technologien anzubieten.

3.2 Dimensionen einer widerstandsfähigen Organisation

Immer, wenn ich an eine widerstandsfähige Organisation denke, kommt mir als Erstes SAP in den Sinn. Über eine lange Zeit hin interessierte ich mich außergewöhnlich für das Unternehmen. Bis ich Menschen kennenlernte, die in diesem Unternehmen arbeiten: Ich war positiv überrascht, welch starke Persönlichkeiten in diesem Konzern arbeiteten und scheinbar vieles von dem, was sie ausmachte, in den Konzern einbrachten und ihn zu dem machten, wie ich SAP von da an wahrnahm – als ein innovatives globales nachhaltiges Zentrum, das seine Stärke aus seiner Flexibilität, seinen Mitarbeitern und seinen Produkten mit einer nachhaltigen Strategie voranbrachte. Warum aber widerstandsfähig? SAP hat eine solide finanzielle Grundlage, die es dem Unternehmen ermöglicht, in turbulenten Zeiten stabil zu bleiben. Zum Beispiel konnte SAP in der Coronapandemie seine finanzielle Stabilität aufrechterhalten und sich anpassen, um den Herausforderungen der sich verändernden Wirtschaftslage zu begegnen.

SAP investiert kontinuierlich in innovative Technologien und passt sich den sich wandelnden Marktbedingungen an. Das Unternehmen hat eine breite Palette von Produkten und Lösungen entwickelt, die den Anforderungen der digitalen Transformation gerecht werden. Beispielsweise hat SAP seine Cloud-Plattformen erweitert und digitale Lösungen für verschiedene Branchen entwickelt. Das Unternehmen verfügt über eine gut organisierte und widerstandsfähige Lieferkette, die eine kontinuierliche Versorgung mit Produkten und Dienstleistungen gewährleistet, und es arbeitet eng mit seinen Lieferanten zusammen, um sicherzustellen, dass die Lieferketten effizient und robust bleiben. Im Falle von Störungen in der Lieferkette kann SAP schnell alternative Lösungen finden, um die Kontinuität der Geschäftsprozesse zu gewährleisten.

SAP fördert eine anpassungsfähige und lernende Arbeitskultur. Das Unternehmen legt Wert auf kontinuierliches Lernen, Innovationsbereitschaft und Flexibilität. Mitarbeiterinnen und Mitarbeiter werden ermutigt, neue Fähigkeiten zu entwickeln, um sich so den sich verändernden Anforderungen anzupassen. Dies ermöglicht SAP, sich schnell auf Veränderungen einzustellen und sich kontinuierlich weiterzuentwickeln.

Das Unternehmen hat zudem eine starke Kundenorientierung und ist bestrebt, den Kunden Mehrwert zu bieten. Es arbeitet eng mit seinen Kunden zusammen, um deren Bedürfnisse und Herausforderungen zu verstehen. SAP bietet maßgeschneiderte Lösungen und unterstützt Kunden bei der Optimierung ihrer Geschäftsprozesse. Diese Kundenorientierung stärkt die Resilienz von SAP, da sie eine starke Kundenbindung und langfristige Partnerschaften ermöglicht.

Diese Dimensionen der Widerstandsfähigkeit machen SAP zu einer Organisation mit widerstandfähiger, nachhaltiger Governance, da sie in der Lage ist, sich immer wieder neu an Veränderungen anzupassen, Herausforderungen zu bewältigen und somit langfristigen Erfolg zu erzielen.

3.2.1 Wandel nachhaltig erfolgreich gestalten: Mitarbeitende als treibende Kraft

Die Befähigung der Mitarbeitenden für den Wandel ist ein wichtiger Faktor für den Erfolg von Veränderungsprozessen in einer Organisation. Ein Unternehmen kann den Wandel nachhaltig erfolgreich gestalten, indem es soziale Nachhaltigkeit und Diversität fördert. Konkret kann dies durch ein inklusives Arbeitsumfeld erreicht werden, das die Vielfalt der Mitarbeitenden anerkennt, Chancengleichheit fördert und in dem flexible Arbeitsmodelle unterstützt sowie Programme zur Förderung von Work-Life-Balance und Wohlbefinden implementiert werden. Neben Schulungen können Coaching, Mentoring und Peer-to-Peer-Lernprogramme zur Befähigung der Mitarbeitenden beitragen. Durch diese Maßnahmen werden Mitarbeitende in ihrer jeweiligen Situation unterstützt und können ihr volles Potenzial besser entfalten, was zu einem nachhaltigen Erfolg und einer positiven Unternehmenskultur führt.

Definition

Die nachhaltige Befähigung der Mitarbeitenden für den Wandel bezieht sich auf den Prozess, bei dem Mitarbeitende in die Lage versetzt werden, den Wandel in einer Organisation aktiv und erfolgreich mitzugestalten. Dies umfasst die Bereitstellung von Schulungen zum Aufbau von Ressourcen und Fähigkeiten sowie die Förderung einer Kultur des Lernens und der Offenheit für Veränderungen. Ein wichtiger Punkt ist hier die individuelle Förderung, die Mitarbeitenden hilft, ihre jeweiligen Stärken und Schwächen besser entwickeln zu können.

BEISPIEL

IBM hat in den letzten Jahren eine umfassende Transformation durchlaufen und dabei seine Strategie und Geschäftsmodelle angepasst, um sich den Veränderungen im Technologieumfeld anzupassen. Um sicherzustellen, dass die Mitarbeitenden den Wandel aktiv mitgestalten können, hat IBM verschiedene Initiativen zur Befähigung und Weiterentwicklung der Belegschaft eingeführt. Ein zentrales Element ist das interne Weiterbildungsprogramm namens »SkillsBuild«. Dieses Programm bietet den Mitarbeitenden die Möglichkeit, ihre Fähigkeiten und Kenntnisse in neuen Technologien wie Künstliche Intelligenz, Cloud Computing und Blockchain zu erweitern. Es umfasst Online-Kurse, virtuelle Lernressourcen und praktische Projekte, die es den Mitarbeitenden ermöglichen, sich mit den neuesten Technologien vertraut zu machen und ihre Kompetenzen weiterzuentwickeln. Mit dem »Skills-

Build«-Programm verpflichtet sich IBM außerdem, bis 2030 weltweit 30 Millionen Menschen aus- und weiterzubilden.
Quelle: https://skillsbuild.org/de

TIPPS

1. Vermittele den Mitarbeitenden durch Schulungen die notwendigen Fähigkeiten und Kenntnisse, um den Wandel aktiv mitzugestalten. Die Schulungen sollten praxisnah und konkret sein, damit die Mitarbeitenden das Gelernte direkt anwenden können.
2. Fördere eine Kultur des Lernens und der Offenheit für Veränderungen. Ermutige die Mitarbeitenden, sich gegenseitig zu unterstützen und sich aktiv an der Veränderung zu beteiligen.
3. Unterstütze die Mitarbeitenden durch Mentoring und Coaching. Dies kann ihnen helfen, die Veränderungen besser zu verstehen und umzusetzen.

3.2.2 Inside-Out: Das Ökosystem von Kunden verstehen und einbeziehen

Um das Ökosystem des Kunden zu verstehen, ist es wichtig, sich in dessen Perspektive zu versetzen. Daher sollten sich Unternehmen auf die Schaffung einer umfassenden Sichtweise des Ökosystems des Kunden konzentrieren und hierbei auch auf die Identifikation von Wechselwirkungen zwischen den Akteuren innerhalb des Ökosystems achten. Nachhaltigkeit kann hier ein großer Erfolgsfaktor werden. Durch die Entwicklung nachhaltiger Produkte und Dienstleistungen, die ökologische und soziale Auswirkungen berücksichtigen, in Zusammenarbeit mit den Kunden können Unternehmen das Vertrauen und die Loyalität ihrer Kunden gewinnen und eine langfristige Kundenbindung aufbauen. Dies kann zum Beispiel durch die Nutzung von Kundendaten, Feedback und Kundenbefragungen erreicht werden. Ein solches Verständnis ermöglicht es Unternehmen, besser auf die Bedürfnisse und Erwartungen der Kunden einzugehen und somit Wettbewerbsvorteile zu erzielen.

Definition

Das Ökosystem des Kunden bezieht sich auf das Netzwerk von Unternehmen, Anwendungen und Dienstleistungen, die der Kunde nutzt, um seine Bedürfnisse zu erfüllen. Es umfasst alle Interaktionen des Kunden mit diesen Akteuren und ist entscheidend für die Erfüllung seiner Anforderungen und Erwartungen.

BEISPIELE

Ein Beispiel hierfür ist Christian, der ein neues Smartphone kauft. In diesem Fall umfasst das Ökosystem von ihm als Kunden nicht nur das Smartphone-Unternehmen, sondern auch Mobilfunkanbieter, App-Entwickler, E-Commerce-Plattformen und möglicherweise auch Service-Anbieter wie Reparaturdienste. Eine tiefergehende Analyse von Christians Ökosystem kann helfen, seine Anforderungen und Bedürfnisse besser zu verstehen und somit das eigene Angebot gezielter anpassen zu können. Das lässt sich optimieren, wenn man Christian eine besondere Rolle als Kunde anbietet – nämlich bei der Wahl des Smartphones mitzugestalten. Seine Wahl und die Motive dafür sind für das Unternehmen interessant, insbesondere, wenn es sich bei ihm um einen Kunden handelt, der mit seinen Kriterien für viele andere Kunden steht.

Apple hat eine starke Kundenorientierung und strebt danach, die Bedürfnisse und Wünsche seiner Kunden umfassend zu verstehen. Das Unternehmen hat ein umfangreiches Ökosystem geschaffen, das über seine Produkte hinausgeht und verschiedene Aspekte des Lebens seiner Kunden berücksichtigt. Zum Beispiel bietet Apple seinen Kunden nicht nur Hardware wie iPhones, iPads und Macs an, sondern auch Software wie iOS und macOS, Dienste wie iCloud und Apple Music sowie eine Vielzahl von Zubehörprodukten. Dieses umfassende Ökosystem ermöglicht es

Apple, verschiedene Aspekte des digitalen Lebens seiner Kunden zu integrieren und so ein reibungsloses Kundenerlebnis zu bieten. Beispielsweise ermöglicht die Integration von Apple-Hardware mit dem Betriebssystem iOS und den Apple-Diensten wie iCloud und Apple Pay eine nahtlose Verbindung und Interaktion zwischen den verschiedenen Geräten und Diensten.
Darüber hinaus hat Apple ein starkes Verständnis für die Bedürfnisse und Vorlieben seiner Zielgruppen entwickelt. Das Unternehmen investiert in umfangreiche Marktforschung, um die Bedürfnisse der Kunden besser zu verstehen und die eigenen Produkte und Dienstleistungen entsprechend anzupassen. Apple beobachtet auch Trends und Veränderungen im Technologiemarkt genau, um frühzeitig auf Veränderungen zu reagieren und innovative Produkte zu entwickeln, die den Kundenanforderungen entsprechen.
Quelle: https://www.apple.com/de/

TIPPS

1. Versetze Dich in die Perspektive der Kunden: Betrachte das Ökosystem aus deren Sicht. Was sind deren Bedürfnisse und welche Anforderungen haben sie? Analysiere es genau und betrachte nicht nur die direkten Kontakte der Kunden mit Deinem Unternehmen, sondern berücksichtige auch Interaktionen mit anderen Akteuren innerhalb des Ökosystems. Achte auf Wechselwirkungen zwischen den Akteuren und betrachte nicht nur jede Einheit isoliert. Identifiziere Zusammenhänge und Verbindungen.
2. Nutze Kundendaten: Sammle und analysiere Kundendaten, Feedback und Kundenbefragungen, um ein umfassenderes Verständnis des Ökosystems des Kunden zu erlangen.
3. Passe Dein Angebot an: Nutze das Verständnis des Ökosystems, um genau auf die Bedürfnisse und Erwartungen der Kunden einzugehen.

3.2.3 Entscheidungsfindung und Verantwortung: Nachhaltige erfolgreiche Governance und Führung

Es ist wichtig, klare Verantwortlichkeiten und Entscheidungsprozesse festzulegen, um ein reibungsloses Funktionieren des Unternehmens sicherzustellen und eine klare Ausrichtung auf gemeinsame Ziele zu ermöglichen. Nachhaltigkeit kann die erfolgreiche Governance und Führung optimieren, da diese dadurch eine ganzheitliche und langfristige Perspektive einnimmt. Durch die Integration von Nachhaltigkeitsprinzipien in die Unternehmensstrategie, Entscheidungsfindung und Berichterstattung werden ökonomische, soziale und ökologische Aspekte gleichermaßen berücksichtigt. Dies fördert eine verantwortungsvolle und zukunftsorientierte Führung, stärkt das Vertrauen der Stakeholder und trägt zu einem nachhaltigen Unternehmenserfolg bei.

Definition

Governance und Führung beziehen sich auf die Strategien, Prozesse und Maßnahmen, die ein Unternehmen ergreift, um das Verhalten und die Erfahrungen seiner Kunden zu gestalten. Dadurch können langfristige Beziehungen aufgebaut und der Unternehmenserfolg gefördert werden.

BEISPIELE

Ein Beispiel dafür ist das junge Start-up-Unternehmen AEENAS, in dem bisher alle Mitarbeitenden an Entscheidungen beteiligt waren. Das Unternehmen wächst schnell und es wird immer schwieriger, alle Entscheidungen gemeinsam zu treffen. Um die Effizienz zu steigern, entscheidet das Managementteam, klare Verantwortlichkeiten und Entscheidungsprozesse festzulegen. Jeder Mitarbeitende erhält klare Zuständigkeiten und Verantwortlichkeiten, während das Managementteam weiterhin die strategische Ausrichtung des Unternehmens vorgibt und wichtige Entscheidungen trifft. Durch diese klare Governance-Struktur kann AEENAS schneller und effektiver arbeiten und gleichzeitig eine klare Ausrichtung auf gemeinsame Ziele sicherstellen.

Die Governance und Führung bei Johnson & Johnson basiert auf einem klaren Verständnis von Verantwortung und ethischem Handeln. Das Credo, das die Grundlage für die Geschäftspraktiken des Unternehmens bildet, definiert die Verantwortung gegenüber den verschiedenen Stakeholdern und legt fest, wie Entscheidungen getroffen werden und wer dafür verantwortlich ist. Johnson & Johnson betrachtet Patienten, Ärzte, Pflegepersonal und alle, die ihre Produkte und Dienstleistungen nutzen, als oberste Priorität. Das Unternehmen verpflichtet sich, ihre Bedürfnisse zu erfüllen und stets hohe Qualitätsstandards zu wahren. Es strebt danach, den Nutzen zu maximieren, die Kosten zu senken und faire Preise beizubehalten. Gleichzeitig sollen die Kundenwünsche prompt und zuverlässig erfüllt werden. J&J erkennt die Bedeutung der Geschäftspartner an und ermöglicht ihnen, angemessene Gewinne zu erzielen.

Die Verantwortung gegenüber den Mitarbeitenden ist ebenfalls zentral. J&J legt großen Wert auf ein inklusives Arbeitsumfeld, in dem jede Person respektiert wird. Die Vielfalt und Würde der Mitarbeitenden werden anerkannt und ihre Leistungen geschätzt. Das Unternehmen strebt nach sicheren und sauberen Arbeitsplätzen, fairer und angemessener Entlohnung sowie der Förderung von Gesundheit und Wohlbefinden. Die Mitarbeitenden werden ermutigt, Vorschläge zu machen und ihre Anliegen zu äußern. Chancengleichheit bei der Einstellung, Entwicklung und Förderung wird gewährleistet, und es werden fähige Führungskräfte eingesetzt, die gerecht und ethisch handeln.

Darüber hinaus übernimmt Johnson & Johnson Verantwortung für das Gemeinwesen und die gesamte Menschheit. Das Unternehmen strebt danach, Menschen zu helfen, gesünder zu leben, und engagiert sich für das Wohl der Gesellschaft durch Unterstützung von Wohltätigkeitsorganisationen, Förderung der Gesundheitsfürsorge und Bildung sowie die Einhaltung von Umweltschutzstandards. Es erkennt auch seine Verantwortung gegenüber den Aktionären an und strebt nach angemessenen Gewinnen, um Dividenden zu zahlen, Innovationen voranzutreiben, in die Zukunft zu investieren und Reserven für schlechtere Zeiten zu bilden.

Bei Johnson & Johnson werden Entscheidungen auf der Grundlage dieser Grundsätze getroffen, und die Verantwortung liegt bei den Führungskräften und den Mitarbeitenden des Unternehmens. Durch die klare Definition von Verantwortlichkeiten und die Ausrichtung auf ethisches Handeln schafft J&J eine solide Governance und Führung, die es dem Unternehmen ermöglicht, langfristigen Erfolg zu erzielen und das Vertrauen der Stakeholder zu gewinnen.

Quelle: https://www.jnj.com/code-of-business-conduct/german

Baumwipfelpfad Steigerwald, Ebrach, Germany

TIPPS

1. Schaffe klare Verantwortlichkeiten und Entscheidungsprozesse, um sicherzustellen, dass Entscheidungen schnell und effektiv getroffen werden können.
2. Setze klare Ziele und Leistungsindikatoren, um sicherzustellen, dass alle Beteiligten im Unternehmen auf die gleichen Ziele ausgerichtet sind und ihre Entscheidungen danach treffen.
3. Setze verstärkt auf datengestützte Entscheidungen. Sammle und analysiere relevante Daten, um eine fundierte Grundlage für Deine Wahl zu schaffen. Dies minimiert Risiken und erhöht die Erfolgschancen Deiner Entscheidungen.

3.3 Wie baue ich eine widerstandsfähige nachhaltige Governance auf?

Bevor ich den Gründer von dm, später dann auch einen seiner Söhne kennen- und schätzen lernte, war das Unternehmen eines, das ich vor allem aus der Perspektive der Kundin kannte. Ich war nicht nur zufrieden mit dem Service und Angebot. Ich erzählte auch anderen immer mal wieder von meinen Einkaufserlebnissen in einem dm-Geschäft: dass ich dort einmal einen Wickeltisch entdeckte, ausgestattet mit allem, was man zum Wickeln braucht, zur kostenfreien Verwendung, und dieser uns in einer Situation wirklich gute Dienste leistete, als wir mit unseren Kindern unterwegs waren; dass ich dort in einem Bereich eine Zeit lang immer neue spannende Produkte von Start-ups entdeckte, von Kakao aus Erbsenprotein bis hin zum nachhaltigen Shampoo; und dass ich immer, egal, wie voll ein Geschäft war, nur auf freundliche, unaufgeregte, service-orientierte Mitarbeitende traf.

Ob das Unternehmen dm eine widerstandsfähige Governance hat? Es deutet einiges daraufhin: Denn dm zeichnet sich durch eine transparente Unternehmensführung aus. Das Unternehmen veröffentlicht regelmäßig Berichte und Informationen über seine Geschäftspraktiken, Nachhaltigkeitsbemühungen und soziale Verantwortung. Es gibt klare Kommunikationskanäle für Mitarbeiter, Kunden und andere Stakeholder, um Informationen zu erhalten und Fragen zu stellen. Es verfolgt auch eine nachhaltige Unternehmensstrategie, die in verschiedenen Bereichen zum Ausdruck kommt. Das Unternehmen setzt sich für den Umweltschutz ein und fördert den Einsatz nachhaltiger Produkte. Es hat soziale Initiativen und Programme zur Förderung des Gemeinwohls implementiert, darunter verschiedene gemeinnützige Projekte im Bildungs- und Umweltbereich.

dm fördert die aktive Beteiligung und das Engagement seiner Mitarbeiter. Das Unternehmen bietet eine offene Kommunikationskultur und schafft Möglichkeiten für Mitarbeiter, Ideen einzubringen und an Entscheidungsprozessen teilzunehmen. Es gibt interne Schulungs- und Weiterbildungsprogramme, um die persönliche und berufliche Entwicklung der Mitarbeitenden zu fördern. Das Unternehmen legt darüber hinaus Wert auf eine verantwortungsbewusste Beschaffung von Produkten und setzt sich für faire Arbeitsbedingungen, den Schutz der Menschenrechte und den Umweltschutz entlang der Lieferkette ein. Es arbeitet eng mit Lieferanten zusammen, um sicherzustellen, dass die Produkte ethisch und nachhaltig hergestellt werden.

Dm betreibt ein aktives Stakeholder-Engagement und pflegt enge Beziehungen zu seinen Kunden, Lieferanten, Mitarbeitern und der Gemeinschaft. Das Unternehmen nimmt Feedback ernst und berücksichtigt die Bedürfnisse und Anliegen seiner Stakeholder bei Entscheidungsprozessen. Es gibt auch regelmäßige Austauschplattformen und Dialogmöglichkeiten, um den Stakeholder-Input zu fördern. Diese Kriterien deuten darauf hin, dass dm über eine widerstandsfähige Governance verfügen könnte. Durch transparente Unternehmensführung, nachhaltige Unternehmensstrategie, Mitarbeiterbeteiligung, verantwortungsbewusste Beschaffung und Stakeholder-Engagement zeigt dm ein starkes Engagement für langfristigen Erfolg und nachhaltige Geschäftspraktiken.

3.3.1 Mut zur Transparenz: Wie offene Entscheidungsfindung zur widerstandsfähigen Governance beiträgt

Offene Entscheidungsfindung ist ein wichtiger Aspekt widerstandsfähiger Governance. Nachhaltigkeit kann die offene Entscheidungsfindung zur widerstandsfähigen Governance konkret optimieren, indem sie folgende Maßnahmen unterstützt:

1. Einbindung der Stakeholder – Einbeziehung von Mitarbeitenden, Kunden, Lieferanten etc., um verschiedene Perspektiven einzubringen und Nachhaltigkeitsaspekte bei Entscheidungen zu berücksichtigen.
2. Transparente Kommunikation – Offenlegung von Informationen über Nachhaltigkeitsstrategien, Ziele und Entscheidungsprozesse, um Vertrauen und Transparenz zu schaffen.
3. Nachhaltigkeitsbewertungen – Integration von Nachhaltigkeitskriterien in die Bewertung von Optionen und Szenarien, um langfristige Auswirkungen zu bewerten und nachhaltige Entscheidungen zu treffen.
4. Nachhaltigkeitsorientierte Risikobewertung – Berücksichtigung von Umwelt- und sozialen Risiken bei Entscheidungen, um widerstandsfähig gegenüber zukünftigen Herausforderungen zu sein.
5. Kontinuierliche Verbesserung – Schaffung eines Feedbackmechanismus, um aus Erfahrungen zu lernen, Nachhaltigkeitsleistungen zu überwachen und Entscheidungen entsprechend anzupassen.

Diese Maßnahmen fördern eine offene Entscheidungsfindung, die Nachhaltigkeitsaspekte in die Governance integriert und die widerstandsfähige Entwicklung des Unternehmens unterstützt.

Definition

Offene Entscheidungsfindung bezieht sich auf den Prozess der gemeinsamen Entscheidungsfindung durch eine Gruppe von Individuen, bei dem alle Stimmen gehört und berücksichtigt werden. Es geht darum, eine breitere Perspektive zu gewinnen und die Entscheidungsqualität durch die Einbeziehung unterschiedlicher Standpunkte zu verbessern.

BEISPIELE

Glaeser versucht im Unternehmen eine offene Entscheidungsfindung zu leben. Das ist nicht immer konfliktfrei und verlangt oftmals hohe Ressourcen an Zeit und Personal. Aber dem mittelständischen Unternehmen ist dies wichtig, um nachhaltige Teilhabe der Mitarbeitenden zu leben. Der Junior, der vor zwei Jahren übernommen hat, hat diese Art der Entscheidungsfindung eingeführt. Er sagt: »Manchmal zehrt das schon an den Nerven. Man weiß, was gemacht werden muss, und lässt die Mitarbeitenden machen. Das dauert immer länger. Aber wenn ein sinnvolles Ergebnis herauskommt, ist alles ok. Dann ist das nicht meines, sondern das Ergebnis der Mitarbeitenden. Das bindet nachhaltig ans Unternehmen. Dumm nur, wenn das Ergebnis falsch ist, und ich das schon sehe und doch nichts machen kann. Dann dauert es noch länger, die Fehler werden gemacht, bis dass man letztendlich zu dem richtigen

Ergebnis kommt. Aber unterm Strich ist es so besser. Die Mitarbeitenden sind so viel engagierter dabei, viel innovativer, und das hilft uns langfristig, erfolgreich zu sein.«
Ein Unternehmen, das offene Entscheidungsfindung als Teil seiner widerstandsfähigen Governance-Praktiken umsetzt, ist Google (heute Alphabet Inc.). Google hat sich den Prinzipien der Transparenz, Partizipation und Zusammenarbeit verschrieben, um eine integrative und effektive Entscheidungsfindung zu fördern. Bei Google werden Entscheidungen nicht nur von einer kleinen Gruppe von Führungskräften getroffen, sondern es wird Wert auf die Einbindung und den Beitrag aller Mitarbeitenden gelegt. Dies geschieht durch offene Diskussionen, Teammeetings und eine Kultur des offenen Austauschs von Ideen und Informationen.
Ein Beispiel für diese offene Entscheidungsfindung bei Google ist das sogenannte »TGIF«(Thank God It's Friday)-Meeting. Bei diesem Treffen haben alle Mitarbeitenden die Möglichkeit, Fragen zu stellen, Ideen vorzubringen und ihre Meinungen zu bestimmten Themen zu äußern. Sowohl das Topmanagement als auch die Mitarbeitenden auf allen Ebenen nehmen an diesen Meetings teil, was zu einer transparenten Kommunikation und einem offenen Dialog führt. Allerdings hat die Größe des Unternehmens und die damit verbundene Schwierigkeit, Informationen intern zu halten, zu Diskussionen geführt. Aufgrund von Leaks und einer nachlassenden Teilnehmerzahl hat Google angekündigt, das TGIF-Meeting seltener abzuhalten und weniger sensible Informationen preiszugeben. Diese Entscheidung, die von CEO Sundar Pichai in einer E-Mail an alle Mitarbeitenden kommuniziert wurde, ist eine Reaktion auf die Herausforderungen, die mit einem Meeting dieser Größe und Bedeutung einhergehen. Pichai betont in der E-Mail auch die Bedeutung der Vertraulichkeit und des Schutzes interner Informationen. Obwohl das Unternehmen sich von den wöchentlichen Meetings verabschiedet, bleibt Google weiterhin bestrebt, eine offene Unternehmenskultur aufrechtzuerhalten. Die Entscheidung, das Meeting auf einen monatlichen Rhythmus umzustellen und die Informationsvermittlung anzupassen, soll dazu beitragen, eine effektive und verantwortungsbewusste Governance-Struktur aufrechtzuerhalten.
Quelle: https://www.googlewatchblog.de/2019/11/google-tgif-viele-leaks/.

TIPPS

1. Schaffe eine offene Kommunikationskultur, um ein Umfeld der Zusammenarbeit und des gegenseitigen Vertrauens zu schaffen. Stelle sicher, dass jeder die Möglichkeit hat, seine Perspektive und Meinung zu äußern und dass alle Stimmen gehört und berücksichtigt werden.
2. Stelle sicher, dass alle Beteiligten verstanden haben, um was es bei der Entscheidung geht und dass alle relevanten Informationen vorliegen, um Entscheidungen auf einer fundierten Grundlage treffen zu können.

3. Arbeite mit allen Stakeholdern zusammen, um eine gemeinsame Entscheidung zu treffen, die auf einer breiteren Perspektive basiert und auf den Einsichten und Erfahrungen aller Beteiligten beruht.

3.3.2 Vielfalt als Stärke: Inklusion als Grundlage für widerstandsfähige nachhaltige Governance

Die Förderung von Diversität und Inklusion ist ein wichtiger Schritt für Unternehmen, um sicherzustellen, dass sie für alle Mitarbeitenden eine offene, respektvolle und integrative Arbeitsumgebung bieten. Indem Unternehmen Diversität und Inklusion fördern, können sie nicht nur ein Umfeld schaffen, in dem sich Mitarbeitende sicher, respektiert und integriert fühlen, sondern auch ihre eigene Reputation und ihr Ansehen stärken. Damit ziehen sie auch ein breiteres Spektrum von Talenten und Fähigkeiten an.

Soziale Nachhaltigkeit kann die inklusive Grundlage für widerstandsfähige nachhaltige Governance konkret optimieren, indem sie die Förderung von Vielfalt und Inklusion unterstützt. Gleichzeitig unterstützt sie Chancengleichheit und Fairness, wenn Richtlinien und Praktiken implementiert werden, die Diskriminierung verhindern und gleiche Entwicklungsmöglichkeiten für alle Mitarbeitenden gewährleisten. Wichtig: Die Nachhaltigkeit sollte nicht nur intern stattfinden, auch externe Interessengruppen sollten eingebunden werden. Der Dialog mit der Gesellschaft hilft, deren Bedürfnisse und Perspektiven zu verstehen und in die Entscheidungsfindung einzubeziehen.

Definition

Die Förderung von Diversität und Inklusion bezieht sich auf den Prozess, eine Arbeitsumgebung zu schaffen, die auf Vielfalt und Integration von Menschen unterschiedlicher ethnischer, kultureller, geschlechtlicher, sozialer und anderer Hintergründe ausgerichtet ist. Diese sollte allen Mitarbeitenden ermöglichen, ihr volles Potenzial auszuschöpfen und ihre unterschiedlichen Perspektiven und Erfahrungen einzubringen.

BEISPIEL

Ein Beispiel für die Förderung von Diversität und Inklusion ist das Unternehmen ZUBIT. Der Mittelständler hat eine Initiative gestartet, um mehr Frauen in Führungspositionen zu bringen. Das Unternehmen bietet Mentorship-Programme für Frauen an und flexible Arbeitsmodelle von Teilzeit bis Homeoffice, um es Frauen und Männern mit Familienpflichten zu erleichtern, Arbeit und Privatleben zu vereinbaren.

Gleichzeitig wird in den Personalgesprächen ein Punkt integriert, der die Organisation von Kindern oder pflegebedürftigen Angehörigen neben dem Job als Karriereunterstützer bewertet.

TIPPS

1. Stelle sicher, dass die Einstellungspraktiken inklusiv sind, nutze verschiedene Kanäle und Netzwerke, um eine breitere Vielfalt von Bewerbern anzusprechen. Achte darauf, dass die Stellenanzeigen geschlechtsneutral und inklusiv sind.
2. Implementiere Schulungen und Schulungsprogramme für alle Mitarbeitenden, um ein besseres Verständnis für verschiedene Kulturen, Hintergründe und Perspektiven zu fördern. Sorge dafür, dass Meetings und Events inklusiv und zugänglich sind und alle die Möglichkeit haben, teilzunehmen, um ihre Meinungen und Ideen zu äußern.
3. Etabliere Mentoring-Programme und andere Initiativen, um den Aufstieg von Minderheiten, Frauen und anderen unterrepräsentierten Gruppen in Deinem Unternehmen zu fördern und sie dabei zu unterstützen, ihre Karriereziele zu erreichen.

3.3.3 Von der Planung zur Performance: Die Governance-Strategie mit Controlling und Evaluierung nachhaltig optimieren

Die Überwachung und Evaluierung ist ein wichtiger Bestandteil jedes erfolgreichen Projekts oder Programms. Nachhaltigkeit kann das Controlling und die Evaluierung konkret unterstützen, indem sie zusätzliche Kriterien und Kennzahlen einführt, um ökologische, soziale und ökonomische Nachhaltigkeitsleistungen zu messen. Durch die Integration von Nachhaltigkeitsindikatoren in das Controllingsystem können Unternehmen ihre Nachhaltigkeitsziele überwachen, den Fortschritt verfolgen und fundierte Entscheidungen zur Optimierung von Nachhaltigkeitsmaßnahmen treffen. Dies ermöglicht eine effektive Überprüfung der Nachhaltigkeitsleistung und fördert eine kontinuierliche Verbesserung in Richtung einer nachhaltigen Entwicklung.

Definition

Die Überwachung und Evaluierung ist ein Prozess, bei dem die Leistung eines Projekts oder Programms regelmäßig gemessen und bewertet wird, um sicherzustellen, dass es seinen Zielsetzungen entspricht und effektiv umgesetzt wird. Dabei werden Ergebnisse und Fortschritte dokumentiert, um gegebenenfalls Anpassungen vornehmen zu können.

BEISPIELE

So hat die gemeinnützige Organisation SeedUp ein neues Programm zur Förderung der Gesundheit von Jugendlichen entwickelt. Für die Umsetzung und Qualitätsprüfung entwickelten sie Messkriterien, die zeigen, wie erfolgreich das Projekt umgesetzt werden kann und welche langfristige Wirkung darüber erzielt wird. Die Überwachung und Evaluierung beinhaltet hier die regelmäßige Messung von Indikatoren wie der Teilnahme an Gesundheitsworkshops oder der Umsetzung von gesunden Lebensgewohnheiten. Durch die kontinuierliche Überwachung der Ergebnisse können Anpassungen in der Umsetzung vorgenommen werden, um sicherzustellen, dass das Programm erfolgreich verläuft und seine Zielsetzungen erreicht.
Siemens hat ein robustes Governance-Framework etabliert, um die Unternehmensführung zu überwachen und sicherzustellen, dass die strategischen Ziele erreicht werden. Hier spielt das Controlling eine zentrale Rolle, um die Leistung zu messen, Risiken zu identifizieren und geeignete Maßnahmen zur Optimierung zu ergreifen. Eine wichtige Komponente der Governance-Strategie von Siemens ist zudem die regelmäßige Evaluierung von Projekten, Prozessen und Geschäftseinheiten. Durch systematische Bewertungen werden Stärken und Schwächen identifiziert, Chancen und Risiken bewertet und Verbesserungspotenziale aufgedeckt. Dieser Evaluierungsprozess ermöglicht es Siemens, seine Geschäftstätigkeiten kontinuierlich anzupassen und auf veränderte Marktbedingungen zu reagieren.
Quelle: https://www.siemens.com/de/de/unternehmen/investor-relations/corporate-governance.html

TIPPS

1. Halte regelmäßig festgelegte Checkpoints und Review-Meetings ab, um den Fortschritt des Projekts zu verfolgen und sicherzustellen, dass es den gesetzten Zielen entspricht.
2. Definiere klare KPIs (Key Performance Indikatoren) und Metriken, um die Leistung des Projekts oder Programms zu messen und so sicherzustellen, dass es auf Kurs bleibt.
3. Dokumentiere und analysiere regelmäßig die Ergebnisse und Fortschritte, um wichtige Erkenntnisse zu gewinnen und gegebenenfalls Strategien anzupassen.

3.3.4 Integrität als Fundament: Wie Compliance und Ethik zur widerstandsfähigen nachhaltigen Governance beitragen

Compliance und Ethik sind wichtige Prinzipien für jedes Unternehmen oder jede Organisation, um im Einklang mit den geltenden Gesetzen und ethischen Grundsätzen zu stehen.

Definition

Compliance und Ethik beziehen sich auf die Einhaltung von gesetzlichen Vorschriften, internen Regeln und ethischen Grundsätzen in einem Unternehmen oder einer Organisation, um sicherzustellen, dass alle Aktivitäten legal, transparent und ethisch korrekt durchgeführt werden.

BEISPIELE

Das Finanzdienstleistungsunternehmen LEONIDAS stellt sicher, dass alle Transaktionen mit höchster Transparenz und Integrität nachhaltig durchgeführt werden. Das Unternehmen hat ein striktes Compliance-Programm eingeführt, das regelmäßige Schulungen und Überprüfungen umfasst, um damit sicherzustellen, dass alle Mitarbeitenden die geltenden Vorschriften und Richtlinien verstehen und einhalten. Konkret enthält das Compliance-Programm folgende Elemente:

1. Compliance-Richtlinien und -Verfahren – Festlegung von Verhaltensregeln und Standards, um die Einhaltung gesetzlicher Vorschriften und interner Richtlinien sicherzustellen.
2. Compliance-Schulungen – Schulungen für Mitarbeitende, um sie über relevante Gesetze, Vorschriften und unternehmensinterne Compliance-Anforderungen aufzuklären.

3. Risikobewertung und -kontrolle – Identifikation und Bewertung von Compliance-Risiken sowie die Implementierung von Kontrollmechanismen zur Risikominimierung.
4. Überwachung und Berichterstattung – regelmäßige Überwachung der Compliance-Aktivitäten, um potenzielle Verstöße zu erkennen, sowie Berichterstattung an das Management und gegebenenfalls an Aufsichtsbehörden.
5. Untersuchungen und Sanktionen – Durchführung von internen Untersuchungen bei möglichen Verstößen gegen Compliance-Vorschriften und angemessene Sanktionen bei Fehlverhalten.
6. Compliance-Audit – regelmäßige Überprüfung der Wirksamkeit des Compliance-Programms durch interne oder externe Prüfer, um Verbesserungspotenziale aufzudecken.

Ein solches Compliance-Programm dient dazu, die Einhaltung gesetzlicher und regulatorischer Anforderungen sicherzustellen, das Risiko von Verstößen zu minimieren und das Vertrauen der Kunden, Aufsichtsbehörden und der Öffentlichkeit zu wahren. Zudem gibt es eine strenge Ethik-Richtlinie, die die Mitarbeitenden dazu verpflichtet, im Einklang mit den Werten des Unternehmens zu handeln und sich immer fair und ehrlich zu verhalten.

Eine erfolgreiche Governance-Strategie mit einem starken Fokus auf Compliance und Ethik wird auch von Coca-Cola umgesetzt. Das Ethik- und Compliance-Komitee, bestehend aus einer Gruppe leitender Führungskräfte, ist verantwortlich für die unabhängige, objektive und konsistente Verwaltung des Kodex. Dieses Komitee wird vom Chief Financial Officer, dem General Counsel und dem Audit-Komitee des Vorstands überwacht. Die Mitarbeiter, die angehalten sind, den Kodex zu kennen und einzuhalten, werden ermutigt, immer mit gutem Urteilsvermögen zu handeln und Ehrlichkeit sowie Ethik in allen Aktivitäten zu wahren. Wenn sie von anderer Seite aufgefordert werden, gegen den Kodex zu verstoßen, wird ihnen nahegelegt, dies zu melden. Die Einhaltung der Gesetze steht ebenfalls im Fokus und bei Unklarheiten können sich die Mitarbeitenden an den Rechtsberater des Unternehmens wenden.

Manager tragen zusätzliche Verantwortung und dienen als Vorbilder für den Kodex und die Unternehmenswerte. Sie sollen eine Kultur der Integrität fördern, indem sie ethische Entscheidungen treffen und in ihren Handlungen und Aussagen Ehrlichkeit und Integrität demonstrieren. Ebenso sollen sie sich dafür einsetzen, dass der Kodex gelesen und verstanden wird, und den Mitarbeitern für Fragen diesbezüglich zur Verfügung stehen. Ethikgespräche werden in den Arbeitsalltag integriert, um die Bedeutung von Ethik und Compliance zu betonen.

Coca-Cola setzt mit einer konsequenten Governance-Strategie, die Compliance und Ethik in den Mittelpunkt stellt, auf eine verantwortungsbewusste Unternehmensführung. Durch klare Kommunikation, Schulungen und die Bereitstellung von Res-

sourcen wird das Bewusstsein für Ethik und Compliance geschärft, um eine Kultur der Integrität und ethischen Entscheidungsfindung zu fördern.
Quelle: https://www.coca-colacompany.com/content/dam/journey/us/en/policies/pdf/corporate-governance/code-of-business-conduct/coca-cola-2018-coc-ext-german-final.pdf

TIPPS

1. Setze klare Compliance-Regeln und ethische Standards, sowie Verhaltensrichtlinien, die für alle Mitarbeitenden verbindlich sind und deren Einhaltung konsequent überwacht wird. Schaffe ein Umfeld, in dem ethisches Verhalten gefördert wird, und handle konsequent bei Verstößen.
2. Schaffe Bewusstsein für Compliance und Ethik: Sorge dafür, dass Deine Mitarbeitenden verstehen, warum Compliance und Ethik wichtig sind und welche Auswirkungen ein Fehlverhalten haben kann. Schulungen, Trainings und Fallstudien können dabei helfen.
3. Stelle sicher, dass Compliance- und Ethik-Prinzipien in alle Geschäftsprozesse integriert sind, von der Beschaffung über die Produktion bis hin zur Vermarktung. So können potenzielle Risiken im Vorfeld identifiziert und verhindert werden.

3.4 Blick hinter die Datenkulissen: Transparenz in der Informationswelt

Wenn es um Datentransparenz geht, ist eines meiner Lieblingsunternehmen Fairphone. Wenn ich einen Wunsch dazu hätte, dann wäre es – nicht nur in Hinblick auf die Datentransparenz –, dass wir in allen Branchen ganz viele Fairphones hätten. Aber kurz zu dem Unternehmen selbst: Fairphone ist eines der wenigen Unternehmen, das neben Patagonia eine absolute Datentransparenz in Bezug auf Nachhaltigkeit zeigt. Es ist ein niederländisches Unternehmen, das sich auf die Herstellung von nachhaltigen und fairen Smartphones spezialisiert hat. Sie setzen sich für eine transparente Lieferkette und nachvollziehbare Herkunft von Rohstoffen ein. Als Fairphone 2013 von Bas van Abel in den Niederlanden gegründet wurde, gab es schon eine Bewegung, die sich mit dem Thema Faire Smartphones beschäftigte. Die eigentliche Geburtsstunde von Fairphone war daher schon 2010 mit einer Aufklärungskampagne über Konfliktmineralien. Das Unternehmen entstand aus der Idee, ein nachhaltiges und ethisch vertretbares Smartphone zu entwickeln und herzustellen.

Um die Finanzierung für die Entwicklung des ersten Fairphone-Modells sicherzustellen, startete Fairphone 2013 eine Crowdfunding-Kampagne: Innerhalb von

Große Artenvielfalt durch biologisch-dynamische Anbauweise

(Nähere Informationen zur Organisation siehe auch Kap. Abb., Seite 322)

sechs Wochen wurden mehr als 7.000 Vorbestellungen aufgenommen. Schon im Dezember desselben Jahres wurde das erste Fairphone-Modell auf den Markt gebracht. Es wurde darauf abgezielt, die Probleme in der Elektronikindustrie hinsichtlich Arbeitsbedingungen, Konfliktmineralien und Elektroschrott anzugehen. Nach dem erfolgreichen Start des ersten Fairphone wurden weitere Modelle entwickelt. Fairphone arbeitete dabei eng mit Lieferanten zusammen, um die Herstellungsbedingungen zu verbessern und nachhaltigere Materialien zu verwenden. Das Fairphone 2 wurde 2015 eingeführt, gefolgt vom Fairphone 3 im Jahr 2019 und dem Fairphone 4 im Jahr 2021.

Fairphone engagiert sich auch über die Smartphone-Produktion hinaus für Nachhaltigkeit. Das Unternehmen setzt sich nicht nur für faire Arbeitsbedingungen, transparente Lieferketten und den verantwortungsbewussten Umgang mit Ressourcen ein, sie fördern auch Recycling- und Reparaturprogramme, um die Lebensdauer ihrer Produkte zu verlängern. Fairphone arbeitet dazu mit verschiedenen Organisationen, Lieferanten und Partnern zusammen, um gemeinsam an nachhaltigen Lösungen zu arbeiten, z. B. mit Brancheninitiativen wie der »Fair Cobalt Alliance«, die sich für faire Arbeitsbedingungen im Kobaltabbau einsetzt. Darüber hinaus versuchen sie auch zusammen mit NGOs und Zivilgesellschaft, ihre nachhaltigen gesellschaftlichen Ziele zu erreichen. Seit seiner Gründung hat sich Fairphone kontinuierlich weiterentwickelt und es geschafft, sich als führendes Unternehmen im Bereich nachhaltiger Smartphones zu etablieren. Durch ihr Engagement für Transparenz, faire Arbeitsbedingungen und umweltbewusstes Design haben sie die Aufmerksamkeit auf die Herausforderungen in der Elektronikindustrie gelenkt und Alternativen aufgezeigt.

Zu ihren Bestrebungen gehören auch konkrete Maßnahmen, die Fairphone ergreift, um absolute Datentransparenz zu gewährleisten.

- Materialien und Lieferkette: Fairphone veröffentlicht regelmäßig detaillierte Informationen über die verwendeten Materialien in ihren Smartphones sowie über die Lieferkette. Sie geben an, welche Rohstoffe verwendet werden, woher sie stammen und unter welchen Bedingungen sie abgebaut und verarbeitet werden.
- Open-Source-Ansatz: Fairphone setzt auf einen Open-Source-Ansatz und teilt Informationen über die Software und Hardware ihrer Smartphones. Dies ermöglicht es der Gemeinschaft, den Quellcode einzusehen, Veränderungen vorzunehmen und zur Verbesserung der Nachhaltigkeit beizutragen.
- Lebenszyklusinformationen: Fairphone stellt detaillierte Informationen über den Lebenszyklus ihrer Produkte zur Verfügung. Sie geben an, wie lange ihre Geräte voraussichtlich unterstützt werden, welche Recycling- und Reparaturmöglichkeiten es gibt und wie sie mit Elektroschrott umgehen.

Durch diese Maßnahmen zeigt Fairphone eine hohe Datentransparenz in Bezug auf die Nachhaltigkeit ihrer Produkte. Sie stellen Informationen über Materialien, Lieferkette, Software und Hardware zur Verfügung und ermöglichen es den Verbrauchern, fundierte Entscheidungen zu treffen und die Nachhaltigkeitsleistung des Unternehmens nachzuvollziehen.

3.4.1 Kontinuierliche Verbesserung: Der Schlüssel zu nachhaltigem Erfolg

Eine ständige Weiterentwicklung der Produkte wie bei Fairphone ist unverzichtbar. Auch Open-Source-Produkte entwickeln sich beständig weiter. Das Prinzip der kontinuierlichen Verbesserung durch alle Beteiligten ist hier Prinzip. Während alle User das Produkt kostenfrei nutzen können, ist es unausgesprochene Verantwortung der User, dass sie sich auch an der Optimierung des Produktes beteiligen, Fehlerquellen melden oder auch Teile, die weiterentwickelt werden müssen. Durch dieses Prinzip entwickelt sich ein Art Pre-Ownership bei allen Beteiligten. Der Entwicklungsansatz von Open-Source-Software ist dezentral. Eine Community erstellt, pflegt und verbessert die Software im Kollektiv, d.h. kollaborativ, ohne dass einer der Beteiligten daraus einen Vorteil für sich allein ziehen möchte. Eines der größten Open-Source-Projekte ist das Linux-Betriebssystem.

Insgesamt ist kontinuierliche Verbesserung ein wichtiger Bestandteil der Geschäftsstrategie für Unternehmen, um nachhaltig wettbewerbsfähig zu bleiben. Durch kontinuierliche Evaluierung und Verbesserung können Unternehmen effektiver und effizienter arbeiten, was sich positiv auf die Kundenzufriedenheit und den Geschäftserfolg auswirkt.

Definition

Eine nachhaltige kontinuierliche Verbesserung zielt darauf ab, Abläufe und Prozesse so zu gestalten, dass sie effizienter, effektiver und nachhaltiger sind. Hierbei geht es um die kontinuierliche Überwachung, Überprüfung und Anpassung von Prozessen, um sicherzustellen, dass sie immer auf dem neuesten Stand sind und die besten Ergebnisse erzielen. Dieser Ansatz gilt für alle Abteilungen und Branchen, einschließlich Produktion, Dienstleistungen, Gesundheitswesen und Regierungsbehörden.

BEISPIELE

Das Toyota Produktionssystem (TPS) ist ein Beispiel für kontinuierliche Verbesserung. Es basiert auf schlanken Produktionsprozessen und dem Pull-Prinzip, was bedeutet, dass nur das produziert wird, was bestellt wurde. TPS beinhaltet auch ständige Kontrollen und Prozessoptimierungen, um höchste Qualität zu gewährleisten. Unternehmen können vom TPS profitieren, indem sie hohe Qualität, ein gutes Preis-Leistungs-Verhältnis, pünktliche Lieferungen, Umweltfreundlichkeit und Gesundheit und Sicherheit gewährleisten. TPS garantiert die Qualität von Flurförderzeugen durch Just-in-Time-Lieferung, Jidoka und Kaizen.
TPS wurde in den 1950er Jahren als Reaktion auf den Mangel an finanziellen Mitteln und dem Bestreben, Weltmarktführer im Automobilbau zu werden, von Toyota entwickelt. Es beruht auf den Säulen Jidoka und Just-in-time, die seit den 1920er bzw. 1930er Jahren entwickelt wurden. TPS ist eine weltweit anerkannte Methode, Denkweise und Philosophie, die nicht nur in der Fertigung, sondern in allen Prozessen und Funktionen angewendet werden kann.
Das Ziel von TPS ist es, das beste Umfeld zu schaffen, in dem Menschen Ideen fördern und menschliche Werte die bestmögliche Beachtung finden. Die Beseitigung von Muda (Überflüssigem) und das Bestreben, in jeder Phase des Prozesses Mehrwert für die Kunden zu schaffen, sind die Grundlagen für die Arbeitsweise. Dies führt zu einer Kaizen-Mentalität, die sich auf kontinuierliche Verbesserung, einschließlich des Bemühens um die tägliche Verbesserung der Arbeit, konzentriert.

TPS ist nach wie vor die treibende Kraft hinter der Kultur von Toyota und das größte Kapital des Unternehmens.
Quelle: https://toyota-forklifts.de/toyota-lean-academy/toyota-produktionssystem/

TIPPS

1. Nutze Tools und Technologien, um Prozesse zu überwachen und Daten zu erfassen und zu analysieren. Setze diese Informationen gezielt ein, um Verbesserungspotenziale zu identifizieren und umzusetzen.
2. Investiere in die kontinuierliche Verbesserungskompetenzen Deiner Mitarbeiter, indem Du Schulungs- und Weiterbildungsprogramme anbietest. Ermutige Deine Mitarbeitenden dazu, ihr Wissen und ihre Fähigkeiten in diesem Bereich kontinuierlich zu verbessern.
3. Evaluiere regelmäßig die Ergebnisse und Erfolge der kontinuierlichen Verbesserung und leite daraus systematisch Maßnahmen zur Verbesserung ab. Stelle sicher, dass die kontinuierliche Verbesserung eine feste Größe im Unternehmen bleibt, indem Du immer wieder die Bedeutung betonst und die Umsetzung gezielt vorantreibst.

3.4.2 Ressourcenorientiert vernetzt für die Zukunft: Wie Digitalisierung und Nachhaltigkeit Hand in Hand gehen

Auch wenn es scheint, als seien diese beiden Antagonisten: Digitalisierung und Nachhaltigkeit sind zwei Bereiche, die oft miteinander verbunden sind und sich gegenseitig beeinflussen können. Durch die Digitalisierung können Nachhaltigkeitsziele unterstützt und erreicht werden.

Definition

Nachhaltigkeit bezieht sich auf die Fähigkeit, langfristig ökologische, soziale und ökonomische Bedürfnisse zu erfüllen, ohne die Ressourcen für zukünftige Generationen zu beeinträchtigen. Digitalisierung hingegen bezieht sich auf den Einsatz von Technologien zur Transformation von analogen Prozessen in digitale Prozesse, um Effizienz, Innovation und Skalierbarkeit zu verbessern. Während Nachhaltigkeit durch Ressourcenschonung charakterisiert wird, durch Langfristigkeit und einen gesamtsystemischen Blick, steht Digitalisierung für schnelle Veränderungen bzw. Entwicklungen, einen hohen Ressourcen-, insbesondere Energiebedarf und einen sehr konzentrierten Fokus.

BEISPIELE

Ein Beispiel dafür ist das Projekt »Smart Farming«. Hier werden Sensoren und Datenanalyse eingesetzt, um den landwirtschaftlichen Anbau effizienter und nachhaltiger zu gestalten. Durch die Erfassung von Daten über Bodenbeschaffenheit, Wetterbedingungen und Pflanzenwachstum können Landwirte die Düngung und Bewässerung präziser steuern und somit den Einsatz von Ressourcen reduzieren. Auch im Bereich der Energiegewinnung und -nutzung bietet die Digitalisierung Möglichkeiten zur Nachhaltigkeit. Durch den Einsatz von Smart Grids können erneuerbare Energien besser in das Stromnetz integriert und Schwankungen ausgeglichen werden. Außerdem können Verbraucher durch intelligente Stromzähler ihren Energieverbrauch optimieren und somit Energie sparen. Zusätzlich ist es wichtig, dass bei der Digitalisierung auch die ökologischen und sozialen Auswirkungen berücksichtigt werden. Beispielsweise können die Herstellung und Entsorgung von elektronischen Geräten und Batterien negative Auswirkungen auf die Umwelt haben. Das deutsche Unternehmen Vaillant hat die Bedeutung von Digitalisierung in Bezug auf Nachhaltigkeit erkannt und setzt bei der Herstellung von Heizsystemen auf Green iQ. Dieses Label steht für eine ausgereifte, intelligente und nachhaltige Heiztechnik, die höchsten Qualitätsstandards entspricht. Die Produkte sind energieeffizient, recycelbar, langlebig und werden in Deutschland oder Europa produziert. Außerdem können sie über eine App gesteuert werden, was den Bedienkomfort erhöht und den Energieverbrauch optimiert. Mit Green iQ bietet Vaillant seinen Kunden Orientierung und Sicherheit bei der Wahl eines ressourcenschonenden und

kostengünstigen Heizsystems, das höchsten Komfort bietet und einen positiven Beitrag zum Klimaschutz leistet.
Quelle: https://www.vaillant.de/heizung/klima-foerderung/grune-produkte-green-iq/

TIPPS

1. Stelle sicher, dass alle Stakeholder über ein umfassendes Verständnis der Potenziale der Digitalisierung verfügen, und nutze dies, um nachhaltiges Wirtschaften zu fördern.
2. Integriere digitale Technologien in Deine Geschäftsprozesse, um Umweltauswirkungen zu reduzieren und Kosten zu senken. Nutze beispielsweise virtuelle Meetings, um Reisen zu minimieren.
3. Investiere in digitale Lösungen, die Nachhaltigkeit fördern, wie beispielsweise intelligente Stromzähler oder Sensor-Technologie zur Überwachung des Energieverbrauchs in Gebäuden.

4 Ganzheitliches Human-Ressource-Management

Ein Herz für Vielfalt, Cosnova

(Nähere Informationen zur Organisation siehe auch Kap. Abb., Seite 323)

Abb. 7: Ganzheitliches Nachhaltigkeitsmodell – Fokus Sozial © Anabel Ternes/Haufe 2023

Die wertschätzende Unterstützung und Bestärkung aller Beteiligten im Unternehmenskosmos gehören zu den Basics einer nachhaltigen Unternehmensführung. Wenn ich – als Frau – an nachhaltiges Female Empowerment denke, dann erinnere ich mich an meine Zeit zurück, als ich in kleineren oder größeren Unternehmen tätig war und hohe Umsätze verantworten musste. Ja, ich konnte viel bewegen und hatte viel Verantwortung, aber nein, das war kein Empowerment. Ich empfand es nicht so, da die Angebote und Möglichkeiten, die mir geboten wurden, zu wenige Zugeständnisse beinhalteten, wenn ich unbedingt etwas erreichen wollte. Und ja, ich habe einige sehr positive Erfahrungen gemacht, die mein eigenes Empowerment betreffen: Ich werde nie vergessen, wie meine Chefin meine Liebe zur Ästhetik entdeckte und mein Talent erkannte, analytisch und strukturiert zu denken und gleichzeitig kreativ zu sein, um Ideen in konkrete Produkte umzusetzen. Für sie war es klar, dass ich neben meinem Job 1-2 Studiengänge absolvieren konnte. Es war auch klar, dass ich Weiterbildungen bei maßgeblichen Experten der Branche erhielt und von Anfang an in strategische Überlegungen einbezogen wurde. Ich verdanke ihr, dass mein Interesse an Ästhetik zu einem umfassenden Know-how wurde, das ich perfekt auf die Produktentwicklung, Kommunikation, das Marketing und den Vertrieb übertragen konnte. So etwas habe ich mir immer gewünscht.

Heute sehe ich, dass wir Frauen vor allem selbst das Empowerment für uns anregen dürfen und müssen, wenn wir uns nicht darüber beschweren wollen, dass einfach nichts passiert. Ein Beispiel, das mich beeindruckt, ist Tijen Onaran, die aus ihren Visionen nicht nur tragfähige, sondern auch richtig erfolgreiche Konzepte und Unternehmen geschaffen hat. Sie lässt nicht locker und hat ihre Ziele erreicht, auch gegen Widerstände, auch gegen Frauen, die ihr den Erfolg nicht gegönnt haben, weil sie selbst weniger erreicht haben, als sie wollen. Ein weiteres Beispiel ist Encourage Ventures, das talentierten Frauen auf vorbildliche und unglaublich innovative Weise Unterstützung bietet. Das Netzwerk organisiert Bühnen – also Sichtbarkeit, Netzwerke und finanzielle Unterstützung für Start-ups mit Frauen.

Aber nicht nur Frauen, alle Menschen unabhängig von ihren individuellen Merkmalen sollten sich im Unternehmen selbst oder in seinem Umfeld gleichberechtigt wiederfinden können – nur das ist gelebte Nachhaltigkeit.

4.1 Nachhaltiges Female Empowerment und Gleichstellung

Der Frauenanteil in Führungspositionen ist nach wie vor gering. Nur etwa jede dritte Führungskraft (29,2 %) war im Jahr 2021 weiblich. Dieser Anteil hat sich seit 2012 nur geringfügig um 0,6 Prozentpunkte verändert. Von 1992 bis 2011

Orlando-Stolz,Maryland SoccerPlex, Boyds, United States
© Jeffrey F Lin

stieg der Anteil der Frauen in Führungspositionen von 25,8 % auf 30,3 % an. Die Frauenanteile variieren je nach Berufsfeld. In akademischen Berufen wie Ärzten, Juristen, Lehrkräften oder Sozialwissenschaftlern sind die Unterschiede deutlich geringer. Hier lag der Frauenanteil im Jahr 2021 bei 49,3 %. In diesen Berufen hat sich der Anteil von Frauen seit den 1990er Jahren signifikant erhöht.

Es besteht nach wie vor eine geschlechtsspezifische Berufswahl, bei der sich Frauen häufig auf ein begrenztes Spektrum an Tätigkeiten beschränken. Dies kann zu Unterschieden im Verdienst und den Karriereverläufen führen. Es ist wichtig, dass Unternehmen sich aktiv für die Förderung von Frauen in Führungspositionen einsetzen und Maßnahmen ergreifen, um Geschlechterungleichheit abzubauen. Eine verbesserte Geschlechterdiversität in Führungspositionen kann zu einer gerechteren Arbeitsumgebung führen und vielfältige Perspektiven in die Entscheidungsprozesse einbringen.

Quelle: https://www.destatis.de/DE/Themen/Arbeit/Arbeitsmarkt/Qualitaet-Arbeit/Dimension-1/frauen-fuehrungspositionen.html

4.1.1 Revolutionäre Rhetorik: Wie man Geschlechterstereotypen durchbricht

Das Entgegentreten gegen Geschlechterstereotypen zielt darauf ab, Vorurteile und Erwartungen basierend auf einem sogenannten biologischen Geschlecht abzubauen und zu einer geschlechtergerechteren Gesellschaft beizutragen. Ein Beispiel für das Entgegentreten gegen Geschlechterstereotypen ist, durch die Abkehr von Farben für eine Jungen- bzw. Mädchenausstattung (blau bzw. rosa) den Kindern zu ermöglichen, ihre Interessen und Fähigkeiten unabhängig von traditionellen Geschlechterrollen auszudrücken. Ein weiteres Beispiel ist die Förderung von Frauen in Führungspositionen in Unternehmen, um die Vorstellung zu verändern, dass Männer besser für diese Positionen geeignet sind als Frauen. Die Etablierung von Gesetzen und Programmen zur Gleichstellung der Geschlechter, wie beispielsweise Quotenregelungen für Frauen in politischen Ämtern, kann ebenfalls dazu beitragen, Geschlechterstereotypen zu bekämpfen.

Definition

Geschlechterstereotypen sind übergeneralisierte Vorstellungen und Erwartungen darüber, wie Menschen sich verhalten sollten, basierend auf ihrem sogenannten biologischen Geschlecht. Diese Stereotypen können Einschränkungen und Ungleichheiten für Individuen aufgrund ihres Geschlechts schaffen.

BEISPIEL

GoldieBlox ist ein US-amerikanisches Spielzeugunternehmen, das 2012 gegründet wurde. Es wurde mit dem Ziel ins Leben gerufen, Mädchen für das Interesse an den sogenannten »STEM«-Fächern (Science, Technology, Engineering, Mathematics) zu begeistern. GoldieBlox hat erkannt, dass traditionelle Spielzeugprodukte oft geschlechtsspezifische Stereotypen unterstützen, indem sie Mädchen auf Puppen und rosa Farbtöne beschränken, während technisches Spielzeug und Baukästen hauptsächlich für Jungen vermarktet werden. Das Unternehmen wollte dieses Ungleichgewicht in der Spielzeugindustrie angehen und Mädchen ermutigen, ihr Interesse an technischen und wissenschaftlichen Bereichen zu entdecken. Um dieses Ziel zu erreichen, entwickelte GoldieBlox Konstruktionsbausätze und Spielzeuge, die speziell auf Mädchen ausgerichtet sind. Die Produkte sind so konzipiert, dass sie Mädchen

spielerisch an grundlegende technische Konzepte heranführen und ihr räumliches Denken, ihre Problemlösungsfähigkeiten und ihr Selbstvertrauen stärken. Die Spielzeuge enthalten beispielsweise Geschichten über die weibliche Figur »Goldie«, die durch das Lösen von technischen Herausforderungen Abenteuer erlebt.
GoldieBlox hat sich nicht nur auf die Produktentwicklung konzentriert, sondern auch eine breite gesellschaftliche Debatte über Geschlechterstereotypen in der Spielzeugindustrie angestoßen. Das Unternehmen hat mehrere Werbekampagnen gestartet, die auf die Problematik aufmerksam machen und eine Veränderung im Denken und Handeln der Gesellschaft bewirken sollen. Durch den Durchbruch von GoldieBlox wurden andere Unternehmen und Eltern weltweit für das Thema Geschlechtergleichstellung im Spielzeugbereich sensibilisiert. Das Unternehmen hat dazu beigetragen, das Bewusstsein für die Wichtigkeit einer geschlechtsneutralen und inklusiven Spielzeugauswahl zu schärfen und damit die Geschlechterstereotypen in der Branche herauszufordern.
Quelle: https://goldieblox.com/pages/our-story

TIPPS

1. Überprüfe Deine eigenen Vorurteile: Frage Dich selbst, welche Vorstellungen Du über Geschlechter hast und ob diese Vorstellungen auf Stereotypen basieren. Stelle sicher, dass Deine Entscheidungen und Handlungen nicht auf diesen Vorurteilen basieren.
2. Schaffe eine Kultur der Diversität: Stelle sicher, dass Dein Unternehmen oder Deine Organisation eine inklusive Kultur hat, in der alle Stimmen gehört und geschätzt werden. Fördere eine Atmosphäre, in der die Vielfalt der Perspektiven und Fähigkeiten der Mitarbeitenden geschätzt wird.
3. Biete ein flexibles Arbeitsumfeld: Männer, Frauen und Transmenschen haben unterschiedliche Bedürfnisse in Bezug auf Arbeit und Familie. Biete daher flexible Arbeitsbedingungen an, wie beispielsweise Teilzeitarbeit oder Arbeitsmodelle, die es allen Elternteilen ermöglichen, Familie und Karriere zu vereinbaren.

4.1.2 Breaking the Glass Ceiling: Erfolgreiche nachhaltige Strategien zur Unterstützung von Frauen in Führungspositionen

Die Unterstützung von Frauen in Führungspositionen beinhaltet Maßnahmen, die darauf abzielen, Frauen zu fördern und zu stärken, um ihren Erfolg und ihre Entwicklung in Führungsrollen zu unterstützen. Ein Beispiel für die Unterstützung von Frauen in Führungspositionen ist ein Mentoring-Programm, bei dem Frauen von erfahrenen Führungskräften beraten und begleitet werden, um ihr Führungspotenzial zu entfalten. Eine weitere Möglichkeit, Frauen in Führungspositionen zu unterstützen, ist die Einführung von flexiblen Arbeitsbedingungen, die es Eltern ermöglichen, Familie und Karriere besser zu vereinbaren. Die Schaffung einer Kultur, die auf Diversität und Inklusion basiert, kann auch dazu beitragen, Frauen in Führungspositionen zu unterstützen, indem man ein Umfeld schafft, das sensibel auf Differenzen reagiert und für Gleichberechtigung eintritt.

Definition

Der Begriff »Gläserne Decke« bezieht sich auf die unsichtbaren Barrieren und Hindernisse, die Frauen daran hindern, in Führungspositionen und höhere Karrierestufen aufzusteigen. Er symbolisiert die scheinbare Transparenz, da die Hindernisse nicht offensichtlich sind, aber dennoch den Aufstieg von Frauen blockieren. Der Begriff wurde geprägt, um auf die spezifischen Herausforderungen hinzuweisen, mit denen Frauen in vielen Organisationen konfrontiert sind, wenn es darum geht, beruflich voranzukommen und Gleichberechtigung zu erreichen.

BEISPIEL

Reverse Mentoring unterstützt talentierte Frauen in Führungspositionen. FeMentor, Europas erste Plattform für Reverse Mentoring, fördert junge Frauen und bietet ihnen weibliche Vorbilder. Das Besondere an FeMentor ist der Rollentausch: Die Mentees geben ihr Wissen zurück und unterstützen ihre Mentorinnen in spezifischen Bereichen. Die jungen Frauen werden zu Mentorinnen in Bereichen wie Social Me-

dia, während sie im Gegenzug ihre Talente als Fotografinnen, Designerinnen oder Programmiererinnen anbieten. Der Austausch auf Augenhöhe stärkt beide Seiten und verleiht den Mentees Selbstbewusstsein, da ihr Wissen einen Mehrwert in der Gesellschaft darstellt.
Quelle: https://www.fementor.de

TIPPS

1. Schaffe ein Umfeld der Chancengleichheit: Stelle sicher, dass alle Mitarbeitenden die gleichen Möglichkeiten zur Weiterentwicklung und Karriere haben. Beseitige Barrieren und Vorurteile, die Frauen daran hindern könnten, in Führungspositionen aufzusteigen.
2. Fördere Mentoring und Coaching: Implementiere Programme, die Frauen gezielt fördern und ihnen helfen, ihre Führungsfähigkeiten zu verbessern. Stelle sicher, dass Frauen Zugang zu erfahrenen Mentoren haben, die ihnen wertvolles Feedback und Orientierung geben können.
3. Schaffe sichtbare Vorbilder: Gib Frauen in Führungspositionen eine Stimme in Deinem Unternehmen. Zeige, dass Frauen in der Lage sind, erfolgreich in Führungsrollen zu sein, und ermutige sie, ihre Erfahrungen und Erkenntnisse mit anderen zu teilen.

4.1.3 Sicher und geschützt: Wie Unternehmen die Arbeitsbedingungen für Frauen nachhaltig verbessern können

Die Verbesserung der Arbeitsbedingungen und Arbeitsplatzsicherheit für Frauen ist ein wichtiger Schwerpunkt, um die Arbeitsbedingungen für Frauen gerechter und sicherer zu gestalten. Frauen sind oft von schlechten Arbeitsbedingungen betroffen, wie unzureichende Gehälter, mangelhafte Gesundheits- und Sicherheitsstandards, Diskriminierung und Belästigung. Dabei sind sie es, die die höheren Beiträge bei Krankenversicherungen zahlen und oftmals stärker mit Vorurteilen zu kämpfen haben, wenn es um die Kombination von Berufs- und Privatleben geht.

Definition

Arbeitsbedingungen beziehen sich auf die Umstände, unter denen Arbeitnehmerinnen und Arbeitnehmer ihre Arbeit ausüben. Arbeitsplatzsicherheit bezieht sich auf die physische Sicherheit am Arbeitsplatz sowie auf die Gewissheit, dass Arbeitnehmerinnen und Arbeitsnehmer ihre Arbeit behalten und ihren Lebensunterhalt verdienen können.

BEISPIEL

FEMNET ist eine Organisation mit der Vision, dass Frauen weltweit selbstbestimmt in Würde arbeiten und leben können. Ihre Mission besteht darin, sich mit politischem Engagement, Bildungs- und Beratungsarbeit sowie einem Solidaritätsfonds für die Rechte von Frauen in der globalen Bekleidungsindustrie einzusetzen. Die Strategie von FEMNET besteht darin, Frauen weltweit bei der Durchsetzung ihrer Rechte zu unterstützen. Sie mobilisieren Menschen entlang der Lieferkette der Bekleidungsindustrie, angefangen bei den Arbeitern bis hin zu den Endkunden. Gemeinsam mit Gewerkschaften, Verbraucher- und Umweltverbänden, kirchlichen und entwicklungspolitischen Organisationen sowie Menschenrechtsorganisationen wie der Clean Clothes Campaign (CCC) und dem Corporate Accountability-Netzwerk für Unternehmensverantwortung setzen sie sich für verbindliche Regeln für Unternehmen ein. FEMNET beteiligt sich auch an freiwilligen Initiativen wie dem Bündnis für nachhaltige Textilien, das eine Multi-Stakeholder-Initiative aus Wirtschaft, Zivilgesellschaft, Standardorganisationen und Gewerkschaften ist. Mit ihrem Solidaritätsfonds, für den sie Spendengelder in Deutschland sammeln, unterstützt FEMNET die Arbeit von Gewerkschaften und Nichtregierungsorganisationen in Indien und Bangladesch. Darüber hinaus leisten sie Bildungsarbeit an Schulen, Universitäten und Fachhochschulen und beraten öffentliche Verwaltungen beim Einkauf von fair produzierter Dienstkleidung.

Quelle: https://femnet.de/ueber-femnet/mission-ziele/der-verein.html

TIPPS

1. Baue eine inklusive Arbeitskultur auf, indem Du Schulungen zum Thema Geschlechtergleichstellung und Diskriminierung anbietest.
2. Schaffe ein sicheres Arbeitsumfeld, indem Du gezielte Maßnahmen gegen Belästigung und Diskriminierung ergreifst.
3. Stelle sicher, dass Frauen in allen Bereichen des Unternehmens vertreten sind, einschließlich Führungsebenen, um die Perspektiven und Bedürfnisse der Arbeitsbedingungen von Frauen in Entscheidungsprozesse einzubeziehen.

4.1.4 Equality Now: Bildung zur nachhaltigen Gleichstellung von Frauen

In Bezug auf Bildung bedeutet Gleichstellung, dass alle Menschen das gleiche Recht auf eine qualitativ hochwertige Bildung haben. Ein Beispiel für Ungleichheit in der Bildung ist, dass Mädchen in einigen Gegenden der Welt eine Schulausbildung verwehrt wird. Durch Maßnahmen wie die Förderung von Mädchenbildung und die Bekämpfung von Geschlechterstereotypen in der Bildung können solche Ungleichheiten abgebaut werden. Ein Beispiel für Ungleichheit in der Beschäftigung ist auch, wenn Frauen für die gleiche Arbeit weniger bezahlt werden als Männer oder wenn Menschen aufgrund ihrer ethnischen Zugehörigkeit oder ihres Geschlechts Diskriminierung erfahren. Durch Maßnahmen wie die Förderung von Geschlechter- und ethnischen Minderheiten für Führungspositionen oder die Überprüfung von Entlohnungsstrukturen können solche Ungleichheiten abgebaut werden.

Definition

Gleichstellung bedeutet, dass alle Menschen unabhängig von Geschlecht, ethnischer Herkunft, Alter, Religion, sexueller Orientierung oder anderen Merkmalen gleiche Rechte und Chancen haben. Ziel ist es, Diskriminierung und Ungerechtigkeit abzubauen und eine gerechte Gesellschaft zu schaffen, in der jeder Mensch respektiert und wertgeschätzt wird.

BEISPIEL

Die Vision von Global Digital Women ist eine diverse Wirtschaftswelt, die dem Zeitgeist voraus ist. Es geht um Unternehmen, die traditionelle Strukturen durchbrechen und innovative Karrierewege ermöglichen. Diese zukunftsfähigen Marken leben Gleichstellung und Geschlechtervielfalt. Die Mission besteht darin, die Welt vielfältiger zu machen, die Gleichstellung der Geschlechter zu beschleunigen, den Anteil von Frauen in Führungspositionen und im digitalen Bereich zu erhöhen sowie für eine gerechte Teilhabe aller in Wirtschaft und Gesellschaft einzustehen. Um die-

se Ziele zu erreichen, arbeitet Global Digital Women stark angetrieben von einem klaren Zweck in einem dynamischen Umfeld. Gezielt werden Veranstaltungen mit kuratierten Inhalten konzipiert, um Experten, weiblichen Führungskräften sowie Frauen in der Technologie- und IT-Branche eine Plattform zu bieten und ihre Sichtbarkeit sowie ihr Netzwerk zu stärken.
Quelle: https://global-digital-women.com/ueber-uns/

TIPPS

1. Bewusstsein schaffen: Als Führungskraft ist es wichtig, aufzuzeigen, dass Gleichstellung ein zentrales Thema ist. Das bedeutet, offen über Diskriminierung und Ungleichheit zu sprechen und eine Kultur zu schaffen, in der alle Mitarbeitenden gleichbehandelt werden.
2. Stelle sicher, dass alle Mitarbeitenden, unabhängig von ihrem Geschlecht oder auch ihrer ethnischen Zugehörigkeit, für die gleiche Arbeit auch gleich bezahlt werden. Regelmäßige Überprüfungen der Entlohnungsstrukturen und eine offene Kommunikation können dabei helfen.
3. Ermutige Deine Mitarbeiterinnen, sich weiterzubilden und ihre Fähigkeiten zu verbessern. Dabei solltest Du darauf achten, dass Frauen den gleichen Zugang zu Weiterbildungsmöglichkeiten haben wie Männer.

4.1.5 Sprachliche Gleichberechtigung: Wie Gendern unser Denken und Handeln nachhaltig beeinflussen kann

Ziel ist es, eine geschlechtergerechte Sprache zu schaffen und damit Diskriminierung und Ungleichheit aufgrund des Geschlechts zu vermeiden. Dabei sollte beachtet werden, dass Gendern nicht nur die geschriebene, sondern auch die gesprochene Sprache betrifft. Ein Beispiel für den Einsatz geschlechtergerechter Sprache ist die Verwendung von Schreibweisen wie »Mitarbeitende«, um sowohl weibliche als auch männliche Personen einzuschließen. Dabei kann es jedoch auch zu Problemen kommen, wenn die geschlechtsspezifischen Bezeichnungen inhaltlich unvermeidbar sind oder durch zu viele Schrägstriche die Lesbarkeit beeinträchtigt wird.

Es ist wichtig zu beachten, dass Gendern nicht nur ein rein sprachliches Phänomen ist, sondern auch eine politische Aussage beinhaltet. Während einige Menschen das Gendern als wichtigen Schritt zur Geschlechtergerechtigkeit sehen, gibt es auch Kritik von Menschen, die das Gendern als übertrieben oder unnötig betrachten. Insgesamt kann das Gendern dazu beitragen, sprachliche Barrieren abzubauen und eine inklusive und gerechte Gesellschaft zu schaffen. Es ist jedoch wichtig, dass dabei die Lesbarkeit und Verständlichkeit der Sprache nicht beeinträchtigt wird und dass das Gendern nicht als alleinige Lösung für Ungleichheit und Diskriminierung betrachtet oder ideologisiert wird.

Definition

Gendern bezieht sich auf die Verwendung sprachlicher Formen, die sowohl Frauen als auch Männer gleichermaßen einschließen.

BEISPIEL

Die Lufthansa hat beschlossen, ihre Kommunikation an Bord zu ändern und Fluggäste zukünftig gendergerecht anzusprechen. Die traditionelle Anrede »Sehr geehrte Damen und Herren, herzlich willkommen an Bord« wird nicht mehr verwendet. Ein Sprecher der Fluggesellschaft erwähnte gegenüber der »Bild«, dass es verschiedene alternative Formulierungen gibt, die je nach Tageszeit angepasst werden können. Beispiele dafür sind »Liebe Gäste«, »Guten Morgen/Mittag/Abend« oder »Herzlich willkommen hier an Bord«. Die Entscheidung über die passende Ansprache obliegt dem Kabinenchef oder der Kabinenchefin. Diese Änderungen gelten auch für die Fluglinien »Swiss« und »Eurowings«, die zur Lufthansa-Gruppe gehören. Mit dieser Entscheidung schließt sich die Lufthansa anderen Vorreitern wie Air Canada und Delta Airlines an, die in den vergangenen Jahren bereits ihre Kommunikation gendergerechter gestaltet haben. Seit 2019 begrüßt Air Canada ihre Pas-

sagiere nicht mehr mit »Mesdames et Messieurs«, und Delta Airlines verwendet seit 2020 die Ansprache »Hello, everybody« anstelle von »Ladies and Gentlemen«. Quelle: https://www.focus.de/finanzen/lufthansa-schafft-damen-und-herren-an-bord-ab_id_13489744.html

Eine informative Grafik zu dem Thema findet sich unter https://www.womaninthecity.de/2020/05/14/do-you-speak-gender/.

TIPPS

1. Gendern sollte pragmatisch und praxisorientiert erfolgen, damit es nicht zu einer unverständlichen und überladenen Sprache führt. Eine klare und verständliche Sprache ist für die Zielgruppe wesentlich ansprechender.
2. Eine regelmäßige Überprüfung der Sprachpraxis im Unternehmen ist wichtig, um sicherzustellen, dass die Verwendung einer geschlechtergerechten Sprache auch tatsächlich umgesetzt wird. Auch können so gemeinsame Standards erarbeitet werden.
3. Gehe selbst als Vorbild voran und nutze selbst eine gendergerechte Sprache in Wort und Schrift.

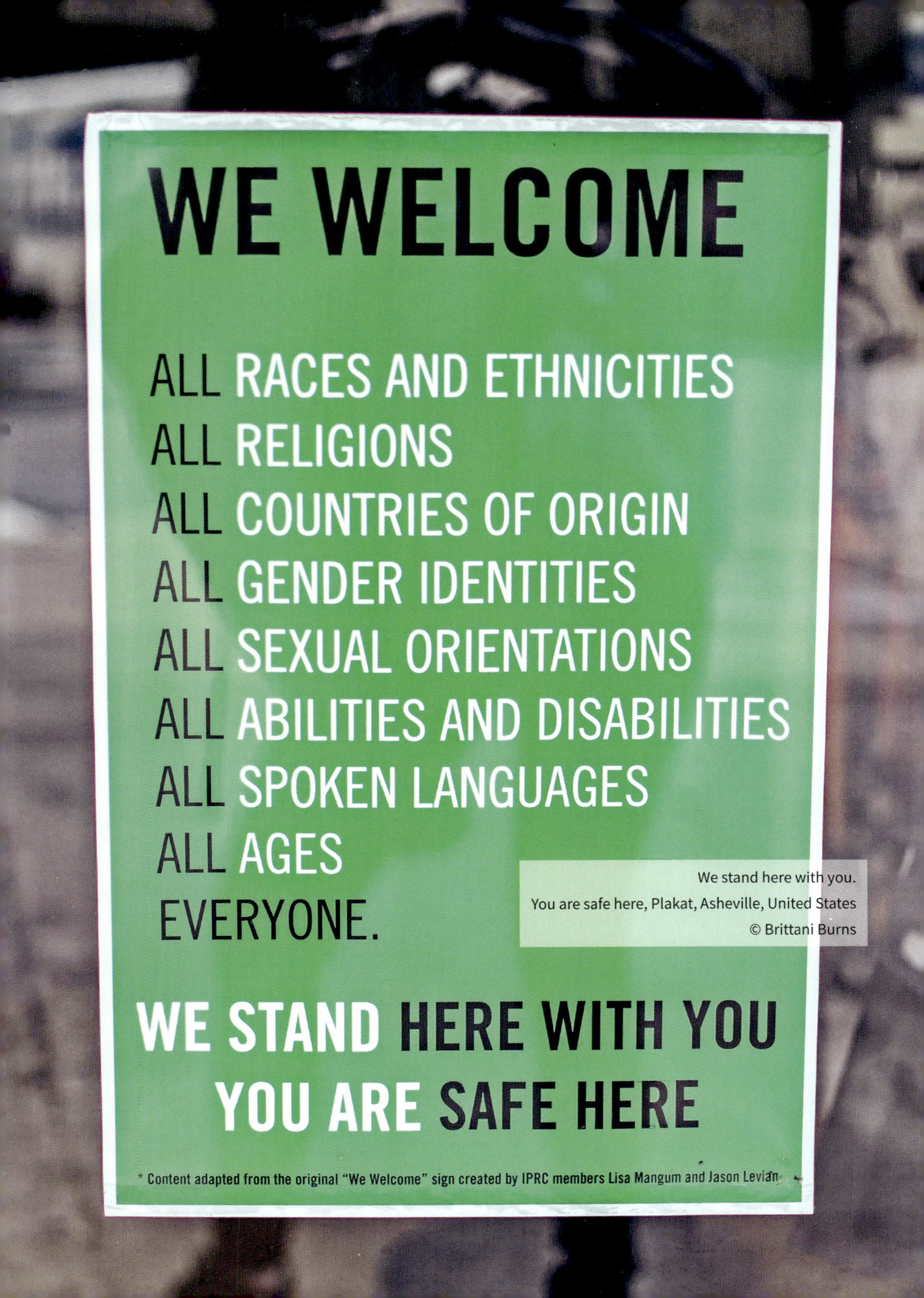
WE WELCOME
ALL RACES AND ETHNICITIES
ALL RELIGIONS
ALL COUNTRIES OF ORIGIN
ALL GENDER IDENTITIES
ALL SEXUAL ORIENTATIONS
ALL ABILITIES AND DISABILITIES
ALL SPOKEN LANGUAGES
ALL AGES
EVERYONE.
WE STAND HERE WITH YOU
YOU ARE SAFE HERE
* Content adapted from the original “We Welcome” sign created by IPRC members Lisa Mangum and Jason Levian

We stand here with you.

You are safe here, Plakat, Asheville, United States

© Brittani Burns

4.2 Diversity

Vor Jahren begann der Trend in den USA, dass auf Fotos mit Menschen möglichst diverse Personen abgebildet werden sollten, also eine Vielfalt an Menschen unterschiedlichster Herkunft, Geschlecht, Hautfarbe etc. Ich erinnere mich an Fotos, auf denen mindestens eine Frau, mindestens eine Person mit dunklerer Hautfarbe, mindestens eine Person mit Locken und eine Person, die scheinbar aus einem Entwicklungsland kam, abgebildet sein mussten. Gleichzeitig zeigte die Kleidung auf den Fotos, dass dieses Unternehmen eine lockerere Atmosphäre vermitteln und Kunden, Kandidaten und andere Kooperationspartner dazu ermutigen wollte, dabei zu sein. Man wollte offen für andere sein. Ich stellte mir dann die Frage, wie man das eigentlich richtig abbilden kann, wenn wir doch allein in der UN fast 200 vertretene Länder haben und Vielfalt nicht nur mit der Zugehörigkeit zu einem Land beginnt oder endet. Jede und jeder der fast 8 Milliarden Menschen auf der Erde ist einzigartig und trägt eine Vielfalt in sich, die niemand anders so abbilden kann. Schließlich hat jeder bzw. jede einen unverwechselbaren Genotyp.

Ich unterhielt mich mit der Diversitätsbeauftragten eines großen deutschen Konzerns und sie sagte: »Du glaubst gar nicht, wie schwierig das manchmal ist. Wir müssen so viele Vorgaben einhalten und wir müssen sicherstellen, dass wir Leute im Unternehmen beschäftigen, die vorzeigbar sind als Symbol für Diversity.« Ich fragte, was sie mit »vorzeigbar« meinte. Sie antwortete: »Natürlich im Sinne der Nachhaltigkeit, also der sozialen Nachhaltigkeit. Teilweise brauchen wir Menschen, die für Diversity stehen, und das sind nicht alle. Es muss jemand dabei sein, der sichtbar einen Migrationshintergrund hat, dunklere Hautfarbe zählt. Es muss jemand sichtbar trans sein. Es muss auch jemand dabei sein, der durch Körperschmuck, Tätowierungen oder andere Arten der Dekoration auffällt und bei dem das nicht als kulturelle Aneignung kritisiert werden kann.«

Ich entgegnete: »Aber das ist doch Schema F. Das ist Schubladendenken und absolut vorurteilsbehaftet. Es entspricht in keiner Art und Weise der Diversity, wie wir sie uns wünschen. Diversity bedeutet, dass alle gleichbehandelt werden sollen, mit gleicher Qualität an Schulungen, Ausbildungen und gleichen Chancen. Es spielt keine Rolle, wie jemand aussieht, woher jemand kommt, welcher Religion jemand angehört oder welche Interessen und Vorlieben jemand privat hat.« Sie antwortete: »Ja, das wäre schön, aber das sind die Vorgaben, die wir haben, um nach außen hin so zu wirken. Ich finde es auch oberflächlich. Aus meiner Sicht müssen wir diese Debatte weiterführen. Wir dürfen Diversity nicht zu einem Etikettenschwindel werden lassen. Wir dürfen nicht zulassen, dass Schubladendenken von der Börse oder der Stadt gefördert wird und Unternehmen ohne intrinsische Motivation einfach ein paar ausgewählte Menschen einstellen, die gut auf dem Foto aussehen und nach außen hin das Unternehmen als divers darstellen.«

Wir haben noch einen weiten Weg vor uns. Es ist wichtig zu verstehen, dass Diversity bedeutet, dass jeder von uns unterschiedlich ist und dass jede individuell wahrgenommen werden sollte und das auch verdient.

4.2.1 Vielfalt leben: Praktische Strategien zur Förderung von nachhaltiger Inklusion und Teilhabe

Auch in Unternehmen können Maßnahmen ergriffen werden, um die Vielfalt der Belegschaft zu fördern. So können gezielte Schulungen oder Workshops angeboten werden, die das Verständnis und die Sensibilität der Mitarbeitenden für unterschiedliche Hintergründe und Kulturen stärken. Ein wichtiger Aspekt bei der Förderung der Inklusion und der gleichberechtigten Teilhabe ist die Beseitigung von Barrieren, die die Teilhabe von bestimmten Gruppen erschweren oder verhindern. Es ist wichtig, dass sich alle Beteiligten an der Förderung der Inklusion und der gleichberechtigten Teilhabe beteiligen. Nur so kann eine nachhaltige Veränderung im Unternehmen und auch in der Gesellschaft erreicht werden. Jeder Einzelne kann einen Beitrag dazu leisten, indem man sich für die Belange und Bedürfnisse anderer Menschen sensibilisiert und aktiv an einer inklusiven Gesellschaft mitwirkt.

Definition

Inklusion beschreibt den Prozess, in dem alle Menschen unabhängig von ihren individuellen Merkmalen, wie z. B. ethnischer Herkunft, körperlicher oder geistiger Beeinträchtigung, Geschlecht oder sexueller Orientierung, in vollem Umfang an allen gesellschaftlichen Prozessen und Institutionen teilhaben können.

BEISPIEL

Accenture fördert nachhaltige Inklusion und Vielfalt als Schlüssel für Innovation und Erfolg. Das Unternehmen schafft ein integratives Arbeitsumfeld, betont Gleichstellung und Inklusion, und bringt Menschen aus verschiedenen Kulturen und Generationen zusammen. Ethnische Herkunft wird ebenfalls betont, indem lebendige und diverse Arbeitsumgebungen geschaffen werden, die individuelle Entfaltung ermöglichen und den Austausch zwischen ethnischen Communities fördern.
Quelle: https://www.accenture.com/de-de/about/inclusion-diversity-index

TIPPS

1. Fördere die Vielfalt in Deinem Unternehmen, indem Du aktiv nach neuen Mitarbeitenden suchst, die aus verschiedenen ethnischen, kulturellen, sozialen, religiösen und sexuellen Hintergründen kommen. Stelle sicher, dass alle Bewerber fair behandelt und dass die Einstellungsentscheidungen aufgrund von Qualifikationen und Kompetenzen getroffen werden.
2. Schaffe barrierefreie Arbeitsbedingungen, um die Teilhabe von Menschen mit körperlichen oder geistigen Beeinträchtigungen zu gewährleisten. Stelle sicher, dass alle Arbeitsplätze und Einrichtungen zugänglich und nutzbar sind.
3. Fördere die Zusammenarbeit und den Austausch zwischen Mitarbeitenden mit unterschiedlichen Hintergründen und Kulturen. Organisiere z. B. interkulturelle Events oder Projekte, um den Zusammenhalt und das Verständnis innerhalb des Teams zu stärken.

4.2.2 Kampf gegen Ungerechtigkeit: Wege zur nachhaltigen Überwindung von Rassismus und Diskriminierung

Führungskräfte können die Bekämpfung von Rassismus und Diskriminierung in ihren Organisationen unterstützen, indem sie sich für die Einhaltung von Regeln und Standards einsetzen, die Diskriminierung verhindern. Auch eine klare Haltung und ein öffentliches Bekenntnis zur Inklusion und Vielfalt sind wichtig, um ein positives Signal an Mitarbeitende und Kunden zu senden. Schließlich sollten Führungskräfte darauf achten, dass alle Mitarbeitenden fair behandelt werden und gleiche Chancen auf Karriere und persönliche Entwicklung erhalten, unabhängig von ihrem Hintergrund.

Definition

Rassismus ist die Ideologie, die Menschen aufgrund ihrer ethnischen Herkunft oder Rasse als minderwertig betrachtet und sie aufgrund dieser Merkmale diskriminiert und benachteiligt. Diskriminierung bezieht sich auf die Behandlung von Personen aufgrund bestimmter Merkmale wie z. B. Hautfarbe, Geschlecht oder Religion, die zu einer Benachteiligung oder Ausgrenzung führt.

BEISPIEL

Bei Hofmann Personal arbeiten Menschen aus 119 Nationen erfolgreich zusammen und schaffen es, gemeinsam Lösungen zu finden und ihre Potenziale zu nutzen.

Wir sagen JA zum Miteinander und zur Vielfalt des Lebens.
Deswegen zeigen wir mit »Vielfalt gewinnt« ein deutliches Zeichen gegen Ausgrenzung, Rassismus und Diskriminierung!
Ingrid Hofmann, Geschäftsführerin

Quelle: https://www.hofmann.info/hofmann-personal/initiativen/vielfalt-gewinnt/?_ref=www.google.com

TIPPS

1. Biete Schulungen und Workshops an, um Bewusstsein und Sensibilität für kulturelle Vielfalt und rassistische Verhaltensweisen zu fördern.
2. Entwickle klare Richtlinien und Verfahren zur Meldung und Behandlung von diskriminierendem Verhalten und setze diese konsequent um.
3. Stelle sicher, dass Dein Unternehmen in der Gemeinschaft und der breiteren Gesellschaft aktiv gegen Rassismus und Diskriminierung vorgeht, z. B. durch Sponsoring von Programmen und Organisationen, die Vielfalt fördern.

4.2.3 Die Stimmen der Vielfalt: Beteiligung von Migranten und Flüchtlingen in einer globalisierten Welt

Die Beteiligung von Migranten und Flüchtlingen in Unternehmen ist ein Thema von wachsender Bedeutung. Es gibt verschiedene Ansätze und Initiativen, um die Integration von Migranten und Flüchtlingen in Unternehmen zu fördern.

Es ist wichtig anzumerken, dass die Beteiligung von Migranten und Flüchtlingen in Unternehmen keine einseitige Verantwortung ist. Es erfordert ein engagiertes Engagement von Unternehmen, staatlicher Unterstützung und der Bereitschaft der Gesellschaft, eine inklusive Umgebung zu schaffen.

Definition

Durch die Integration dieser Zielgruppe in die Belegschaft profitieren Unternehmen von einer größeren Vielfalt an Perspektiven, Erfahrungen und Fähigkeiten. Zudem können Migranten und Flüchtlinge durch ihre interkulturelle Kompetenz dazu beitragen, neue Märkte zu erschließen und bestehende Kundenbeziehungen zu stärken.

BEISPIEL

Ein Beispiel für eine erfolgreiche Integration ist das Unternehmen Müller. Das Unternehmen hat sich zum Ziel gesetzt, eine diverse Belegschaft aufzubauen und aktiv Migranten und Flüchtlinge in ihre Teams einzubeziehen. Dafür wurden gezielte Maßnahmen ergriffen, um den Bewerbungsprozess für diese Zielgruppe zugänglicher zu machen. Das Unternehmen hat beispielsweise seine Stellenanzeigen in verschiedenen Sprachen veröffentlicht und Bewerbungen in mehreren Sprachen akzeptiert. Um die Integration neuer Mitarbeitenden zu erleichtern, hat das Unternehmen interkulturelle Sensibilisierungsschulungen für das gesamte Personal eingeführt. Diese Schulungen fördern das Verständnis und die Wertschätzung unterschiedlicher kultureller Hintergründe und ermöglichen einen respektvollen Umgang mit-

einander. Darüber hinaus hat das Unternehmen auch Mentoringsysteme etabliert, bei denen erfahrene Mitarbeitende Migranten und Flüchtlingen als Ansprechpartner und zur Unterstützung zur Seite stehen. Dies ermöglicht den neuen Mitarbeitenden einen leichteren Einstieg in das Unternehmen und fördert den Wissenstransfer sowie den interkulturellen Austausch.

TIPPS

1. Ermutige Deine Mitarbeiter, die Vielfalt ihrer kulturellen Hintergründe als Bereicherung zu sehen und diese aktiv in den Arbeitsalltag einzubringen. Schaffe eine offene und inklusive Atmosphäre, in der Ideen und Perspektiven aus verschiedenen Kulturen geschätzt und gefeiert werden. So nutzt Du das Potenzial der Vielfalt, um innovative Lösungsansätze zu entwickeln und globale Herausforderungen besser zu bewältigen.
2. Fördere den Austausch und das Verständnis zwischen den Mitarbeitern mit unterschiedlichen Sprachhintergründen. Organisiere regelmäßig Sprachkurse oder interkulturelle Workshops, um die Kommunikation zu verbessern und mögliche Sprachbarrieren zu überwinden. Eine effektive Kommunikation fördert nicht nur den Teamgeist, sondern unterstützt auch die gemeinsame Zielsetzung und trägt zur Stärkung der Zusammenarbeit bei.
3. Implementiere Mentoring-Programme, bei denen erfahrene Mitarbeitende einheimische oder neu zugewanderte Kollegen unterstützen. Dies ermöglicht einen Wissensaustausch, fördert das Verständnis für verschiedene Hintergründe und schafft Vertrauen. Gleichzeitig unterstützt Du so gezielt die Integration von neuen Mitarbeitenden und stärkst das Gefühl der Zugehörigkeit im Team.

4.3 Nachhaltige Unternehmenskultur

Als ich vor Jahren eine Biographie der Body-Shop-Gründerin las, war ich begeistert. The Body Shop wurde 1976 von Anita Roddick in Brighton, England, gegründet. Eine mutige Frau in einer Zeit, in der verheiratete Frauen in Westdeutschland rechtlich abhängig waren: Noch bis 1977 durfte eine Frau in Westdeutschland nur dann berufstätig sein, wenn das »mit ihren Pflichten in Ehe und Familie vereinbar« war. Aufgaben im Haushalt und in der Kindererziehung waren also klar der Frau zugeordnet. Erst 1977, also ein Jahr nach der Gründung von The Body Shop, trat in Deutschland das erste Gesetz zur Reform des Ehe- und Familienrechts in Kraft. Demzufolge gab es keine gesetzlich vorgeschriebene Aufgabenteilung in der Ehe mehr.

Anita Roddick war aber nicht nur dabei Vorreiterin, dass sie als Frau gründete. Sie hatte von Anfang an den Anspruch, natürliche Inhaltsstoffe für ihre Produkte zu verwenden und diese auf ethische Weise zu beschaffen. Sie reiste um die Welt, um nach hochwertigen, fair gehandelten Inhaltsstoffen zu suchen, und arbeitete eng mit Gemeinschaften und Lieferanten zusammen, um faire Arbeitsbedingungen und gerechte Entlohnung sicherzustellen. The Body Shop war eines der ersten Unternehmen, das sich öffentlich für soziale und Umweltthemen eingesetzt hat, und seine Gründerin nutzte den Laden als Plattform, um Bewusstsein für Menschenrechte, Tierschutz und Umweltschutz zu schaffen. Sie führte

All Gender Restroom, mit Blindenschrift
© No Revisions

Kampagnen gegen Tierversuche durch und unterstützte verschiedene Wohltätigkeitsorganisationen.

The Body Shop legte von Anfang an Wert auf Transparenz und ethisches Handeln. Sie waren Vorreiter bei der Kennzeichnung von Produkten, indem sie Informationen über Inhaltsstoffe und deren Herkunft bereitstellten. Sie setzten sich auch für faire Handelspraktiken ein und unterstützten Kleinbauern und Gemeinschaften weltweit. The Body Shop war bekannt für seine nachhaltigen Verpackungen. Bereits in den frühen Jahren wurden recycelte Materialien für Verpackungen verwendet und sie waren eines der ersten Unternehmen, das wiederverwendbare Behälter für Produkte, wie die »Refill Station«, einführte.

Diese Beispiele verdeutlichen, dass The Body Shop von Anfang an auf Nachhaltigkeit, soziales Engagement und ethisches Handeln fokussiert war. Durch ihre innovative Herangehensweise an Beschaffung, Verpackung und soziale Verantwortung hat The Body Shop einen bedeutenden Einfluss auf die Kosmetikbranche und das Bewusstsein für nachhaltige Geschäftspraktiken geschaffen. Seit dem Verkauf 2017 gehört The Body Shop zum brasilianischen Natura-Konzern. Diese Unternehmensgruppe steht ebenfalls für nachhaltige Unternehmenskultur. Hier sind einige konkrete Gründe und Punkte, die dies verdeutlichen:

- Natura & Co ist als B Corporation zertifiziert, was bedeutet, dass sie nach strengen sozialen und Umweltstandards arbeiten. Das Unternehmen hat sich verpflichtet, positive Auswirkungen auf Mitarbeiter, Gemeinschaften und die Umwelt zu erzielen.
- Natura & Co setzt sich aktiv für Umweltschutz ein. Ein Beispiel dafür ist das Nachhaltigkeitsprogramm »Carbon Neutral«, bei dem das Unternehmen seine CO2-Emissionen reduziert und kompensiert. Zudem verfolgen sie das Ziel, bis 2030 ihre Produkte zu 100 % recycelbar oder wiederverwendbar zu gestalten.
- Das Unternehmen engagiert sich auch sozial. Natura & Co unterstützt verschiedene gemeinnützige Organisationen und Projekte, die Bildung, Gesundheit und soziale Gerechtigkeit fördern. Zudem hat Natura & Co eine vielfältige und inklusive Arbeitsumgebung geschaffen, in der die Mitarbeitenden ihre individuellen Talente entfalten können.
- Natura & Co setzt sich für eine Kreislaufwirtschaft ein, bei der Abfall minimiert und Ressourcen effizient genutzt werden. Ein Beispiel dafür ist das Programm »Reciclar pelo Brasil«, bei dem Haare von Friseursalons gesammelt und zu Düngemitteln verarbeitet werden.
- Das Unternehmen legt großen Wert auf Transparenz und veröffentlicht regelmäßig Nachhaltigkeitsberichte, in denen sie über ihre Fortschritte und Herausforderungen im Bereich Nachhaltigkeit berichten. Dies ermöglicht es den Stakeholdern, die Leistung von Natura & Co nachzuvollziehen.

4.3.1 Kommunikation ohne Barrieren: Wie man eine transparente nachhaltige Unternehmenskultur aufbaut

Offene und transparente Kommunikation ist ein wichtiger Bestandteil jeder erfolgreichen nachhaltigen Unternehmenskultur. Sie fördert die Motivation, das Engagement und die Begeisterung aller Beteiligten für Nachhaltigkeit; und für das eigene Unternehmen einzutreten, stärkt die Innovationskraft und das Interesse, sich aktiv einzubringen mit einer Teilhabe, die über das erwartete Pensum hinausgeht. Um eine offene und transparente Kommunikation zu fördern, ist es wichtig, klare und verständliche Kommunikationskanäle bereitzustellen, bei denen alle Parteien frei sprechen können, ohne Angst vor Repressalien. Dies kann durch die Einführung von Feedbacksystemen, regelmäßige Mitarbeitergespräche und offene Foren zur Diskussion von Ideen und Problemen erreicht werden. Eine transparente Unternehmenskultur kann zudem nachhaltig gefördert werden, indem klare Kommunikationskanäle geschaffen werden, um Informationen offen auszutauschen. Führungskräfte sollten als Vorbilder dienen und offene Dialoge mit den Mitarbeitenden fördern. Feedbackmechanismen und regelmäßige Transparenzinitiativen können zusätzlich das Vertrauen stärken und eine nachhaltige transparente Kultur im Unternehmen etablieren.

Definition

Transparente Kommunikation bedeutet, dass Informationen und Entscheidungen klar, ehrlich, authentisch und vollständig kommuniziert werden, ohne Verheimlichung oder Verschleierung.

BEISPIEL

Das Unternehmen BOTA informiert seine Mitarbeitenden regelmäßig mithilfe aller bestehenden Kommunikationskanäle über die Unternehmensstrategie, -ziele und geplanten Aktivitäten. Rückmeldungen und Vorschläge werden eingeholt über Umfragen und Gruppen, die die Mitarbeitenden als Ort der Diskussion und als Sprachrohr zur Geschäftsleitung hin gebildet haben. Mitglieder der Geschäftsleitung werden hier eingeladen, sind aber keine Mitglieder der Gruppen. Die Mitarbeitenden haben das Vertrauen, dass ihre Meinungen gehört und berücksichtigt werden, was zu einer höheren Mitarbeiterzufriedenheit und -motivation führt.
Quelle: https://www.spconsulting.de/nachhaltige-unternehmenskultur/#hintergrundinformationen

TIPPS

1. Sei ein Vorbild: Kommuniziere offen und transparent mit Deinen Mitarbeitenden. Teile Informationen und Entscheidungen mit ihnen und sei ehrlich über Herausforderungen und Erfolge. Wenn Du offen und transparent bist, werden Deine Mitarbeitenden es auch sein.
2. Etabliere eine Kultur des Vertrauens, in der alle Mitarbeitenden sich sicher fühlen, ihre Meinungen zu teilen. Betone, dass Kritik oder Feedback immer willkommen sind und dass sie als Chance für Verbesserungen angesehen werden.
3. Nutze verschiedene Kommunikationskanäle: Jeder Mitarbeitende hat unterschiedliche Vorlieben und Kommunikationspräferenzen. Nutze daher verschiedene Kanäle, um sicherzustellen, dass jeder erreicht wird. Das können beispielsweise persönliche Gespräche, E-Mails oder virtuelle Meetings sein.

4.3.2 Zusammen stark: Wie eine positive Arbeitsatmosphäre nachhaltiges Teamwork fördert

Eine positive Arbeitsatmosphäre und effektives Teamwork sind entscheidend für den Erfolg einer Organisation. Eine freundliche, unterstützende und respektvolle Umgebung kann dazu beitragen, das Engagement und die Motivation der Mitarbeitenden zu steigern und das Arbeitsklima zu verbessern. Was ist dafür wichtig? Eine offene Kommunikation etablieren, Feedback geben, die Stärken und Talente jedes Mitarbeitenden erkennen und fördern, um ein Gefühl der Wertschätzung zu schaffen und das Engagement zu erhöhen. Flexible Arbeitsbedingungen, angemessene Vergütung sowie Arbeitsplatzsicherheit sollten ebenfalls gefördert werden. Haben Mitarbeitende das Gefühl, dass ihre Bedürfnisse berücksichtigt werden und dass sie Teil einer Gemeinschaft sind, die ihre Werte teilt, steigert das ihre Motivation, sich stärker einzubringen und zum Erfolg der Organisation beizutragen.

Definition

Eine positive Arbeitsatmosphäre ist gekennzeichnet durch eine freundliche, unterstützende und respektvolle Umgebung, in der die Mitarbeitenden sich wohl- und geschätzt fühlen. Teamwork beschreibt die Fähigkeit und Bereitschaft der Mitarbeitenden, effektiv zusammenzuarbeiten, um gemeinsame Ziele zu erreichen.

BEISPIEL

Zappos, ein bekannter Online-Schuhhändler, zeichnet sich durch eine besondere Unternehmenskultur aus. Das Motto lautet: Arbeit muss Spaß machen! Jeder Mitarbeitende hat die Freiheit, seinen Arbeitsplatz nach eigenen Vorstellungen zu gestalten, und Erfolge werden mit gemeinsamen Feiern gewürdigt. Im Zentrum des lebhaften Großraumbüros steht der Schreibtisch des Firmengründers Tony Hsieh, der für alle Mitarbeitenden leicht erreichbar ist. Das Unternehmen folgt dem Prinzip »We are family«: Jeder Mitarbeitende wird als gleichwertig angesehen, Hierarchien und Titel spielen eine untergeordnete Rolle. Einmal im Monat bedient Tony Hsieh persönlich seine Mitarbeitenden in der Firmenkantine. Dennoch arbeitet nicht jeder Mitarbeitende isoliert, denn klare Zielsetzungen gehören zur Unternehmenskultur. Zappos möchte zudem seinen Mitarbeitenden helfen, nicht nur beruflich, sondern auch persönlich voranzukommen. Deshalb steht ein Vollzeit-Life-Coach zur Verfügung, um individuelle Lebensziele zu unterstützen.

Für Zappos haben Werte eine hohe Bedeutung: Gemeinsam mit den Mitarbeitenden wurden klare Unternehmenswerte definiert und festgelegt. Bei aller Lockerheit und scheinbarem Chaos achtet Zappos dennoch streng auf die Auswahl seiner Mitarbeitenden, um so sicherzustellen, dass neue Mitarbeitende gut zur Unternehmenskultur passen. Zappos geht sogar so weit, dem letzten verbliebenen Bewerber mehrere Tausend Dollar für den Jobverzicht anzubieten, wenn er für unpassend gehalten wird. Dadurch wird sichergestellt, dass nur diejenigen den Arbeitsvertrag unterzeichnen, die wirklich zu Zappos passen (möchten).

Quelle: https://www.abc-personal-strategie.de/zappos/

TIPPS

1. Schaffe ein positives Arbeitsumfeld: Wie sieht ein Arbeitsumfeld aus, das den Mitarbeitenden das Gefühl gibt, geschätzt zu werden? Das kann beispielsweise durch ein freundliches und einladendes Büro-Design, hochwertige Bürostühle, eine angenehme Beleuchtung oder durch Pflanzen und Kunstwerke erreicht werden.
2. Veranstalte regelmäßige Teamaktivitäten, wie Ausflüge oder gemeinsame Mittagessen oder Erfolgsfeiern, um das Zusammengehörigkeitsgefühl zu stärken.
3. Erkenne und fördere die individuellen Stärken und Fähigkeiten jedes Mitarbeitenden. Indem jeder Mitarbeitende seine Stärken nutzen kann, fühlt er sich wertgeschätzt und das Team kann effektiver zusammenarbeiten.

4.3.3 Balance finden: Wie flexibles Arbeiten das Wohlbefinden am Arbeitsplatz nachhaltig steigern kann

Die Unterstützung von Work-Life-Balance und flexiblen Arbeitszeiten ist ein wichtiger Aspekt, um die Zufriedenheit und das Engagement der Mitarbeitenden zu fördern. Notwendig dazu ist die Schaffung einer Unternehmenskultur, die die Bedeutung von Work-Life-Balance betont und die Mitarbeitenden ermutigt, ihre individuellen Bedürfnisse anzusprechen. Hierfür sollten den Mitarbeitenden klare Erwartungen kommuniziert und flexibles Arbeiten in der Unternehmenspolitik verankert werden.

Darüber hinaus können Unternehmen Technologien und Tools nutzen, um eine flexiblere Arbeitsweise zu ermöglichen. Videokonferenzen, Online-Kollaborationstools und mobile Arbeitsplätze sind nur einige Beispiele dafür, wie die Arbeit von jedem Ort aus erledigt werden kann. Um Arbeiten nachhaltig erfolgreicher zu machen, empfehlen sich beispielsweise folgende Tools:

- Digitale Projektmanagement-Tools wie Trello oder Asana zur effizienten Organisation und Verfolgung von Aufgaben und Projekten.
- Kollaborative Dokumenten- und Dateifreigabe-Plattformen wie Google Drive oder Dropbox, um die Zusammenarbeit zu verbessern und den Papierverbrauch zu reduzieren.
- Videokonferenz- und Online-Meeting-Tools wie Zoom oder Microsoft Teams, um Reisekosten zu sparen und die Flexibilität bei der Zusammenarbeit zu erhöhen.
- Zeit- und Aufgabenverwaltungstools wie Pomodoro-Technik-Timer oder Kanban-Boards, um die Produktivität zu steigern und den Ressourcenverbrauch zu optimieren.
- Virtuelle Projektmanagement-Plattformen wie Monday.com oder Jira, um die Zusammenarbeit in verteilten Teams zu verbessern und den Papierverbrauch zu reduzieren.
- E-Mail- und Kommunikationstools wie Slack oder Microsoft Outlook, um die interne Kommunikation zu optimieren und den Informationsfluss zu erleichtern.
- Automatisierungssoftware wie Zapier oder IFTTT, um repetitive Aufgaben zu automatisieren und Zeit zu sparen.

Definition

Work-Life-Balance bezieht sich auf die Ausgewogenheit zwischen Arbeits- und Privatleben eines Menschen. Flexibles Arbeiten ermöglicht es den Mitarbeitenden, ihre Arbeitszeit nach eigenen Vorstellungen zu gestalten und mit ihren persönlichen Bedürfnissen und Verpflichtungen zu verbinden.

BEISPIELE

KOOENIG bietet seinen Mitarbeitenden flexible Arbeitszeitmodelle an: Teilzeit, Gleitzeit, hybrides Arbeiten, Homeoffice und Work-from-Anywhere. Dies ermöglicht den Mitarbeitenden, ihre Arbeit an ihre individuellen Bedürfnisse und Verpflichtungen anzupassen und somit eine bessere Work-Life-Balance zu erreichen. Klar ist für das Unternehmen: Wer mal weniger arbeitet oder mehr von zuhause, beeinträchtigt damit in keiner Weise seine Karriere. Im Gegenteil. KOOENIG bietet Mitarbeitenden, die zeitweise die Stunden reduzieren, weil sie Elternzeit nehmen oder pflegebedürftige Angehörige pflegen, eine Leih-Büroausstattung für zuhause an, die von der geräuschschluckenden Trennwand über die Tageslichtlampe bis hin zum rückenfreundlichen Bürostuhl geht. Denn für KOOENIG ist klar: Nur zufriedene Mitarbeitende, die unter den besten Rahmenbedingungen arbeiten, können auch die besten Ergebnisse liefern.

Buffer, mit 85 Mitarbeitenden in 15 Ländern, ist ein Pionier in Bezug auf flexibles Arbeiten und verkörpert den New-Work-Ansatz. In einem Interview gewährten sie Einblicke in ihre Erfahrungen mit einer 4-Tage-Woche und die beeindruckenden Ergebnisse, die sie damit erzielt haben:

- Als dezentral arbeitendes Team mit Mitarbeitenden auf der ganzen Welt basiert die Kultur bei Buffer nicht darauf, dass alle zur gleichen Zeit online sind. Stattdessen wird darauf geachtet, eine inklusive Kultur zu schaffen, die die Vielfalt der Mitarbeitenden berücksichtigt. Bei regelmäßigen Treffen werden Projekte und Teamstrategien besprochen und die Gelegenheit genutzt, um persönlich miteinander in Kontakt zu treten.

- Buffer ist der Überzeugung, dass Mitarbeitende an vier Arbeitstagen produktiver sind als an fünf, da sie so mehr Zeit für Erholung haben. Besonders in Zeiten der Pandemie wollte man Mitarbeitenden, insbesondere Eltern, mehr Flexibilität bieten. Die Umstellung auf eine 4-Tage-Woche erforderte sorgfältige Planung und Anpassungen in den verschiedenen Teams, um Projekte und Ziele auf vier Arbeitstage zu verteilen.
- Für das Customer Advocacy Team wurde ein spezielles Modell entwickelt, um die Arbeitszeit zu reduzieren und dennoch rund um die Uhr für Kunden erreichbar zu sein. Nach verschiedenen Versuchen entschied man sich für individuelle Lösungen, bei denen Mitarbeitende ihre freien Tage unter der Woche wählten und zusätzliches Personal für die Wochenenden eingestellt wurde. Die Reaktionszeiten wurden auf 6 bis 20 Uhr begrenzt, wodurch die Kundenzufriedenheit und die Reaktionszeit verbessert wurden.
- Die 4-Tage-Woche begann als Experiment zur Stressreduktion während der Pandemie und erwies sich als erfolgreich. Buffer plant, dieses Modell beizubehalten, da die Mitarbeitenden damit zufrieden sind und weiterhin produktiv arbeiten. Die Flexibilität und das Vertrauen, das den Mitarbeitenden entgegengebracht wird, wirken sich positiv auf das Wohlbefinden und die Zufriedenheit aus.

Quelle: https://de.deskbird.com/blog/hybrid-hero-buffer

TIPPS

1. Fördere eine Kultur, die Work-Life-Balance betont und die Mitarbeitenden ermutigt, ihre individuellen Bedürfnisse anzusprechen. Biete Deinen Mitarbeitenden verschiedene Arbeitszeitmodelle wie z. B. Gleitzeit oder Homeoffice an, um ihnen mehr Freiheit und Kontrolle über ihre Arbeit zu geben.
2. Kommuniziere klare Erwartungen und Richtlinien zur Flexibilität in der Arbeitszeitpolitik des Unternehmens.
3. Schaffe klare Grenzen zwischen Arbeits- und Freizeit, um sicherzustellen, dass die Mitarbeitenden sich ausreichend erholen können, um ihre Produktivität und Gesundheit zu erhalten.

4.3.4 Safe and Sound: Wie Du für eine nachhaltig sichere und gesunde Arbeitsumgebung sorgen kannst

Nachhaltigkeit in der Unternehmenskultur spielt eine wichtige Rolle bei Sicherheit und Gesundheit am Arbeitsplatz, da sie langfristige Maßnahmen zur Erhaltung des Wohlbefindens der Mitarbeitenden und des Umweltschutzes umfasst. Konkret bedeutet dies, dass nachhaltige Arbeitsplatzsicherheit und -gesundheit darauf abzielen, gesunde und sichere Arbeitsbedingungen zu schaffen, die sowohl den gegenwärtigen als auch zukünftigen Bedürfnissen gerecht werden. Das beinhaltet den Einsatz umweltfreundlicher Materialien, die Minimierung von Abfällen und Emissionen, die Vermeidung von gefährlichen Chemikalien, die Ergonomie am Arbeitsplatz sowie die Schulung der Mitarbeitenden im Hinblick auf Sicherheit, Gesundheit und Umweltschutz. Durch die Integration von Nachhaltigkeitsprinzipien in Sicherheits- und Gesundheitsmaßnahmen wird eine langfristige, umfassende und verantwortungsbewusste Betrachtung des Arbeitsumfelds ermöglicht.

Definition

Sicherheit und Gesundheit am Arbeitsplatz beziehen sich auf die Maßnahmen und Strategien, die ein Unternehmen ergreift, um sicherzustellen, dass die Arbeitsbedingungen sicher und gesundheitsfördernd für die Mitarbeitenden sind.

BEISPIEL

Die Porsche AG hat eine ganzheitliche und spannende Initiative zur Verbesserung der Arbeitssicherheit eingeführt. Im Jahr 2021 wurde in dem Unternehmen offiziell das »Jahr der Arbeitssicherheit« ausgerufen, um das Bewusstsein für Sicherheit und Gesundheit am Arbeitsplatz zu stärken. Diese Initiative wurde durch eine vielseitige Kommunikationskampagne begleitet, die das gesamte Unternehmen erfasste. Das »Jahr der Arbeitssicherheit« sollte das Bewusstsein für Sicherheit am Arbeitsplatz weiter erhöhen und die Anzahl der Arbeitsunfälle reduzieren. Für diese umfassende Kampagne wurde Porsche mit dem Sicherheitspreis »Schlauer Fuchs« der Berufsgenossenschaft Holz und Metall (BGHM) ausgezeichnet.

Im Rahmen des »Jahres der Arbeitssicherheit« wurden bei Porsche Plakate, Videobotschaften und Arbeitssicherheitsschulungen eingesetzt. Außerdem gab es eine Videoreihe mit dem Porsche-Rennfahrer Timo Bernhard und die Vergabe interner Arbeitssicherheitspreise unter dem Motto »Ideenmanagement trifft Arbeitssicherheit«. Über 200 Mitarbeitende reichten Ideen ein, wie der Arbeitsschutz im Unternehmen verbessert werden kann. Der Erfolg des »Jahres der Arbeitssicherheit« überzeugte aufgrund der visuell ansprechenden und professionellen Umsetzung der Aktivitäten auch die Aufsichtsperson der BGHM, Armin Meister.
Quelle: https://www.bghm.de/bghm/presseservice/pressemeldungen/detailseite?tx_news_pi1%5Baction%5D=detail&tx_news_pi1%5Bcontroller%5D=News&tx_news_pi1%5Bnews%5D=1481&cHash=f6c6a83c5ef18f570da8f0665702bb82

TIPPS

1. Biete regelmäßige Schulungen und Workshops zur Förderung der Mitarbeitergesundheit und einer Sicherheitskultur an, um die Mitarbeitenden auf Notfallsituationen vorzubereiten.
2. Fördere das Wohlbefinden und die Gesundheit am Arbeitsplatz, indem Du die Arbeitsumgebung so gestaltest, dass körperliche Belastungen minimiert sowie Entspannungs- und Pausenbereiche integriert werden.
3. Schaffe ein sicheres und offenes Umfeld, in dem Mitarbeitende Bedenken und Vorschläge zur Verbesserung der Arbeitsplatzsicherheit äußern können, ohne Konsequenzen fürchten zu müssen. Motiviere Mitarbeitende auch, eigene Ideen zur Mitarbeitergesundheit einzubringen. Vielleicht bildet sich eine Jogging-Gruppe, vielleicht möchte ein Mitarbeiter Yoga anbieten oder vielleicht kann eine Mitarbeiterin eine Meditationsexpertin empfehlen.

4.3.5 Mitbestimmen und Mitgestalten: Die Mitarbeiterbeteiligung zur Stärkung des Unternehmens nachhaltig nutzen

Eine aktive Mitarbeiterbeteiligung und -mitbestimmung kann dazu beitragen, die Motivation und das Engagement der Mitarbeitenden zu steigern und das Betriebsklima positiv zu beeinflussen. Eine nachhaltige Beteiligung bzw. Mitbestimmung kann durch folgende Maßnahmen erreicht werden: regelmäßige Kommunikation und offener Dialog zwischen Mitarbeitenden und Führungskräften, Einrichtung von Mitarbeitervertretungen oder Betriebsräten, Förderung von Teamarbeit und partizipativen Entscheidungsprozessen, Einbindung der Mitarbeitenden in Nachhaltigkeitsinitiativen und -strategien des Unternehmens, Schaffung von Möglichkeiten zur Weiterbildung und Entwicklung der Mitarbeitenden sowie die Anerkennung und Belohnung von Mitarbeiterbeiträgen zur Nachhaltigkeit.

Dies fördert eine nachhaltige Unternehmenskultur, stärkt das Engagement der Mitarbeitenden und ermöglicht eine langfristige Integration von Nachhaltigkeitsprinzipien in den Arbeitsalltag.

Definition

Mitarbeiterbeteiligung und -mitbestimmung beziehen sich auf die Einbindung von Mitarbeitern in Entscheidungsprozesse und die Schaffung von Möglichkeiten für Mitarbeitende, ihre Ideen und Meinungen zum Erfolg des Unternehmens beizutragen. Es geht um die Schaffung eines partizipativen Arbeitsumfelds, in dem die Mitarbeitenden sich gehört und geschätzt fühlen.

BEISPIELE

Der Schindlerhof von Klaus Kobjoll gilt als ein herausragendes Beispiel für nachhaltige Mitarbeiterbeteiligung und -mitbestimmung. In diesem Unternehmen wird eine Vielzahl von Maßnahmen umgesetzt, um die Mitarbeitenden aktiv in Entscheidungsprozesse einzubeziehen und ihre Beiträge anzuerkennen. Dazu gehören regelmäßige Teammeetings, in denen Ideen und Vorschläge diskutiert werden, ein offenes Feedbacksystem, in dem Mitarbeitende ihre Meinungen äußern können und ein Gewinnbeteiligungsmodell, das den Mitarbeitenden ermöglicht, an den Unternehmenserfolgen teilzuhaben. Darüber hinaus wird großen Wert auf eine gute Work-Life-Balance gelegt, indem flexible Arbeitszeiten und Möglichkeiten zur Weiterbildung und persönlichen Entwicklung angeboten werden. Diese nachhaltige Mitarbeiterbeteiligung und -mitbestimmung im Schindlerhof fördert das Engagement der Mitarbeitenden, steigert ihre Zufriedenheit und trägt seit vielen Jahren zum langfristigen Erfolg des Unternehmens bei. Durch die Schaffung von Möglichkeiten zur Mitarbeiterbeteiligung und -mitbestimmung zeigt das Unternehmen Mitarbeitenden, dass ihre Meinung wertvoll ist und dass sie ein wichtiger Teil des Unternehmens sind.
Nach einem Rekordgewinn für die BMW Group im Jahr 2021 erhielten die Mitarbeitenden einen Rekordbonus. Der Bonus wurde basierend auf einem Faktor von 1,8 berechnet, was bedeutete, dass die Mitarbeitenden 180 % ihres Basiswerts als Erfolgsbeteiligung erhielten. Für eine bzw. einen Mitarbeitenden der Entgeltgruppe 5 mit einem Basiswert von 5.000 Euro hieß dies eine Erfolgsbeteiligung von insgesamt 9.000 Euro. Zusätzlich wurde ein Dividenden-Baustein in Höhe von 1.200 Euro für die betriebliche Altersvorsorge ausgezahlt, der unabhängig von der Entgeltgruppe war.
Quelle: https://www.bimmertoday.de/2022/03/14/erfolgsbeteiligung-bmw-belohnt-mitarbeiter-mit-rekord-bonus/

TIPPS

1. Schaffe einen inspirierenden Raum für offene Dialoge und regen Austausch mit Deinen Mitarbeitern. Organisiere regelmäßige Feedback-Sessions, Ideen-Workshops oder informelle Treffen, um ihre Perspektiven und Vorschläge aktiv einzubinden.
2. Binde Deine Mitarbeitenden in die Gestaltung von Unternehmenszielen ein. Gemeinsame Ziele fördern das Engagement und den Teamgeist. Baue auf deren Expertise auf, um realistische, herausfordernde und messbare Ziele zu setzen.
3. Gib Deinen Mitarbeitern die Möglichkeit, Verantwortung zu übernehmen und Entscheidungen in ihren Zuständigkeitsbereichen zu treffen. Delegiere Aufgaben und gib ihnen den Freiraum, kreativ zu handeln.

4.3.6 Unlocking Potential: Wie Führungskräfte das volle Talentpotenzial ihrer Mitarbeitenden nachhaltig freisetzen können

Die Entfaltung der Talente und Fähigkeiten der Mitarbeitenden ist ein wichtiger Faktor für den Erfolg eines Unternehmens. Führungskräfte sollten daher sicherstellen, dass ihre Mitarbeitenden die Möglichkeit haben, ihre Fähigkeiten und Talente auszubauen und zu nutzen. Dazu gehört auch neben der Schaffung von Karrierepfaden für alle Mitarbeitenden – auch in Teilzeit oder Positionen, die auf den ersten Blick nicht für eine Karriereentwicklung geeignet scheinen – die Förderung durch Schulungen, Fortbildungen und Mentoring-Programmen, um allen Mitarbeitenden die Chance zu geben, neue Fähigkeiten zu erlernen und ihre Kompetenzen zu entwickeln.

Definition

Die Entfaltung der Talente und Fähigkeiten der Mitarbeitenden bezieht sich auf die Schaffung einer Arbeitsumgebung, die es den Mitarbeitenden ermöglicht, ihr volles Potenzial auszuschöpfen und ihre individuellen Fähigkeiten und Talente zu entwickeln und einzusetzen. Hierdurch können sie effektiver und motivierter arbeiten und bessere Ergebnisse erzielen.

BEISPIELE

Ein Beispiel hierfür ist das Unternehmen XYGROW, das regelmäßig interne Schulungen und Weiterbildungen anbietet. Jeder Mitarbeitende hat die Möglichkeit, an diesen Schulungen teilzunehmen, unabhängig von Position oder Abteilungszugehörigkeit. Zusätzlich dazu werden regelmäßige Feedbackgespräche zwischen Mitarbeitenden und Vorgesetzten geführt, um Stärken und Entwicklungsbereiche zu identifizieren und gezielte Entwicklungsmaßnahmen zu planen. Es wurde unternehmensübergreifend vereinbart, dass kein Personalgespräch ohne konkrete verbindliche Entwicklungsmaßnahmen endet. Durch diese Bemühungen hat das Unternehmen eine Kultur der ständigen Verbesserung und Weiterentwicklung geschaffen, die zu zufriedeneren und engagierteren Mitarbeitenden sowie einer höheren Produktivität führt.

Menschen stehen im Mittelpunkt der Unternehmensphilosophie von Adobe. Die Employee Experience schafft eine Umgebung, in der jeder Mitarbeitende seine Persönlichkeit voll einbringen und die gewünschte Karriere gestalten kann. Durch Krankenversicherungsleistungen, Freistellungsprogramme, Rückerstattungen für das Wohlbefinden und andere Maßnahmen entwickelt Adobe verschiedene Wege, um Mitarbeitende und ihre Familien zu unterstützen. Die Teams für Benefits and Wellbeing, Compensation und Global Mobility setzen sich für inklusive und bereichernde Leistungen ein, die das Leben für alle einfacher machen. In Partnerschaft mit den Führungskräften werden bei Adobe leistungsstarke und engagierte Teams aufgebaut, um das Geschäftswachstum voranzutreiben. Gleichzeitig wird die nächste Generation von Führungskräften gecoacht, um eine erfolgreiche Zukunft für Adobe zu gewährleisten.

Quelle: https://www.adobe.com/careers/teams/employee-experience.html

TIPPS

1. Identifiziere die Stärken aller Mitarbeitenden und gib ihnen die Möglichkeit, diese in ihrem Job einzusetzen und weiterzuentwickeln. Stelle sicher, dass Mitarbeitende herausfordernde Projekte und Aufgaben erhalten, die ihre Fähigkeiten erweitern und sie fordern.
2. Biete Weiterbildungen und Schulungen an, die auf die individuellen Bedürfnisse und Interessen Deiner Mitarbeitenden zugeschnitten sind. Schaffe eine Kultur des Lernens und Experimentierens, in der Fehler als Chance zur Verbesserung gesehen werden.
3. Biete regelmäßige Feedbackgespräche an, in denen Du die Leistungen Deiner Mitarbeitenden anerkennst und ihnen konstruktive Kritik gibst, um ihre Fähigkeiten weiterzuentwickeln.

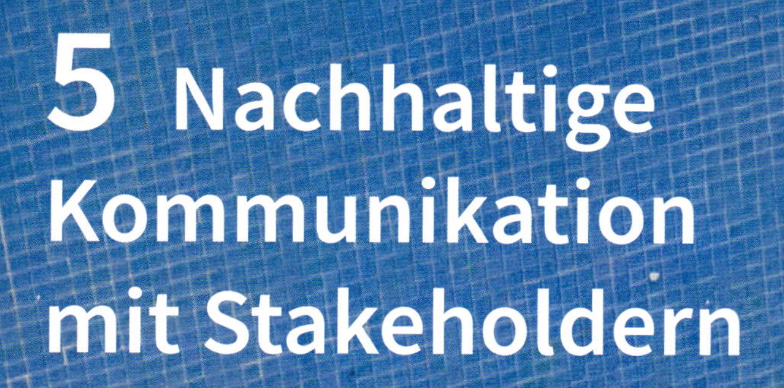

5 Nachhaltige Kommunikation mit Stakeholdern

»On Top Of The World Chair«
© Künstlerin Janina Mackenroth für BURDA
(Nähere Informationen hierzu siehe auch Kap. Abb., Seite 325)

Abb. 8: Ganzheitliches Nachhaltigkeitsmodell – Fokus Kommunikation © Anabel Ternes/Haufe 2023

Eine begeisterte Kundin bin ich nie geworden – zu tief sitzt wahrscheinlich, dass ich IKEA zuallererst mit billig, Kunststoff und einem Lieferkettengau in Verbindung bringe, der für mich IKEA nicht als nachhaltig darstellte. IKEA steht hinsichtlich Nachhaltigkeit vor einer Herausforderung, da diesbezüglich 2021 ein Skandal ans Licht gekommen ist: Kindermöbel aus Holz, die angeblich illegal aus Urwäldern gewonnen wurden, wurden von oekoreich 2021 enthüllt. Laut Recherchen des ARD-Magazins »Kontraste« hat ein bedeutender Lieferant des Unternehmens über mehrere Jahre hinweg Holz aus illegalen Rodungen verwendet. Allein im Jahr 2020 wurden über zwei Millionen Produkte, darunter Kindermöbel, aus diesem Holz an IKEA geliefert, das angeblich von geschützten Waldflächen stammt.

In einer Zeit, in der das Artensterben und die Klimakrise sich beinahe täglich verschärfen, ist es für ein weltweit tätiges Unternehmen, das hauptsächlich mit Holzprodukten handelt, besonders wichtig, sich glaubwürdig im Bereich Nachhaltigkeit und Ökologie zu positionieren. IKEA versucht dies durch den Einsatz des FSC-Standards und die Mitgliedschaft im »Forest Stewardship Council« zu erreichen, einer Zertifizierung für nachhaltiges Holz.

Aber das war nicht der einzige Nachhaltigkeitsskandal, der das Unternehmen durchschüttelte. Schon 2012 gab es einen Nachhaltigkeitsvorfall: Kinderarbeit in der Lieferkette von IKEA-Möbeln. Konkret wurde bekannt, dass Zulieferer von IKEA in Indien in ihre Produktionsprozesse Kinderarbeit involviert hatten. Diese Zulieferer hatten unter anderem Teppiche hergestellt, die dann in IKEA-Filialen verkauft wurden. Nachdem diese Berichte ans Licht kamen, hatte IKEA umgehend Maßnahmen ergriffen. Das Unternehmen hat eine umfassende Untersuchung eingeleitet, um die Vorwürfe zu überprüfen und Verantwortung zu übernehmen. Es wurden enge Kontakte zu den Zulieferern hergestellt, um sicherzustellen, dass alle Kinder aus der Arbeit genommen und angemessene Maßnahmen ergriffen wurden, um ähnliche Vorfälle in Zukunft zu verhindern. IKEA hat zusätzlich zu diesen Maßnahmen auch eine verstärkte Zusammenarbeit mit internationalen Organisationen und Kinderrechtsgruppen initiiert, um die Sicherstellung fairer Arbeitsbedingungen und den Schutz von Kindern in der gesamten Lieferkette zu verbessern.

Es ist wichtig anzumerken, dass IKEA den Vorfall öffentlich gemacht und transparent über die ergriffenen Maßnahmen berichtet hat. Das Unternehmen hat aus diesem Vorfall gelernt und seine Bemühungen in Bezug auf die Überwachung der Lieferkette und den Schutz von Arbeitsrechten verstärkt, um sicherzustellen, dass solche Vorfälle nicht wieder vorkommen.

Heute steht IKEA beispielhaft für nachhaltige Kommunikation mit Stakeholdern. Das Unternehmen hat eine klare Nachhaltigkeitsstrategie mit dem Namen »People & Planet Positive«, die darauf abzielt, positive Auswirkungen auf Menschen und den Planeten zu erzielen. Hier sind einige konkrete Elemente dieser Strategie:

1. Erneuerbare Energien: IKEA investiert in erneuerbare Energien, um den eigenen Energieverbrauch zu reduzieren und die Abhängigkeit von fossilen Brennstoffen zu verringern. Zum Beispiel hat IKEA weltweit mehr als 1,5 Millionen Solarpaneele auf seinen Gebäuden installiert und betreibt Windparks in verschiedenen Ländern.
2. Nachhaltige Beschaffung: IKEA setzt sich für die Beschaffung von Rohstoffen aus nachhaltigen Quellen ein. Ein Beispiel ist die Verwendung von Holz aus zertifizierten nachhaltigen Quellen für die Herstellung von Möbeln. IKEA hat auch das Ziel, bis 2030 nur noch Baumwolle aus nachhaltigen Quellen zu verwenden.
3. Kreislaufwirtschaft: IKEA fördert die Nutzung und Wiederverwertung von Ressourcen. Ein Beispiel ist das »Buy Back«-Programm, bei dem Kunden ihre gebrauchten IKEA-Möbel zurückgeben können, um sie wiederzuverwenden oder zu recyceln. IKEA arbeitet auch daran, Produkte länger haltbar und reparierbar zu machen.
4. Soziale Verantwortung: IKEA engagiert sich für faire Arbeitsbedingungen und soziale Gleichstellung. Das Unternehmen setzt sich für die Zahlung fairer Löhne ein und arbeitet daran, bis 2025 sicherzustellen, dass alle IKEA-Mitarbeitenden weltweit von einem existenzsichernden Lohn profitieren.

Diese Beispiele zeigen, wie IKEA konkrete Maßnahmen in verschiedenen Bereichen umsetzt, um seine Nachhaltigkeitsziele zu erreichen. Die Strategie »People & Planet Positive« ist darauf ausgerichtet, ökologische, soziale und wirtschaftliche Aspekte miteinander zu verbinden und eine nachhaltige Entwicklung voranzutreiben. IKEA kommuniziert aktiv mit seinen Stakeholdern über die Umsetzung dieser Strategie. Das Unternehmen veröffentlicht regelmäßig Nachhaltigkeitsberichte und stellt Informationen über seine Nachhaltigkeitsmaßnahmen auf seiner Website bereit. IKEA arbeitet auch eng mit NGOs, Experten und anderen Interessengruppen zusammen, um eine offene und transparente Kommunikation zu gewährleisten. Ein Beispiel für die nachhaltige Kommunikation von IKEA ist die »Better Cotton Initiative« (BCI). IKEA engagiert sich für den Einsatz von nachhaltigem Baumwollanbau und ist Mitglied der BCI. Das Unternehmen informiert seine Kunden über die Vorteile von nachhaltigem Baumwollanbau und wie sie selbst einen Beitrag leisten können, indem sie Produkte mit dem BCI-Label wählen. IKEA betreibt auch Aufklärungsarbeit über die Auswirkungen von Baumwollanbau auf Wasserressourcen und die Arbeitsbedingungen der Bauern.

Arbeit 4.0, New Workspace
© LinkedIn Sales Solutions

Der Erfolg von IKEA in der nachhaltigen Kommunikation mit Stakeholdern zeigt sich in der positiven Wahrnehmung der Marke und der Kundenbindung. Durch die transparente Kommunikation über Nachhaltigkeitsziele und -maßnahmen schafft IKEA Vertrauen und stärkt seine Position als nachhaltiges Unternehmen.

5.1 Nachhaltige interne Kommunikation

Als ich vor ein paar Jahren als Speakerin auf einer Konferenz eingeladen war, eröffnete ein Mitglied der Geschäftsleitung die Veranstaltung. Einige tausend Mitarbeitende waren live dabei oder schauten online von ihren Bildschirmen aus zu. Er stand auf der großen Bühne und begann mit der Aussage: »Mir ist die Angst vieler Mitarbeitenden vor Digitalisierung total unverständlich. Es ist jetzt Zeit, dass alle endlich kapieren, dass sie sonst abgehängt werden. Wir brauchen keine Mitarbeitenden, die sich nicht trauen, an unserem Erfolg teilzunehmen, wir brauchen Menschen mit Mut. Damit Ihr seht, was ich meine, seid Ihr nun dabei, wie ich von einem Menschen zum Cyborg werde.« Ein Raunen war unter der Menge. Zu seiner Beliebtheit trug die Ansage anscheinend nicht bei. Die Bühne wurde umgeräumt: eine Kamera, deren Bilder auf den großen Screen übertragen wurden, zwei Stühle. Ein Mann im weißen Kittel mit einer Lupenbrille betritt die Bühne. Es wird still im Saal. »Ich werde mich jetzt einer Operation unterziehen, vor Euren Augen, professionell von einem Arzt durchgeführt. Ich werde mir einen Chip implantieren lassen. Nach der OP bin ich ein Cyborg, transparent sind alle Informationen von mir von einem Gerät auslesbar. Es kann losgehen.« Und mit Großbild waren alle Teilnehmenden dabei, wie ihm der anwesende Arzt einen Chip am Unterarm einsetzte. Viele Mitarbeitende fanden das geschmacklos. Ich sprach ihn später an dem Tag darauf an: »Wollten Sie Ihre Mitarbeitenden mit Ihrer Aktion motivieren, schocken oder was war Ihr Ziel dabei?« Er lachte: »Eigentlich egal, Hauptsache, sie bewegen sich mal. Das kann doch keiner mitansehen. Träge sitzen sie vor ihren Bildschirmen. Die müssen mal locker werden und loslaufen, sonst werden sie von der Technik abgehängt.« Ich sagte ihm: »Klar, kann man so machen. Das war Ihre Show. Und Sie haben Ihre Mitarbeitenden vorgeführt. Auf Augenhöhe geht anders. Lust an Digitalisierung zu wecken, klappt über Mitnehmen, von Anfang an, Informieren und agil in die Verantwortung holen.« Diese Auffassung habe ich mehr denn je – denn es geht darum, Mitarbeitende gesund mitzunehmen, mentale Erkrankungen zu vermeiden und Motivation zu stärken.

»Wie erreicht Ihr denn die Bauarbeitenden auf der Baustelle«, frage ich den Geschäftsführer, der mir gerade stolz erklärt hat, dass sie vor ein paar Tagen die neueste Version einer Software für ein Intranet gekauft hätten und was die alles kann. »Ja, wir kümmern uns um unsere Mitarbeitenden«, erklärt er. »Kommen die Mitarbeitenden denn damit klar und findet das Tool Anklang bei den meisten?«, frage ich. Er schaut mich einen Moment verdutzt an, bevor er poltert: »Was ist das denn für eine Frage? Natürlich werden sie das gut finden, haben wir ja für sie gekauft. Die reden doch immer alle so gern, beim Kaffee, beim Rauchen – jetzt können sie das sogar mit unserer Erlaubnis digital.« Ich merke schon, was das Thema Mitarbeitenden-auf-Augenhöhe-Begegnen angeht, da trennen uns Welten. Hmh, o.k., ich hake zu meiner ersten Frage nach: »So wie ich gesehen habe, gibt es kein WLAN und kein Internet in den Baucontainern. Also wie kommen die Leute auf der Baustelle dann ins Intranet?« »Gar nicht«, ist seine erstaunte Antwort und während er das sagt, wird ihm klar, dass das eigentlich nicht geht in Bezug auf Gleichberechtigung. »Na ja, die sollen ja auch arbeiten, haben gar keine Zeit fürs Intranet.« Zwei Welten – und mehr als zwei Kommunikationskanäle, die in diesem Unternehmen wichtig wären. Denn so bekommt ein Teil der Mitarbeitenden gar nicht mit, was im Unternehmen ausgetauscht wird. »Sie bräuchten mehrere Kommunikationskanäle«, erkläre ich ihm – für die Baustelle möglicherweise sogar ausgedruckte Information, für den Vertrieb, der unterwegs oder von zuhause aus arbeitet, einen eigenen Zugang mit speziellem Datenschutz.

5.1.1 Attraktiver Arbeitgeber: Die Employer Brand nachhaltig erfolgreich nach innen aufbauen und Mitarbeitende nachhaltig begeistern

Employer Branding ist ein wichtiger Bestandteil moderner Personalstrategien und beschäftigt sich mit der Schaffung einer positiven Arbeitgebermarke. Ziel ist es, Mitarbeitende langfristig an das Unternehmen zu binden. Employer Branding ist kein kurzfristiger Prozess, sondern erfordert eine langfristige und kontinuierliche strategische Ausrichtung. Es kann nachhaltig gestaltet werden, indem es auf langfristige und authentische Weise die Werte und Nachhaltigkeitspraktiken eines Unternehmens widerspiegelt. Hier sind einige Schritte, um Employer Branding nachhaltig zu gestalten:

- Nachhaltigkeit sollte als zentrales Element in der Unternehmensstrategie integriert sein, um so das Engagement für soziale Verantwortung, Umweltschutz und ethische Geschäftspraktiken zu zeigen.
- Glaubwürdigkeit und Transparenz: Eine offene und transparente Kommunikation der Nachhaltigkeitsbemühungen, sowohl intern als auch extern, steht für Transparenz. Durch das Teilen von Erfolgen, Fortschritten und Herausforderungen kann eine glaubwürdige Employer Brand aufgebaut werden. Förderlich ist auch emotionales Storytelling aus dem Alltag der Mitarbeitenden – kleine Begebenheiten, die das Nachhaltigkeitsbestreben illustrieren, aber auch zeigen, dass nicht alles immer rund läuft, wenn Neues versucht wird, auch wenn man engagiert dabei ist. Humor oder Happy-End-Geschich-

ten können dabei eine gute Ergänzung sein. Wichtig ist: Es muss authentisch sein und die Dosis macht es. Die Rezipienten sollten verstehen, dass es mit Nachhaltigkeit ernst gemeint ist.

- Mitarbeiterbeteiligung: Die aktive Einbeziehung von Mitarbeitenden in nachhaltige Initiativen und ein Umfeld, in dem sie sich mit den Nachhaltigkeitszielen des Unternehmens identifizieren können, ist ein wichtiger Faktor von Nachhaltigkeit in Unternehmen. Interaktive Räume geben Mitarbeitenden die Möglichkeit, ihre Ideen einzubringen, und stärken den Austausch und Zusammenhalt zwischen diesen. Wenn es Mitarbeitende gibt, die MEHR machen wollen, sollten sie integriert und unterstützt werden, sodass sie Botschafter für Nachhaltigkeit werden können – intern und nach außen hin.
- Corporate Social Responsibility (CSR): Mit dem Engagement in sozialen Projekten und der Unterstützung von gemeinnützigen Organisationen wird soziales Engagement gezeigt. Hierzu sollte es Mitarbeitenden ermöglicht werden, sich an CSR-Aktivitäten vielfältigster Art zu beteiligen. Initiativen dazu, die von den Mitarbeitenden selbst ausgehen, sollten auch mit Sichtbarkeit und Finanzen unterstützt werden, ggfs. indem verantwortungsvolle Aufgaben oder Positionen übertragen oder auch Förderungen und kostenfreie Schulungen angeboten werden.
- Work-Life-Balance und Mitarbeiterwohlbefinden: Notwendig ist eine Arbeitskultur, die die Work-Life-Balance der Mitarbeitenden unterstützt und ihr Wohlbefinden fördert. Dies wird möglich durch flexible Arbeitszeiten, Gesundheits- und Wellnessprogramme sowie Möglichkeiten zur beruflichen Weiterentwicklung.
- Mitarbeiterstimmen hervorheben: Wenn Mitarbeitende ihre Erfahrungen und Geschichten teilen, hilft dies, die Employer Brand authentisch und glaubwürdig zu präsentieren. Hier kann gezeigt werden, wie Mitarbeitende durch ihre Arbeit einen positiven Beitrag leisten und wie sie sich mit den Nachhaltigkeitszielen des Unternehmens identifizieren.

Indem Nachhaltigkeit in das Employer Branding integriert wird, können das Mitarbeiterengagement gesteigert und langfristige Beziehungen zu den Mitarbeitenden aufgebaut werden.

Definition

Internes Employer Branding bezeichnet die strategische Positionierung eines Unternehmens als attraktiver Arbeitgeber, um die besten Mitarbeitenden langfristig an das Unternehmen zu binden. Dabei werden gezielt Maßnahmen ergriffen, um das Unternehmen als attraktiven Arbeitgeber zu präsentieren und das Image des Unternehmens in der Belegschaft zu verbessern.

BEISPIEL

Die Techniker Krankenkasse hat eine beeindruckende Transparenz auf verschiedenen Karriere-Kanälen etabliert, um erfolgreiches Employer Branding umzusetzen. Auf ihrer Karriere-Website finden potenzielle Bewerber unterschiedliche Erfahrungsgruppen, die ihnen eine direkte Ansprache ermöglichen. 2018 wurde die TK von Focus Money als einer der »Top National Arbeitgeber« ausgezeichnet, was insbesondere die positive Mitarbeiterzufriedenheit und die Wertschätzung des Unternehmens repräsentiert.

Zusätzlich nutzt die Krankenkasse geschickt ihre eigenen Social-Media-Kanäle wie SnapChat, Twitter und Facebook für ihr Employer Branding. Diese Kanäle sind ausschließlich der Karriere gewidmet und bieten authentische Einblicke in den Arbeitsalltag bei der TK. Ein Arbeitgebervideo, das sowohl auf der Website als auch in den sozialen Medien zu finden ist, stellt die Krankenkasse als Arbeitgeber sowie ihre Benefits vor. Darüber hinaus werden andere Aspekte der Unternehmenskultur offen kommuniziert.

Quelle: https://blog.viminds.de/recruiting/employer-branding-5-beispiele-die-zeigen-wie-es-geht/#employer-branding-techniker-krankenkasse

TIPPS

1. Stärke die Zusammenarbeit zwischen HR und Marketing, aber auch zu allen anderen Abteilungen und zur Geschäftsführung, um eine konsistente, authentische und holistische Arbeitgebermarke zu entwickeln und zu kommunizieren.
2. Biete Deinen Mitarbeitenden eine attraktive Arbeitsumgebung und ebensolche Arbeitsbedingungen, damit sie sich wohlfühlen bei der Arbeit und somit motiviert sind.
3. Arbeite an einem positiven Arbeitgeberimage, indem Deine Mitarbeitenden gern und von sich aus in sozialen Medien und anderen Plattformen als Botschafter Deines Unternehmens schreiben.

5.1.2 Vom Zuschauer zum Mitgestalter: Mitarbeitende aktiv und nachhaltig in den Erfolg einbinden

Ein Beispiel für eine nachhaltige Beteiligung von Mitarbeitenden ist die Durchführung von Mitarbeiterbefragungen, um das Feedback und die Meinungen der Mitarbeitenden zu sammeln und auf dieser Basis Verbesserungen im Unternehmen vorzunehmen. Eine weitere Möglichkeit ist die Einführung von Mitarbeiteraktienprogrammen, die den Mitarbeitenden einen finanziellen Anreiz bieten, sich am Erfolg des Unternehmens aktiv zu beteiligen und sich mit dem Unternehmen zu identifizieren.

Definition

Mitarbeiterbeteiligung bezieht sich auf die Einbeziehung von Mitarbeitenden in Entscheidungen und Prozesse des Unternehmens. Mitarbeiterengagement beschreibt das Ausmaß, in dem Mitarbeitende mit ihrem Arbeitsplatz, ihren Aufgaben und dem Unternehmen verbunden sind und bereit sind, zusätzliche Anstrengungen zu unternehmen, um zum Erfolg des Unternehmens beizutragen.

BEISPIEL

Audi setzt auf umfassende Mitarbeiterbeteiligung und belohnt seine Beschäftigten mit erfreulichen Zahlen. Der Betriebsrat präsentierte Anfang 2023 die finalen Ergebnisse der Verhandlungen zur »Audi-Ergebnisbeteiligung« (AEB). Hierbei wurden 10 % des Konzerngewinns direkt an die Mitarbeitenden ausgeschüttet. Dies bedeutete, dass in diesem Jahr Facharbeiter der Entgeltgruppe 7 im Zweischichtbetrieb, ein gängiges Beispielmodell, eine Ergebnisbeteiligung von 8.510 Euro erhielten, zusätzlich zu 2.000 Euro für den Vorsorgeaufwand. Im Vergleich zum Vorjahr, in dem es 5.700 Euro waren, ein bedeutender Anstieg. Der Audi-Betriebsratsvorsitzende

Peter Mosch betonte, dass es selbstverständlich sein sollte, dass die Mitarbeitenden uneingeschränkt am Erfolg beteiligt werden.
Diese großzügige Auszahlung der Ergebnisbeteiligung verdeutlicht das starke Engagement von Audi für eine umfassende Mitarbeiterbeteiligung. Es zeigt sich, dass das Unternehmen den Wert und die Bedeutung der Beiträge der Mitarbeitenden anerkennt und sie angemessen dafür belohnt. Durch eine solche Mitarbeiterbeteiligung schafft Audi nicht nur finanzielle Anreize, sondern stärkt auch das Verantwortungsgefühl und das Engagement der Mitarbeitenden. Indem sie direkt am Unternehmenserfolg teilhaben, fühlen sich die Beschäftigten noch stärker mit Audi verbunden und motiviert, ihr Bestes zu geben. Dieses Modell der Mitarbeiterbeteiligung trägt somit zur Steigerung der Mitarbeiterzufriedenheit, zur Stärkung des Teamgeistes und zur Förderung einer positiven Unternehmenskultur bei Audi bei.
Quelle: https://www.pnp.de/nachrichten/wirtschaft/satte-praemien-fuer-mitarbeiter-diese-bonuszahlungen-gibt-es-bei-audi-bmw-co-10771868

TIPPS

1. Gib Deinen Mitarbeitenden Verantwortung und Entscheidungsbefugnis, um ihr Engagement zu fördern und ihre Motivation zu steigern.
2. Schaffe regelmäßige Feedbackmöglichkeiten, um die Meinungen und Anliegen Deiner Mitarbeitenden zu berücksichtigen und gemeinsam an Lösungen zu arbeiten.
3. Schaffe eine positive Arbeitsumgebung, die auf Vertrauen, Wertschätzung und Zusammenarbeit basiert, um das Engagement Deiner Mitarbeitenden zu fördern und eine hohe Mitarbeiterzufriedenheit zu gewährleisten.

5.1.3 Kommunikation als Führungskraft: Nachhaltig erfolgreich leiten durch klare Botschaften

Führungskommunikation bezieht sich auf den Austausch von Informationen und Ideen zwischen Führungskräften und ihren Mitarbeitenden, um die Effektivität der Führung zu verbessern. Insgesamt ist eine klare und offene Führungskommunikation entscheidend für den Erfolg eines Unternehmens und die Motivation der Mitarbeitenden. Führungskräfte sollten aktiv bemüht sein, eine offene Kommunikation aufrechtzuerhalten und sicherzustellen, dass ihre Mitarbeitenden die notwendigen Informationen und Ressourcen haben, um ihre Arbeit effektiv zu erledigen.

Definition

Eine effektive Führungskommunikation umfasst die Fähigkeit, klare Anweisungen zu geben, Feedback zu geben, Entscheidungen zu treffen und die Mitarbeitenden zu motivieren.

BEISPIEL

Ein Beispiel für eine erfolgreiche Führungskommunikation ist die Geschichte von John, dem Geschäftsführer des mittelständischen Unternehmens DEIRY. John erkannte, dass seine Mitarbeitenden oft nicht wussten, was von ihnen erwartet wurde und dass es eine Kommunikationslücke zwischen ihm und seinen Mitarbeitenden gab. Er begann, regelmäßige Meetings abzuhalten, in denen er klare Anweisungen und klares Feedback gab. Er lud auch Mitarbeitende regelmäßig ein, ihre Ideen und Vorschläge zu teilen, und ermutigte sie, an der Entscheidungsfindung teilzunehmen. Durch diese offene Kommunikation konnte John das Vertrauen und die Loyalität seiner Mitarbeitenden behalten und das Unternehmen erfolgreich führen.

TIPPS

1. Vermeide unnötige Fachbegriffe und komplizierte Formulierungen. Formuliere klare und verständliche Anweisungen, damit Deine Mitarbeitenden genau wissen, was von ihnen erwartet wird.
2. Stelle sicher, dass Du die Perspektiven und Bedenken Deiner Mitarbeitenden verstehst, indem Du ihnen zuhörst und ihnen Fragen stellst. So zeigst Du ihnen, dass Du ihre Meinung respektierst und sie wertschätzt.
3. Führungskommunikation erfordert eine ständige Präsenz und Verfügbarkeit. Nimm Dir Zeit, um mit Deinen Mitarbeitenden persönlich zu sprechen und Dich über ihre Arbeit zu informieren. Zeige Interesse an ihren Erfolgen und Herausforderungen.

5.1.4 Sprachliche Distanz: Was hat denn das mit Nachhaltigkeit zu tun? Die Wahl zwischen »Du« und »Sie« in der Unternehmenskommunikation

Die Entscheidung zwischen »Du« und »Sie« in der Unternehmenskommunikation hängt von verschiedenen Faktoren ab, wie Zielgruppe, Branche, Unternehmensimage und der Unternehmenskultur. Oft wird die Du-Form als moderner und persönlicher empfunden, während die Sie-Form eine höhere Distanz und Seriosität vermittelt. Ein Beispiel hierfür ist die Kommunikation von Online-Startups, die oft auf eine Du-Anrede setzen, um eine offene und unkomplizierte Atmosphäre zu schaffen und Kundenbindung zu fördern. Für viele, auch ältere Mitarbeitende ist das besonders attraktiv – sie empfinden sich als jünger. Für wieder andere wirkt das unpassend, unprofessionell oder sogar plump. Sie übertragen dann diesen Eindruck auf das Unternehmen selbst. Traditionellere Branchen wie Banken oder Versicherungen nutzen oft die Sie-Form, um ein seriöses, respektvolles und vertrauenswürdiges Image zu vermitteln.

In der internen Kommunikation kann die Wahl der Anredeform auch Auswirkungen auf das Arbeitsklima haben. Ein Unternehmen, das auf eine Du-Anrede setzt, fördert möglicherweise eine flache Hierarchie und eine offene Kommunikation. Wenn die Mitarbeitenden hingegen mit der Sie-Form angesprochen werden, kann dies ein formelleres Arbeitsklima fördern. Die Verwendung von »Du« oder »Sie« in der Unternehmenskommunikation kann eine Frage der Unternehmenskultur und der Zielgruppenansprache sein. Es gibt jedoch keinen einheitlichen Ansatz, der als allgemeingültig nachhaltig angesehen werden kann.

Ein nachhaltiger Ansatz wäre es, die Präferenzen und Erwartungen der Zielgruppe zu berücksichtigen. Dies kann durch eine sorgfältige Marktanalyse und Zielgruppenforschung erreicht werden. Es ist wichtig, dass die gewählte Ansprache zur Unternehmenskultur, dem Markenimage und der Zielgruppe passt. Eine nachhaltige Unternehmenskommunikation berücksichtigt die Bedürfnisse und Erwartungen der Zielgruppe, respektiert die individuellen Präferenzen und fördert eine authentische und vertrauensvolle Beziehung zwischen Unternehmen und Kunden/Mitarbeitenden.

Es kann auch eine Kombination aus beiden Ansprecheformen in verschiedenen Kommunikationskanälen und -situationen angemessen sein. Die Kommunikation sollte jedoch immer klar, verständlich und respektvoll sein, unabhängig davon, ob »Du« oder »Sie« verwendet wird.

Definition

Die Unterscheidung zwischen »Du« und »Sie« in der Unternehmenskommunikation bezieht sich auf die Wahl der Anredeform und ist ein wichtiger Aspekt des Corporate-Identity-Managements und der Unternehmenskultur. Dabei geht es darum, eine konsistente und passende Anrede für Kunden, Mitarbeitende und Geschäftspartner zu finden.

BEISPIEL

Ein Beispiel für eine missglückte Kommunikation mit Folgen ist Stanislaus Crisar. Er ist seit drei Jahren dabei – eine Koryphäe im Programmieren, wie ein paar andere seiner Kollegen auch. Er sieht sich gern als besonders. In seinem Unternehmen SHINE geht man eher locker miteinander um. Das »Du« ist normal, auch wenn man normalerweise keine tieferen Verbindungen miteinander pflegt. Als die Marketingkollegin Lara ein Worksheet braucht, fragt sie ihre Geschäftsführerin auf dem Flur: »Hast Du das Worksheet oder weißt Du, wer das haben könnte? Ich spare viel Zeit, wenn es das schon gibt.« Tine überlegt nicht lang: »Stanislaus, der hat das sogar entwickelt. Frag den doch einfach.« Als Lara ihn anschreibt, reagiert er nicht. Lara

ist empört und wendet sich an Tine – nach zwei Tagen noch immer keine Regung, dabei ist er nicht krank: »Ich hab geschrieben, dass das dringend ist, guckt der denn nicht in seine Mails? Telefonisch hab ich ihn auch nicht erreicht, dabei hab ich ihn so nett angeschrieben: Lieber Stanislaus, wie geht es Dir? Ist alles gut bei Euch. So hatte ich die Mail begonnen. Wir haben ja sonst nicht so viel zu tun miteinander.« Tine erwidert: »Das kann doch wohl nicht wahr sein, der soll mal einen Zahn zulegen.« Und sie schreibt ihn selbst an, um Laras Anliegen zu unterstützen: »Hallo Stanislaus, bitte sei so gut und schicke Dein Worksheet schnell mal zu – Du hast es doch da. Lara braucht es dringend.« Stanislaus meldet sich wieder einen Tag später und schreibt an Tine, Lara in Kopie: »Sehr geehrte Frau Tine Meister, das Worksheet habe ich für eigene Recherchen erstellt. Dieses kann ich leider nicht herausgeben. Mit freundlichen Grüßen, S. Crisar.« »Wow«, sagt Tine irritiert. »Was ist denn in den gefahren? Das ist ja heftig!« Lara pflichtet ihr bei. »Dabei hatten wir doch nett geschrieben.« Im Gespräch mit anderen teilen sie die Erfahrung. »Der Stanislaus ist komisch, mit dem zusammenzuarbeiten hätte ich keine Lust.« Als ein neues spannendes Projekt ein paar Tage später auf den Tisch kommt, auf das Stanislaus perfekt passen würde, fallen alle anderen Namen, aber sein Name fällt nicht.

Eine solche Situation macht es schwierig, Stanislaus einzubinden. Nur aufgrund des Du-Sie-Konflikts wirkt die Situation verfahren – beide Seiten fühlen sich angegriffen. Keine sieht sich in der Situation, sich zu entschuldigen. So etwas kann verfahren sein. Denn die Kultur im Unternehmen scheint weder Du und Sie zu tolerieren

TIPPS

1. Überlege dir eine klare Strategie: Definiere deine Zielgruppen und lege fest, welche Anspracheform am besten zu deinem Unternehmen und deiner Kultur passt.
2. Sei konsequent in deiner Ansprache: Vermeide es, ständig zwischen »Du« und »Sie« zu wechseln, um keine Verwirrung bei den Mitarbeitenden aufkommen zu lassen.
3. Schaffe eine offene und dialogorientierte Kultur: Ermögliche den Mitarbeitenden, sich in einer vertrauensvollen Atmosphäre auszutauschen und eine offene Kommunikation zu führen, unabhängig von der Anspracheform.
4. Berücksichtige regionale Unterschiede: In manchen Regionen oder Branchen ist die Ansprache per »Du« üblicher als per »Sie«. Stelle sicher, dass alle diese Unterschiede kennen und berücksichtigen.
5. Sei flexibel und offen für Veränderungen: In manchen Fällen kann es sinnvoll sein, die Anspracheform zu ändern, beispielsweise bei einem Wechsel im Management oder bei der Einführung neuer Kommunikationskanäle. Sei offen für Veränderungen und passe deine Strategie gegebenenfalls an.

5.1.5 Change-Management kommunizieren: Wie nachhaltige Führungskräfte mit Widerständen erfolgreich umgehen und Veränderungen erfolgreich und nachhaltig begleiten

Eine erfolgreiche Veränderungskommunikation umfasst die Fähigkeit, Ängste und Unsicherheiten abzubauen, die Mitarbeitenden auf Veränderungen vorzubereiten und ihnen eine klare Vision und Ziele zu vermitteln. Nachhaltige Führungskräfte können Widerständen erfolgreich begegnen und Veränderungen nachhaltig begleiten, indem sie

- eine klare Vision und strategische Ziele für die Nachhaltigkeit entwickeln und kommunizieren,
- die Vorteile und Chancen der Nachhaltigkeit für das Unternehmen und die Mitarbeitenden herausstellen,
- eine offene Kommunikation fördern und Ängste und Bedenken der Mitarbeitenden ernst nehmen,
- Mitarbeitende aktiv in den Veränderungsprozess einbinden und ihre Ideen und Meinungen berücksichtigen und
- Schulungen und Weiterbildungen zur Nachhaltigkeit anbieten, um so Verständnis für die Veränderung zu erlangen und die Kompetenzen der Mitarbeitenden zu stärken.

Nachhaltigkeit kann einen deutlich positiven Unterschied im Unternehmenskontext bewirken und umfasst eine Vielzahl von Vorteilen: Ein verbessertes

Mitarbeiterengagement und höhere Zufriedenheit sind mögliche Resultate, da nachhaltige Maßnahmen den Mitarbeitern ein Gefühl der Sinnstiftung vermitteln. Wenn sie erkennen, dass ihr Beitrag zum Unternehmenserfolg auch einen positiven Einfluss auf die Gesellschaft und die Umwelt hat, steigt ihre Motivation und Identifikation mit dem Unternehmen. Darüber hinaus steigert Nachhaltigkeit die Innovationskraft und Wettbewerbsfähigkeit des Unternehmens, da nachhaltige Produkt- und Prozessoptimierungen oft zu neuen Ideen und Technologien führen, die den Marktbedürfnissen besser entsprechen. Ein positiver Nebeneffekt ist der Aufbau eines vertrauenswürdigen Unternehmensimages und eine gestärkte Markenreputation. Konsumenten und Stakeholder zeigen eine wachsende Vorliebe für nachhaltig agierende Unternehmen, was sich positiv auf die Geschäftsbeziehungen auswirken kann.

Zusätzlich können Kosteneinsparungen durch Effizienzsteigerungen und Ressourcenoptimierung erreicht werden. Nachhaltiges Handeln fördert oft die sparsame Nutzung von Ressourcen und reduziert damit langfristig die Ausgaben. Nachhaltigkeit hilft auch, gesetzliche und regulatorische Anforderungen zu erfüllen, was das Unternehmen vor rechtlichen Risiken bewahrt und eine solide Grundlage für das Geschäft schafft. Die Beachtung von Nachhaltigkeitsaspekten stärkt zudem die Beziehungen zu Stakeholdern wie Kunden, Investoren und der Gemeinschaft. Durch nachhaltiges Handeln zeigt das Unternehmen soziale Verantwortung und gewinnt das Vertrauen und die Unterstützung der verschiedenen Interessensgruppen. Last but not least trägt nachhaltiges Handeln zur langfristigen Sicherung der Unternehmensexistenz bei und hinterlässt ein positives Erbe für zukünftige Generationen. Indem Unternehmen Verantwortung für ökologische und soziale Aspekte übernehmen, tragen sie dazu bei, eine nachhaltige und lebenswerte Zukunft zu gestalten. Insgesamt ist eine klare, umfassende und nachhaltige Veränderungskommunikation von entscheidender Bedeutung für ein erfolgreiches Change-Management.

Definition

Veränderungskommunikation bezieht sich auf den Austausch von Informationen und Ideen zwischen Führungskräften und Mitarbeitenden, um Change-Prozesse im Unternehmen effektiv zu kommunizieren und umzusetzen. Ziel ist es, Ängste und Unsicherheiten abzubauen und die Mitarbeitenden auf Change vorzubereiten, um ein reibungsloses Veränderungsmanagement sicherzustellen.

BEISPIELE

Ein Beispiel für erfolgreiche Veränderungskommunikation ist Anna, Geschäftsführerin der traditionsreichen mittelständischen Bäckereikette LeckerBrot, die sie in vierter Generation zusammen mit ihrem Mann führt. Als sich das Unternehmen auf die Einführung eines neuen IT-Systems vorbereitet, ist Anna besorgt darüber, wie die Mitarbeitenden auf die Veränderung reagieren werden. Sie organisiert Schulungen und Workshops, die vor der Einführung stattfinden, um den Mitarbeitenden Angst vor dem Neuen zu nehmen und genügend Zeit zu lassen, sich im neuen System zurechtzufinden sowie die Vorteile des neuen Systems schätzen zu lernen. Sie bietet auch regelmäßige Unterstützung an und bittet um ehrliches Feedback.
Anna sorgt dafür, dass alle Mitarbeitenden frühzeitig und umfassend über die Veränderungen informiert und dass deren Fragen und Bedenken ernst genommen werden. Sie betont die Vorteile des neuen Systems und stellt sicher, dass die Mitarbeitenden die notwendigen Ressourcen und Schulungen zur richtigen Zeit erhalten, sodass sie das Gefühl haben, mit der Veränderung mitgehen und ihre Probleme, Herausforderungen und Kritik anbringen und Gehör dafür finden zu können.
Dank der erfolgreichen Veränderungskommunikation kann das Unternehmen das neue IT-System effektiv einführen und die Mitarbeitenden akzeptieren die Veränderungen positiv. Die Mitarbeitenden fühlen sich unterstützt und frühzeitig in den Veränderungsprozess einbezogen, was zu einer höheren Motivation und einer positiven Arbeitsatmosphäre führt. Durch die frühe Einbeziehung fühlten sich alle Mitarbeitende von Beginn an beteiligt, auch diejenigen, die nur mittelbar in die Entscheidungsprozesse einbezogen waren, da sie durch die Information von Kollegen immer auf dem aktuellen Stand der Veränderung waren.
RHI Magnesita ist ein herausragendes Beispiel für erfolgreiche Change-Kommunikation während einer Fusion. Um die Kommunikation im neu fusionierten globalen Unternehmen zu optimieren, wurde ein neues Kommunikationstool eingeführt,

das allen Mitarbeitenden weltweit direkten Zugriff auf Informationen ermöglichte. Diese Informationen waren sowohl global als auch standort- und abteilungsspezifisch verfügbar.

Um die neue Unternehmenskultur nicht nur zu etablieren, sondern auch zu stärken und in das gesamte Unternehmen zu integrieren, wurden sogenannte Cultural Champions ernannt. Diese Mitarbeitenden, die aus verschiedenen Abteilungen und Ländern stammten, spielten eine wichtige Rolle bei der Förderung der neuen Kultur in ihren jeweiligen Werken und Standorten. Sie trugen dazu bei, die Veränderungen zu unterstützen und die Mitarbeitenden aktiv einzubeziehen. Die Kommunikation mit den Cultural Champions erfolgte kontinuierlich über die Mitarbeiter-App »myRHIMagnesita«.

Die Einführung des neuen Kommunikationstools und die Ernennung der Cultural Champions waren entscheidende Schritte, um eine erfolgreiche Change-Kommunikation während der Fusion zu gewährleisten. Durch die direkte Verfügbarkeit von Informationen und die aktive Beteiligung der Cultural Champions konnten die Mitarbeitenden über alle Ebenen hinweg besser informiert werden und sich stärker in den Veränderungsprozess einbringen. Dies schaffte ein Gefühl der Zusammengehörigkeit und des Engagements, während das Unternehmen seine neue Identität formte.

Quelle: https://staffbase.com/blog-de/interne-kommunikation-beispiele/#change-kommunikation

---

TIPPS

1. Vermeide Geheimniskrämerei und sorge für eine transparente Kommunikation. Stelle sicher, dass alle Mitarbeitenden frühzeitig und umfassend über Veränderungen informiert werden. Höre den Mitarbeitenden zu und nimm ihre Bedenken ernst. Stelle sicher, dass Du ihre Perspektiven verstehst, und beziehe sie aktiv in den Veränderungsprozess mit ein.
2. Vermittle eine klare Vision und Ziele, um die Mitarbeitenden auf die Veränderungen vorzubereiten. Erkläre, wie die Veränderungen das Unternehmen verbessern und welche Vorteile sie für die Mitarbeitenden haben werden.
3. Stelle sicher, dass die Mitarbeitenden die notwendigen Ressourcen und Schulungen erhalten, um sich auf die Veränderungen vorzubereiten. Biete Unterstützung und Feedback an, um sicherzustellen, dass sie erfolgreich mit den Veränderungen umgehen können.

5.1.6 Die Stimme der Mitarbeitenden: Erfolgreiche nachhaltige Strategien für Feedback

Mitarbeiterfeedback und -umfragen sollten regelmäßig durchgeführt werden, um kontinuierlich Feedback von den Mitarbeitenden zu erhalten und das Arbeitsumfeld entsprechend anzupassen. Eine offene und transparente Kommunikation der Ergebnisse zwischen Mitarbeitenden und Führungskräften und der nachfolgend geplanten Veränderungen ist hierbei unerlässlich.

Wie aber lassen sich Mitarbeiterumfragen nachhaltig durchführen? Folgende Punkte können dabei berücksichtigt werden:

- Klare und spezifische Ziele für die Mitarbeiterumfrage festlegen, um gezielt Informationen zu sammeln und konkrete Maßnahmen ableiten zu können.
- Sicherstellen, dass die Umfrage anonym und vertraulich durchgeführt wird, um eine ehrliche und offene Rückmeldung von den Mitarbeitenden zu erhalten.
- Den Zweck und die Bedeutung der Umfrage transparent kommunizieren, um das Verständnis und die Motivation der Mitarbeitenden zur Teilnahme zu fördern.
- Sorgfältig ausgewählte Fragen stellen, die auf die spezifischen Anliegen und Bedürfnisse der Mitarbeitenden abzielen und relevante Aspekte der Nachhaltigkeit im Unternehmen abdecken.
- Sicherstellen, dass die Umfrage die Vielfalt der Belegschaft berücksichtigt und inklusiv ist, um unterschiedliche Perspektiven einzubeziehen.
- Die Umfrage sollte gut strukturiert und verständlich sein, um Missverständnisse zu vermeiden und die Teilnahmebereitschaft der Mitarbeitenden zu erhöhen.
- Verschiedene Antwortmöglichkeiten bieten, um den individuellen Erfahrungen und Meinungen der Mitarbeitenden gerecht zu werden (z. B. Mehrfachauswahl, Freitext).
- Ausreichend Zeit für die Mitarbeitenden zur Beantwortung der Umfrage einplanen, um sicherzustellen, dass sie die Möglichkeit haben, sorgfältig und umfassend zu antworten.
- Die Ergebnisse der Umfrage transparent und zeitnah auswerten und den Mitarbeitenden Rückmeldung geben, um die Bedeutung ihrer Teilnahme zu würdigen und Vertrauen aufzubauen.
- Basierend auf den Umfrageergebnissen konkrete Maßnahmen ableiten und die Ergebnisse sowie die geplanten Maßnahmen mit den Mitarbeitenden teilen, um Transparenz und Partizipation zu fördern.

Definition

Mitarbeiterfeedback beinhaltet Instrumente der Personalentwicklung, die eingesetzt werden, um Feedback von Mitarbeitenden über ihre Zufriedenheit, Arbeitsbedingungen, Arbeitsprozesse und Unternehmenskultur zu sammeln. Ziel ist es, den Bedürfnissen und Erwartungen der Mitarbeitenden gerecht zu werden, das Arbeitsumfeld zu verbessern und die Mitarbeiterzufriedenheit und -motivation zu erhöhen.

BEISPIEL

Das Unternehmen ChipChat hatte beschlossen, eine Mitarbeiterumfrage durchzuführen, um herauszufinden, wie die Mitarbeitenden die Unternehmenskultur wahrnehmen und wo es Verbesserungsbedarf gibt. Die Mitarbeitenden wurden gebeten, anonym an der Umfrage teilzunehmen und ihre Meinungen und Anregungen zu verschiedenen Themenbereichen wie Führungsstil, Zusammenarbeit im Team und Arbeitsbedingungen mitzuteilen.
Aufgrund der Umfrageergebnisse konnten konkrete Maßnahmen zur Verbesserung des Arbeitsumfelds ergriffen werden. So wurden beispielsweise Schulungen zur Verbesserung der Führungskompetenzen angeboten und die Kommunikation zwischen den Teams verbessert. Auch die Arbeitsbedingungen wurden optimiert, indem ergonomische Arbeitsplätze und eine angenehme Arbeitsatmosphäre geschaffen wurden. Die Mitarbeitenden gaben als Feedback, dass sie es gut fanden, dass die Umfrage anonym stattfand, so, meinten sie, hätten sie viel offener ihre Meinung gesagt, gar nicht mal böse oder sehr kritisch, sondern einfach so, wie sie

dachten. Das gab ihnen nicht nur das Gefühl der Erleichterung, Gehör zu finden für ihre Anliegen, sondern auch das Gefühl, dass sie dem Unternehmen wichtig sind. Sie sagten allerdings auch, dass sie die Umfrage langfristig nur dann gut finden, wenn die Ergebnisse transparent gemacht werden für alle Mitarbeitenden sowie offen von der Geschäftsleitung diskutiert und entsprechend der Machbarkeit umgesetzt werden. Die Umfrage sollte regelmäßig wiederholt und die Veränderungen bzw. das, was geändert werden soll, mit Messkriterien hinterlegt werden, um sicherzustellen, dass die Befragung erfolgreich war bzw. auch deutlich wird, wo man noch nachjustieren muss.

TIPPS

1. Bevor Du eine Mitarbeiterumfrage durchführst, solltest Du klare Ziele definieren. Überlege, welche Informationen Du benötigst und welche Ziele Du mit der Umfrage erreichen möchtest.
2. Stelle sicher, dass die Mitarbeitenden ihre Meinung in der Befragung frei äußern können, indem Du Anonymität und Vertraulichkeit gewährleistest. So erhöhst Du die Beteiligung an der Umfrage und erhältst ehrliches Feedback.
3. Teile die Ergebnisse der Umfrage mit den Mitarbeitenden und zeige, dass Du ihre Meinungen ernst nimmst. Erkläre, welche Maßnahmen aufgrund des Feedbacks ergriffen werden, und halte sie auf dem Laufenden, welche Ergebnisse bereits erzielt wurden.

5.1.7 Digitale vs. analoge Instrumente: Die richtige Wahl für die interne nachhaltige Kommunikation

Nicht jedes Kommunikationsinstrument eignet sich für jeden Zweck. Es gibt gute Gründe, auf analoge oder digitale Kommunikationsinstrumente zurückzugreifen. Digitale Plattformen wie Intranets, interne Chat-Tools oder soziale Kollaborationsplattformen erleichtern und beschleunigen die interne Kommunikation. Dadurch werden gleichzeitig Papierverbrauch und der Bedarf an gedruckten Materialien reduziert. Wichtig dabei ist, dass Informationen regelmäßig und transparent kommuniziert werden, um Missverständnisse und Informationsverluste zu vermeiden. Durch klare und präzise Mitteilungen können E-Mails und andere digitale Kommunikationsmittel effizienter genutzt werden.

Wichtig sind Schulungen und Weiterbildungen zu neuen digitalen Kommunikationsinstrumenten, um sicherzustellen, dass Mitarbeitende über die erforderlichen Fähigkeiten zum Umgang mit den digitalen Kommunikationsinstrumenten verfügen. Dadurch können Missverständnisse und ineffiziente Kommunikationspraktiken reduziert werden. Ein Vorteil von digitalen Kommunikationsinstrumenten ist die vereinfachte Möglichkeit für Feedback und Dialog zwischen Mitarbeitenden und Führungskräften.

Analoge Instrumente wie Mitarbeiterzeitschriften, Plakate und Meetings haben gegenüber digitalen Kommunikationsinstrumenten den Vorteil, dass sie persönlicher und greifbarer sind. Mitarbeitende können sich bei Meetings direkt austauschen und bekommen durch Mitarbeiterzeitschriften einen Einblick in das Unternehmen und seine Werte. Ein Beispiel wäre die wöchentliche Mitarbeiterbesprechung, bei der alle Mitarbeitenden ihre Anliegen und Ideen zur Sprache bringen können, womit eine offene und transparente Kommunikationskultur gefördert und jedem Mitarbeitenden sichtbar eine Stimme gegeben werden.

Letztendlich ist es wichtig, die passenden Instrumente für die jeweilige Organisation und ihre Bedürfnisse zu wählen. Eine Kombination aus digitalen und analogen Instrumenten kann dabei helfen, eine erfolgreiche interne Kommunikation zu gewährleisten und somit den Erfolg des Unternehmens zu fördern.

Definition

Durch eine gezielte und effiziente Wahl und Nutzung interner digitaler oder analoger Kommunikationsinstrumente können Unternehmen Ressourcen schonen, die Mitarbeiterzufriedenheit verbessern und eine nachhaltige Unternehmenskultur fördern.

BEISPIEL

Ein Beispiel für den Einsatz digitaler und analoger Kommunikationsinstrumente ist das Unternehmen Palmberg, einer der erfolgreichsten Büromöbelhersteller Europas. Palmberg verwendet sowohl digitale als auch analoge Kommunikationsinstrumente, um mit potenziellen Kunden zu interagieren und ihnen ihre Dienstleistungen zu präsentieren.

- Digitale Kommunikationsinstrumente:
  - Website – Palmberg betreibt eine benutzerfreundliche Website, auf der potenzielle Kunden Informationen über die Produkte, das Unternehmen selbst und die Büroplanung im Allgemeinen bekommen. Außerdem kann man sich über Händler informieren.
  - E-Mail-Marketing – das Unternehmen sammelt E-Mail-Adressen von Interessenten und Kunden, um regelmäßige Newsletter zu versenden. Dieser wöchentliche Newsletter namens inperspective snacks beinhaltet exklusive Interviews, spannende Projekte, allerhand Perspektiven, den bekannten Witz, die wichtigsten Zahlen und Fakten

  - Social Media – Palmberg nutzt Plattformen wie Instagram, Facebook, Pinterest, YouTube, Xing und LinkedIn, um Informationen über das Unternehmen und seine Produkte zu teilen. Dies ermöglicht es dem Unternehmen, eine Community aufzubauen und mit potenziellen Kunden in Kontakt zu treten.
- Analoge Kommunikationsinstrumente:
  - Messen – Palmberg nimmt an unterschiedlichen Messen und Veranstaltungen teil. Im Rahmen der Architect@Work Messen ist Palmberg an drei deutschsprachigen Standorten sowie in Kortrijk und Amsterdam mit einem neuen Standkonzept vertreten, um auf diesem Fachevent seine Produktinnovationen direkt vor Ort zu präsentieren.
  - Showrooms – in den Showrooms Arbeitswelten mit Wohlfühlcharakter von Palmberg erhalten die Kunden Anregungen für ihre Büroplanung. Neben Einrichtungsideen für eine zeitgemäße Gestaltung von Einzel- oder Doppelarbeitsplätzen zeigt PALMBERG weitere Lösungen aus unterschiedlichen Themenbereichen für eine moderne Bürogestaltung.

Quelle: https://palmberg.de/de/architectwork-2023; https://inperspective.palmberg.de/ueber-inperspective

TIPPS

1. Nutze digitale Instrumente wie interne Social-Media-Plattformen oder Chats, um schnell und effektiv mit Deinen Mitarbeitenden zu kommunizieren und sie auf dem Laufenden zu halten.
2. Setze auch auf analoge Instrumente wie Mitarbeitendenzeitschriften oder Meetings, um eine persönliche und direkte Kommunikation zu fördern und ein Gefühl der Zusammengehörigkeit zu schaffen. Kombiniere digitale und analoge Instrumente, um eine abwechslungsreiche und ganzheitliche Kommunikationsstrategie zu schaffen, die die Bedürfnisse aller Mitarbeitenden berücksichtigt.
3. Stelle sicher, dass alle Mitarbeitenden Zugang zu den genutzten Instrumenten haben, und gib ihnen eine klare Anleitung zur Nutzung. Schulungen oder Workshops können hierbei helfen, um die Akzeptanz und das Verständnis für die Instrumente zu erhöhen.

5.1.8 Effektive interne Kommunikation im digitalen Zeitalter: Intranet und andere Plattformen nachhaltig nutzen

Ein Beispiel für den Einsatz von Intranets ist die Nutzung von Wikis zur Dokumentation von internen Prozessen und Arbeitsabläufen. Die Mitarbeitenden können so schnell und einfach auf wichtige Informationen zugreifen und ihre Arbeitsprozesse optimieren. Neben Intranets gibt es auch weitere digitale Kommunikationsplattformen wie Chats, Video-Konferenzen und Collaboration-Tools, die den Austausch und die Zusammenarbeit innerhalb des Unternehmens erleichtern. Der Einsatz dieser Plattformen kann dabei helfen, die Effizienz zu steigern, die Kommunikation zu verbessern und die Mitarbeiterzufriedenheit zu erhöhen.

Um digitale interne Kommunikationsplattformen nachhaltig zu nutzen, sollte man grundlegend beachten, dass diese für alle Mitarbeitenden einfach zu erreichen und handzuhaben sind, d. h., dass die Angebote auf möglichst wenige Plattformen reduziert, die Kommunikationsregeln klar und die Struktur verständlich sind. Folgende Punkte sollten berücksichtigt werden

1. Das Intranet als zentrale Anlaufstelle für relevante Unternehmensinformationen nutzen, um die Anzahl unnötiger E-Mails oder gedruckter Dokumente zu reduzieren.
2. Digitale Dateiablage und Dokumentenverwaltungssysteme verwenden, um Papierverbrauch zu reduzieren und den Zugriff auf Informationen zu erleichtern.
3. Digitale Plattformen für virtuelle Meetings und Konferenzen nutzen, um Reisekosten und -zeiten zu minimieren sowie den CO2-Ausstoß zu reduzieren.

4. Kollaborative digitale Tools wie Projektmanagementplattformen, Wikis oder Online-Dokumente verwenden, um die Zusammenarbeit und den Austausch von Informationen zu erleichtern und doppelte Arbeit zu vermeiden.
5. Interaktive Funktionen des Intranets nutzen, wie Kommentarfunktionen oder Diskussionsforen, um einen Dialog und Wissensaustausch zwischen Mitarbeitenden zu fördern.
6. Das Intranet personalisieren, indem Mitarbeitende relevante Inhalte basierend auf ihren Interessen und Zuständigkeitsbereichen erhalten, um die Informationsflut zu reduzieren und die Effizienz zu steigern.
7. Das Intranet und andere digitale Plattformen für mobile Geräte optimieren, um die Flexibilität und Erreichbarkeit der Mitarbeitenden zu verbessern und die Nutzung von Desktop-Computern oder Ausdrucke zu verringern.
8. Mitarbeitende in der effektiven Nutzung digitaler Kommunikationsplattformen schulen und kontinuierlichen Support anbieten, um sicherzustellen, dass sie die verfügbaren Funktionen optimal nutzen können.
9. Die Sicherheit sensibler Daten und Informationen durch geeignete Zugriffskontrollen, Verschlüsselung und Schulungen zum sicheren Umgang mit digitalen Plattformen gewährleisten.
10. Den Energieverbrauch und die Ressourcennutzung der digitalen Plattformen überwachen und optimieren, beispielsweise durch die Verwendung energieeffizienter Server oder die Nutzung erneuerbarer Energiequellen für den Betrieb.

Es sollten klare Regeln für die Nutzung und den Umgang mit den Plattformen aufgestellt werden, um eine effektive Zusammenarbeit zu gewährleisten.

Definition

Ein Intranet ist ein internes Netzwerk innerhalb eines Unternehmens, das die Mitarbeitenden miteinander verbindet und den Austausch von Informationen, Daten und Dokumenten ermöglicht. Es ist nur für interne Nutzer zugänglich und dient zur Optimierung der Kommunikation und Zusammenarbeit innerhalb des Unternehmens.

BEISPIEL

Bei der Weiterbildungseinrichtung Good University klappt die Nutzung der Kommunikationsplattformen noch nicht optimal. Die einzelnen Plattformen haben gute Tools und sind sinnvoll aufgebaut. In ihren Möglichkeiten überschneiden sie sich allerdings teilweise. Da die Einrichtung mit ihren virtuellen Angeboten schnell gewachsen ist und seit Monaten Personalmangel herrscht, wurden nur einige der freien Lehrbeauftragten auf den Umgang mit den Tools vorbereitet. Sogar von

den festangestellten Dozenten haben viele keine Einführung erhalten. Mit den Plattformen können die Kollegen unterschiedlich gut umgehen. Es gab auch keine Einführungsveranstaltung, auf der Fragen gestellt werden konnten, es gibt keinen Q&A-Bereich und aktuell auch keine festen Ansprechpartner in Service, HR oder IT, die bei Fragen weiterhelfen könnten. Zudem wurden keine How-to-do-Webinare produziert, die Schritt für Schritt zeigen, wie es geht.
So gibt es auf Moodle unter anderem die Möglichkeit, die Studiengangsteilnehmer anzuschreiben und die Noten einzutragen, auf der Plattform Campusnet gibt es diese Möglichkeiten allerdings auch. Dies führt immer wieder zu Verwirrungen: Mal wurden die Studierenden über einen Stundenausfall durch Krankheit auf der falschen Plattform informiert, auf die sie keinen Zugriff haben, mal werden die Noten dort eingetragen, wo sie das Center für Noten, Zertifikate und Zeugnisse nicht sucht. Mittlerweile hat die uneinheitliche Nutzung so überhandgenommen, dass Studierende ebenso genervt sind wie Dozenten. Da sich aber die Dozenten schlecht bezahlt fühlen und keiner sich zuständig sieht, organisatorische Dinge zu klären und unbezahlte Extrazeit dafür aufzuwenden, passieren diese Missverständnisse mit zunehmendem Personalnotstand immer mehr. Das Ergebnis sind sinkende Anmeldungen – denn die verwirrenden Zustände sprechen sich mittlerweile über die sozialen Medien herum – sowie sinkende Bewerbungen vor allem freier Dozenten und Kandidaten für Verwaltungs- und Servicetätigkeiten, da die Kombination aus niedriger Bezahlung, schlechter Stimmung und fehlenden Ansprechpartnern ebenfalls in den sozialen Medien geteilt wird.

TIPPS

1. Definiere klare Regeln für die Nutzung und den Umgang mit digitalen Kommunikationsplattformen wie Intranets, um eine effektive Zusammenarbeit zu gewährleisten und eine Informationsflut zu vermeiden.
2. Schule Deine Mitarbeitenden im Umgang mit den Plattformen und sensibilisiere sie für die Bedeutung einer sinnvollen und zielgerichteten Nutzung.
3. Nutze die Möglichkeiten von Intranets und anderen digitalen Plattformen, um Prozesse zu optimieren und die Zusammenarbeit zu erleichtern. Dokumentiere interne Prozesse und Arbeitsabläufe in Wikis oder nutze Collaboration-Tools für gemeinsame Projekte.

5.2 Externe Kommunikation: Von Nachhaltigkeitstexten bis zu nachhaltigen Events

Ein Unternehmen, das für Nachhaltigkeitskommunikation steht, ist REI (Recreational Equipment Inc.). Das Unternehmen kenne ich von früheren Trecking-Touren gut und schätze es sehr. REI ist ein amerikanischer Einzelhändler für Outdoor-Ausrüstung und -Bekleidung. Sie legen großen Wert auf Transparenz und Kommunikation in Bezug auf ihre Nachhaltigkeitsbemühungen: REI veröffentlicht regelmäßig Berichte, in denen sie ihre Nachhaltigkeitsziele, Fortschritte und Herausforderungen offenlegen. Diese Berichte informieren die Stakeholder über ihre Bemühungen und ermöglichen eine transparente Kommunikation. REI kommuniziert aktiv mit Kunden über ihre Nachhaltigkeitsziele und ermutigt sie, umweltbewusste Entscheidungen zu treffen. Sie bieten Informationen über nachhaltige Produkte, geben Tipps für Outdoor-Aktivitäten mit geringem ökologischen Fußabdruck und bieten Möglichkeiten zur Zusammenarbeit mit Kunden für Naturschutzprojekte. Das Unternehmen nutzt verschiedene Kommunikationskanäle wie soziale Medien, Pressemitteilungen und Veranstaltungen, um über ihre nachhaltigen Initiativen zu berichten und das Bewusstsein für Umweltfragen zu schärfen. Sie kooperieren auch mit Umweltorganisationen, um gemeinsame Projekte und Kampagnen zur Förderung der Nachhaltigkeit durchzuführen.

Menschen durch nachhaltige Energielösungen zu mehr Selbstbestimmung und Wachstum befähigen: Africa Green Tec
© Africa Green Tec
(Nähere Informationen zur Organisation siehe auch Kap. Abb., Seite 327)

5.2.1 Transparente Verantwortung: Die Bedeutung von Nachhaltigkeitsberichten für Unternehmen und Stakeholder

Nachhaltigkeitsberichte spielen eine wichtige Rolle bei der nachhaltigen externen Kommunikation. Sie ermöglichen es den Unternehmen, ihre nachhaltigen Bemühungen zu kommunizieren und eine Brücke zwischen ihren Aktivitäten und den Bedürfnissen der Stakeholder zu schlagen.[5]

Definition

Nachhaltigkeitsberichte sind umfassende Dokumente, die von Unternehmen, Organisationen oder öffentlichen Einrichtungen erstellt werden, um ihre ökologischen, sozialen und wirtschaftlichen Auswirkungen offenzulegen. Sie dienen dazu, Transparenz zu schaffen, die Fortschritte in Bezug auf Nachhaltigkeitsziele zu kommunizieren und die Rechenschaftspflicht gegenüber den Stakeholdern zu erfüllen.

BEISPIEL

Ein Beispiel für die Bedeutung von Nachhaltigkeitsberichten ist GreenTech. Die Firma entwickelt und vertreibt erneuerbare Energiequellen. In ihrem Nachhaltigkeitsbericht dokumentiert GreenTech ihre Bemühungen, die CO2-Emissionen zu reduzieren, den Energieverbrauch zu optimieren und soziale Verantwortung zu übernehmen. Der Bericht zeigt auf, wie das Unternehmen seine Nachhaltigkeitsziele erreicht, indem es beispielsweise Solarenergieanlagen in ländlichen Gebieten installiert und Bildungsprogramme für die lokale Bevölkerung anbietet.
Durch die Veröffentlichung des Nachhaltigkeitsberichts erhöht GreenTech die Transparenz und ermöglicht es den Stakeholdern, die Auswirkungen des Unternehmens auf die Umwelt und die Gesellschaft besser zu verstehen. Investoren können die Berichte nutzen, um ihre Anlageentscheidungen zu treffen, während Kunden die Informationen verwenden können, um damit ihre Kaufentscheidungen für nachhaltige Produkte zu stützen. Die Nachhaltigkeitsberichte dienen auch als Instrument zur Selbstreflexion für GreenTech, um Verbesserungspotenziale zu identifizieren und weiterhin nachhaltige Praktiken zu fördern.

5 Eine detaillierte Beschreibung zum Aufbau eines Nachhaltigkeitsberichts finden Sie auf myBook+.

TIPPS

1. Beginne frühzeitig: Starte mit der Planung und Umsetzung der Nachhaltigkeitsberichte bereits zu Beginn des Geschäftsjahres. Dies ermöglicht, systematisch Daten und Informationen zu sammeln und eine umfassende und aussagekräftige Darstellung der Nachhaltigkeitsleistungen zu erstellen.
2. Binde Deine Mitarbeitenden aktiv in den Berichtsprozess ein, indem Du regelmäßige Meetings und Workshops zur Nachhaltigkeit abhältst, um relevante Daten zu erheben und ihre Ideen und Perspektiven zu integrieren. Benenne Nachhaltigkeitsbeauftragte und statte sie mit Kompetenz, Zeit und Budget aus.
3. Kommuniziere die Ergebnisse aktiv: Nutze verschiedene Kommunikationskanäle, um die Nachhaltigkeitsberichte zu teilen. Veröffentliche den Bericht auf der Website, teile relevante Informationen in den sozialen Medien und organisiere Veranstaltungen, um mit den Stakeholdern in einen Dialog zu treten. Zeige stolz, was Du erreicht hast, und inspiriere andere dazu, ebenfalls nachhaltige Maßnahmen zu ergreifen.

5.2.2 Von Visionen zu Taten: Nachhaltigkeitskommunikation als Schlüssel für erfolgreiche Ziele

Das Definieren von Zielen spielt eine zentrale Rolle bei der Förderung von Nachhaltigkeit und dient als Leitfaden für Unternehmen, Organisationen und Einzelpersonen. Durch die externe Kommunikation von Nachhaltigkeitszielen können sie ihre Vision und ihr Engagement für eine umweltfreundliche und sozial verantwortliche Zukunft klar vermitteln. Damit können auch andere Unternehmen und Organisationen inspiriert werden, ähnliche Ziele zu verfolgen und nachhaltiges Handeln in ihre eigenen Tätigkeitsbereiche zu integrieren. Auf diese Weise trägt die klare Definition von Zielen zur Schaffung einer breiteren Bewegung für Nachhaltigkeit bei – angefangen bei den Partner- und Mitbewerberunternehmen.

Definition

Für die Nachhaltigkeitskommunikation ist vorab die Definition von nachhaltigen Zielen erforderlich. Zieldefinition bezieht sich dabei auf den Prozess der klaren und präzisen Formulierung von Zielen, die eine Organisation, ein Team oder eine Einzelperson erreichen möchte.

BEISPIELE

EcoTech hat sich auf die Entwicklung und Herstellung von nachhaltigen Verpackungsmaterialien spezialisiert. Um ihre Bemühungen in Richtung Nachhaltigkeit zu verstärken, definiert EcoTech klare Ziele, wie die Reduzierung des CO2-Fußabdrucks, den Einsatz recycelter Materialien und die Förderung von sozialen Projekten in Gemeinden. Indem EcoTech diese Ziele kommuniziert, schafft das Unternehmen Bewusstsein und Vertrauen bei seinen Mitarbeitenden, Kunden, Partnern und anderen Stakeholdern. Die klare Definition der Ziele zeigt allen, dass EcoTech seine Verantwortung ernst nimmt und bestrebt ist, positive Veränderungen in der Verpackungsindustrie voranzutreiben.
GROHE ist ein Vorreiter in der erfolgreichen Nachhaltigkeitskommunikation und übertrifft sogar seine Nachhaltigkeitsziele. Nachhaltigkeit ist fest in der Strategie von GROHE verankert und basiert auf einem umfassenden 360-Grad-Nachhaltigkeitsansatz, der Mitarbeitende, Lieferanten, Kunden, Prozesse, Produkte und den gesellschaftlichen Beitrag gleichermaßen berücksichtigt. Alle Informationen zu diesem Nachhaltigkeitsansatz hat der weltweit führende Anbieter von Sanitärarmaturen in seinem dritten offiziellen Bericht veröffentlicht.
GROHE wurde in den letzten Jahren für sein Nachhaltigkeitsengagement mit zahlreichen Auszeichnungen geehrt. Fünf Mal hat die Marke Spitzenplatzierungen beim Deutschen Nachhaltigkeitspreis erreicht. Im Jahr 2021 wurde GROHE sogar doppelt ausgezeichnet: Das Wassersystem GROHE Blue erhielt den ersten Deutschen

Nachhaltigkeitspreis Design in der Kategorie »Ikonen« und das Unternehmen war auch Preisträger in der Kategorie »Ressourcen«. 2017 wurde GROHE mit dem CSR-Preis der Bundesregierung ausgezeichnet und im gleichen Jahr in das »Change the World«-Ranking des US-Wirtschaftsmagazins Fortune aufgenommen. Dieses Ranking umfasst 50 internationale Unternehmen, deren Geschäftsstrategie nachweislich positive Auswirkungen auf die Gesellschaft hat. Im September 2019 wurde GROHE Co-CEO Thomas Fuhr mit dem B.A.U.M.-Umwelt- und Nachhaltigkeitspreis geehrt, einer der renommiertesten Nachhaltigkeitsauszeichnungen in Deutschland. Um seine nachhaltige Ausrichtung noch transparenter zu machen, hat GROHE als erstes Unternehmen der Sanitärbranche eine Entsprechenserklärung zum Deutschen Nachhaltigkeitskodex (DNK) abgegeben. Zusätzlich informiert die GROHE-Nachhaltigkeitsbroschüre umfassend über alle nachhaltigen Produkte und Technologien von GROHE sowie über das außerhalb des Kerngeschäfts unternommene Engagement des Unternehmens.
Quelle: https://www.grohe.com/de/corporate/ueber-grohe/nachhaltigkeit/principles.html

TIPPS

1. Definiere eine inspirierende Vision für Nachhaltigkeit und kommuniziere diese mit Leidenschaft. Veranschauliche, wie Nachhaltigkeit einen positiven Einfluss auf die Umwelt, die Gesellschaft und das Unternehmen haben kann, um Mitarbeitende und Stakeholder zu motivieren.
2. Formuliere spezifische, messbare, erreichbare, relevante und zeitgebundene (SMART) Ziele für Nachhaltigkeit. Lege konkrete Meilensteine fest, die es ermöglichen, den Fortschritt zu messen und das Engagement aufrechtzuerhalten.
3. Verwende Geschichten und Beispiele, um die Auswirkungen von Nachhaltigkeitszielen anschaulich zu machen. Erzähle Erfolgsgeschichten über bereits erreichte Ziele, um andere zu inspirieren und das Bewusstsein für Nachhaltigkeit zu stärken.

5.2.3 Grüne Verführung: Nachhaltiges Marketing und die Macht der grünen Werbung

Nachhaltiges Marketing und grüne Werbung spielen eine immer wichtigere Rolle in der Wirtschaft: Diese helfen Unternehmen nicht nur, ihre Markenwahrnehmung zu verbessern, sondern auch die Kundenzufriedenheit zu steigern und langfristige Kundenbindungen aufzubauen. Durch die Integration von Nachhaltigkeit in ihre Marketingstrategien können Unternehmen einen positiven Beitrag zur Umwelt leisten und gleichzeitig ihre Wettbewerbsfähigkeit stärken.

Definition

Nachhaltiges Marketing bezieht sich auf Marketingstrategien und -praktiken, die darauf abzielen, langfristigen Erfolg zu erreichen, indem sie Umweltverträglichkeit, soziale Verantwortung und wirtschaftliche Rentabilität berücksichtigen. Grüne Werbung bezieht sich speziell auf Werbeaktionen und -kampagnen, die auf umweltfreundliche Produkte, Dienstleistungen oder Unternehmenspraktiken hinweisen und die Verbraucher dazu ermutigen, umweltbewusste Entscheidungen zu treffen.

BEISPIELE

Ein Beispiel für grüne Werbung ist das Fashionunternehmen HeiLO, das seine Kampagnen auf umweltfreundliche Materialien und faire Arbeitsbedingungen ausrichtet. Statt nur die Produkte zu bewerben, hebt die Werbung die Nachhaltigkeitsinitiativen des Unternehmens hervor, wie beispielsweise die Verwendung von recycelten Materialien oder die Zusammenarbeit mit sozialen Projekten. Die Kampagne ermutigt die Verbraucher dazu, bewusste Kaufentscheidungen zu treffen,

und unterstützt die Botschaft des Unternehmens, dass Mode auch umweltverträglich sein kann.

Edeka, der größte deutsche Lebensmitteleinzelhändler seit der Übernahme von Spar und Netto im Jahr 2006, hat sich dem nachhaltigen Handeln verpflichtet. Langfristig strebt Edeka an, das nachhaltige Handeln auf allen Unternehmensebenen weiter auszubauen und zu intensivieren. Bereits 2009 startete Edeka eine Kooperation mit dem WWF, um nachhaltige Produktlinien schrittweise aufzubauen und sowohl diese Produkte als auch die Partnerschaft mit dem WWF offensiv zu bewerben. Die Kooperation mit dem WWF begann mit dem Fokus auf nachhaltige Fischerei, um der Überfischung der Meere entgegenzuwirken. Die meisten Fischprodukte von Edeka tragen seitdem das weltweit anerkannte MSC-Siegel (Marine Stewardship Council) für

nachhaltigen Fischfang. Im Laufe der Jahre wurde die Zusammenarbeit auf weitere Produktsegmente ausgeweitet und die Partnerschaft vertieft.
Der WWF spielt eine wichtige Rolle dabei, sicherzustellen, dass Umweltbilanzen und neue wissenschaftliche Erkenntnisse über die Produktion von Rohstoffen und Lebensmitteln Einfluss auf die Sortimentsstrategie der Unternehmensfilialen haben. Eigenmarken von Edeka, die strenge ökologische Anforderungen erfüllen, tragen nun das Panda-Logo des WWF. Alle Produkte, die aus Holz oder Papier bestehen, sind entweder FSC-zertifiziert (Forest Stewardship Council) oder bestehen aus recyceltem Material. Zudem setzt Edeka im gesamten Fleischsegment auf heimische, zertifizierte Futtermittel, die ohne Gentechnik erzeugt werden.
Um diese strategische Neuausrichtung zu unterstützen, steigt der Anteil nachhaltiger Lebensmittel im Edeka-Sortiment kontinuierlich an. Dies wird begleitet von einem intensiven Einsatz von nachhaltigem Marketing. Statt sich auf produktbezogene Werbebotschaften zu konzentrieren, werden gezielte Werbemaßnahmen mit informativen Botschaften verbunden, die von Umweltbewusstsein getragen werden. Der Werbeeffekt liegt dabei weniger auf den einzelnen Produkten selbst, sondern vielmehr auf der dahinterstehenden Philosophie der Nachhaltigkeit. Ergänzend dazu setzt Edeka auf Werbekampagnen, die die soziale Nachhaltigkeit betonen und die zwischenmenschlichen Beziehungen zwischen Verbrauchern und Verkäufern in den Mittelpunkt stellen, wie beispielsweise die Botschaft »Wir lieben Lebensmittel«.
Quelle: https://www.business-wissen.de/artikel/marketingstrategie-3-beispiele-fuer-marketing-mit-nachhaltigkeit/

TIPPS

1. Entwickle eine klare Vision und Mission für nachhaltiges Marketing und grüne Werbung. Setze klare Ziele und identifiziere die Bereiche, in denen Dein Unternehmen nachhaltige Praktiken umsetzen kann, sei es durch die Verwendung umweltfreundlicher Materialien oder die Förderung sozialer Projekte.
2. Identifiziere Deine Zielgruppe: Untersuche Deine Zielgruppe genau, um zu verstehen, welche nachhaltigen Werte und Anliegen für sie wichtig sind. Passe Deine Marketingbotschaften entsprechend an und finde Wege, um ihre Bedürfnisse und Werte anzusprechen. Indem Du ihre Werte reflektierst, kannst Du eine tiefere Verbindung zu Deiner Zielgruppe aufbauen.
3. Suche nach Kooperationsmöglichkeiten mit anderen nachhaltigen Unternehmen, Organisationen oder Influencern, um Deine Botschaft zu verstärken. Gemeinsame Marketingaktionen können dazu beitragen, ein größeres Bewusstsein für Nachhaltigkeit zu schaffen und eine breitere Zielgruppe zu erreichen. Zusammenarbeit stärkt die Glaubwürdigkeit und erhöht die Reichweite Deiner Botschaft.

5.2.4 Blick hinter die grüne Fassade: Die Wahrheit über Greenwashing

Greenwashing kann für ein Unternehmen verheerend sein, und das aus verschiedenen Gründen. Erstens führt es zu einem Glaubwürdigkeitsverlust, da es das Vertrauen der Stakeholder beeinträchtigt. Wenn Unternehmen ihre Umweltauswirkungen oder Nachhaltigkeitsbemühungen überbetonen oder übertrieben darstellen, besteht die Gefahr, dass das Publikum sie als unglaubwürdig empfindet. Des Weiteren können Unternehmen auch regulatorische Konsequenzen erleiden, wenn sie irreführende oder falsche Aussagen über ihre Umweltauswirkungen verbreiten. Neben Kunden sind Regulierungsbehörden zunehmend darauf bedacht, Unternehmen daraufhin zu überwachen und sicherzustellen, dass ihre Umweltaussagen der Realität entsprechen. Verstöße gegen Vorschriften können zu Bußgeldern oder anderen rechtlichen Konsequenzen führen. Ein weiterer Grund ist der daraus resultierende Imageschaden. Wenn Kunden, Investoren oder die breite Öffentlichkeit das Gefühl haben, dass ein Unternehmen Greenwashing betreibt – also bewusst täuscht –, kann dies zu einem Rückgang der Nachfrage nach seinen Produkten und Dienstleistungen und damit zu einem Verlust von Kunden und Marktanteilen führen. Verbraucher werden zunehmend sensibilisiert und bevorzugen authentische, nachhaltige Unternehmen. Kunden von heute sind bereit, Unternehmen zu wechseln und für die gleichen Produkte mehr zu zahlen, wenn diese glaubwürdig nachhaltige Praktiken verfolgen.

Definition

Greenwashing bezieht sich auf die Praxis von Unternehmen, sich in der Öffentlichkeit als umweltfreundlich darzustellen, indem sie ihre Umweltauswirkungen oder Nachhaltigkeitsbemühungen positiv darstellen, obwohl sie tatsächlich nur begrenzt oder gar keine echten umweltfreundlichen Maßnahmen ergreifen. Es handelt sich um eine Form der bewussten Irreführung, die darauf abzielt, das positive Image des Unternehmens zu fördern, ohne substanzielle Veränderungen in Richtung Nachhaltigkeit vorzunehmen.

BEISPIELE

Das Bekleidungsunternehmen TransMod behauptet, seine gesamte Produktion sei umweltfreundlich und unter fairen Arbeitsbedingungen erfolgt. Es stellt sich jedoch heraus, dass nur ein kleiner Teil der Produkte tatsächlich nachhaltig hergestellt und der Großteil unter fragwürdigen Bedingungen produziert wird. Diese Enthüllung führt zu einem starken Glaubwürdigkeitsverlust, einem Image-Schaden und einem erheblichen Rückgang der Nachfrage nach den Produkten des Unternehmens.

Zusätzlich drohen regulatorische Konsequenzen und der Verlust von Kunden und Marktanteilen aufgrund des verlorenen Vertrauens.
Das Recycling-Projekt von Nespresso in Bezug auf die Espresso- bzw. Kaffeekapseln wird von Umweltaktivisten kritisiert, insbesondere aufgrund der Intransparenz bezüglich des verwendeten Aluminiums für recycelte Kapseln. Nespresso wirbt derzeit stark mit dem Thema Nachhaltigkeit und Recycling ist ein wichtiger Bestandteil ihrer Nachhaltigkeitsstrategie. Allerdings scheint laut Experten nicht viel daran zu sein. Dem Unternehmen wird Greenwashing vorgeworfen, da den Kunden unzureichende Informationen zum Recycling der Kapseln vermittelt werden. Man möchte den Eindruck erwecken, dass eine recycelte Kapsel aus einer bereits benutzten Kapsel hergestellt wurde, was jedoch stark angezweifelt wird. Es liegt eher nahe, dass es sich um Produktionsabfälle handelt. Nespresso nutzt verschiedene Greenwashing-Methoden, darunter den »sin of no proof«, bei dem Behauptungen zur Nachhaltigkeit und zum Recycling ohne ausreichende Beweise aufgestellt werden.
Quelle: https://fairlier.de/wissen/greenwashing/greenwashing-beispiele/#nespresso

TIPPS

1. Sei ehrlich und transparent: Kommuniziere offen über die tatsächlichen Auswirkungen der Unternehmenspraktiken auf die Umwelt und stelle sicher, dass die Werbeaussagen und Marketingmaterialien den wahren Zustand des Unternehmens widerspiegeln.

2. Lege klare Nachhaltigkeitsziele fest und stelle sicher, dass diese messbar sind. Veröffentliche regelmäßig ungeschönte Berichte über den Fortschritt und die erreichten Ergebnisse, um das Vertrauen der Verbraucher zu gewinnen.
3. Investiere in echte Nachhaltigkeit: Ergreife konkrete Maßnahmen, um die ökologischen Auswirkungen zu reduzieren. Von der Umstellung auf erneuerbare Energien bis hin zur Förderung einer Kreislaufwirtschaft – setze auf langfristige Lösungen, die wirklich positive Veränderungen bewirken.

5.2.5 Kommunizieren für den Wandel: Klima- und Umweltbewusstsein stärken

Das Ziel der Klima- und Umweltkommunikation ist es, Bewusstsein zu schaffen, Wissen zu vermitteln und Menschen dazu zu ermutigen, sich für den Schutz der Umwelt einzusetzen. Durch den offenen Dialog und die Bereitstellung relevanter Informationen können positive Veränderungen auf individueller und gesellschaftlicher Ebene angestoßen werden.

Definition

Klima- und Umweltkommunikation bezieht sich auf die gezielte Übermittlung von Informationen und Botschaften rund um die Themen Klimawandel, Umweltschutz und Nachhaltigkeit. Ziel ist es, Bewusstsein zu schaffen, Verständnis zu fördern, Verhaltensänderungen anzuregen und den Dialog über Lösungen für Umweltprobleme zu ermöglichen.

BEISPIEL

Ein Beispiel dafür ist die Kampagne Green Talks der Umweltorganisation Green Policy Pact. Green Talks zielt darauf ab, Menschen über die Auswirkungen des Klimawandels zu informieren und sie zu Handlungen für den Umweltschutz zu motivieren. Die Kampagne nutzt verschiedene Kommunikationskanäle wie Social Media, öffentliche Veranstaltungen und interaktive Workshops, um die Botschaft zu verbreiten. Durch inspirierende Geschichten von Menschen, die positive Veränderungen bewirkt haben, werden die Zuschauer ermutigt, ihren Beitrag zum Umweltschutz zu leisten. Die Kampagne bietet auch konkrete Tipps und Ressourcen, um den Menschen zu helfen, nachhaltigere Entscheidungen im Alltag zu treffen.

TIPPS

1. Kommuniziere Klima- und Umweltthemen auf eine klare und verständliche Weise, ohne Fachjargon. Verwende einfache Sprache und konkrete Beispiele, um Deine Botschaften für alle zugänglich und ansprechend zu machen.
2. Nutze die Kraft von Geschichten, um Emotionen zu wecken und Menschen zu motivieren. Erzähle inspirierende Geschichten von Unternehmen oder Personen, die erfolgreich nachhaltige Lösungen umgesetzt haben. Verbinde diese Geschichten mit der eigenen Unternehmenskultur und Vision, um ein starkes Narrativ aufzubauen.
3. Schaffe Möglichkeiten für den offenen Austausch und Dialog über Klima- und Umweltthemen. Organisiere interne Diskussionsrunden, Workshops oder öffentliche Foren, um verschiedene Perspektiven einzubeziehen und gemeinsam nach Lösungen zu suchen. Zeige, dass Du bereit bist, zuzuhören und von anderen zu lernen.

5.2.6 Events mit Mehrwert: Nachhaltiges Eventmanagement und verantwortungsvolles Sponsoring

Externe Kommunikation erfolgt auch durch öffentliche Veranstaltungen des Unternehmens, die auf das Markenimage – sowohl positiv als auch negativ – einwirken. Durch nachhaltiges Eventmanagement und -sponsoring können Veranstaltungen nicht nur erfolgreich sein, sondern auch einen positiven Einfluss auf die Umwelt und die Gemeinschaft haben und damit zum grünen Image des Unternehmens beitragen.

Definition

Nachhaltiges Eventmanagement und -sponsoring bezieht sich auf die Planung, Durchführung und Unterstützung von Veranstaltungen und Sponsoring-Aktivitäten unter Berücksichtigung ökologischer, sozialer und wirtschaftlicher Nachhaltigkeitsprinzipien. Es beinhaltet Maßnahmen wie umweltfreundliche Eventgestaltung, Ressourceneffizienz, soziale Verantwortung und die Förderung nachhaltiger Werte bei Sponsoring-Partnerschaften.

BEISPIEL

Ein Beispiel für nachhaltiges Eventmanagement ist eine Konferenz, die darauf abzielt, ihre ökologischen Auswirkungen zu minimieren. Die Veranstalter setzen umweltfreundliche Maßnahmen, wie die Verwendung von recyceltem Papier für Drucksachen, digitale Kommunikation statt gedruckter Materialien, die Bereitstellung von Recyclingstationen und Mehrwegbechern mit kostenfreien Wassergallonen während der Veranstaltung, um. Darüber hinaus wählen sie eine Veranstaltungslocation, die über umweltzertifizierte Gebäude verfügt und leicht mit öffentlichen Verkehrsmitteln erreichbar ist, um den CO2-Fußabdruck zu reduzieren.
Das OMR-Festival legt großen Wert auf Nachhaltigkeit und setzt Maßnahmen ein, um das Event kontinuierlich nachhaltiger zu gestalten. Obwohl es klar ist, dass ein Event in dieser Größenordnung nicht von Natur aus nachhaltig ist, strebt das Festivalteam danach, zu lernen und Schritt für Schritt besser zu werden. Im Rahmen von

#OMR22 hat das Festivalteam genaue Informationen über klimarelevante Daten erfasst, um ein besseres Verständnis für die Emissionen während des Festivals zu erhalten. Mithilfe der Carbon Management Software Cozero wurde der CO2-Fußabdruck auf etwa 14.000 Tonnen CO2-Äquivalente (CO2e) berechnet. Wie bei den meisten Veranstaltungen stammen die Hauptemissionen hauptsächlich aus der Mobilität der Besucher und der Logistik der Aussteller.
Um den Klimaschutz in die Tat umzusetzen, hat das OMR-Festival bereits im Jahr 2019 den CO2-Fußabdruck extern berechnen lassen und die entstandenen Emissionen (13.136 Tonnen CO2e) kompensiert. Während der Coronapause hat das Festivalteam beschlossen, sich statt auf Kompensationszahlungen auf die Reduzierung der durch die Veranstaltung verursachten Emissionen zu konzentrieren und sich jährlich zu verbessern. Das Ziel für den Zeitraum von 2022 bis 2023 besteht darin, die von ihnen direkt beeinflussbaren Emissionen, wie zum Beispiel durch Speisen oder Abfall, um etwa 10 % zu reduzieren. Um die Ziele und Bemühungen transparent zu gestalten, wurde für das Jahr 2022 die erste Klimabilanz des Festivals erstellt, die als Grundlage für zukünftige Maßnahmen dient. Das OMR-Festival wird dabei von ihrem Partner LichtBlick unterstützt.
Quelle: https://omr.com/de/events/omr23/sustainability/

TIPPS

1. Definiere konkrete Ziele für die Veranstaltungen, wie die Reduzierung von Abfall, den Einsatz von umweltfreundlichen Materialien oder die Förderung sozialer Verantwortung. Messe den Fortschritt und kommuniziere die Erfolge.
2. Wähle nachhaltige Veranstaltungsorte: Entscheide Dich für Locations, die über umweltzertifizierte Gebäude verfügen, erneuerbare Energien nutzen oder leicht mit öffentlichen Verkehrsmitteln erreichbar sind. Berücksichtige auch die sozialen Auswirkungen, indem Du lokale Gemeinden einbeziehst oder Veranstaltungen in benachteiligten Gebieten unterstützt.
3. Fördere Ressourceneffizienz: Minimiere den Einsatz von Einwegmaterialien und verwende stattdessen wiederverwendbare oder recycelte Produkte. Implementiere Abfalltrennungssysteme und stelle sicher, dass Recyclingmöglichkeiten für Teilnehmer vorhanden sind. Nutze digitale Kommunikations- und Registrierungssysteme, um den Papierverbrauch zu reduzieren. Verwende energieeffiziente Beleuchtung und Technologien, um den Energieverbrauch zu senken.

5.2.7 Die Macht des Viral-Marketings: Mit Newslettern Kunden im Sturm erobern

Virale E-Mails und Newsletter spielen eine bedeutende Rolle in der digitalen Kommunikation. Diese Formen der elektronischen Post ermöglichen es Unternehmen, Informationen, Ankündigungen und Angebote schnell und effizient an eine breite Zielgruppe zu senden.

Um sicherzustellen, dass Newsletter für Nachhaltigkeit stehen, sollten die folgenden Punkte beachtet werden:

- Wähle relevante Themen wie Umweltschutz, Klimawandel, erneuerbare Energien, fairer Handel usw. und biete aktuelle Informationen.
- Formuliere klare und prägnante Botschaften, die den nachhaltigen Wert Deiner Inhalte verdeutlichen und die Vorteile nachhaltigen Handelns kommunizieren.
- Zeige Authentizität, indem Du Deine eigene Nachhaltigkeitspraxis widerspiegeln und einfließen lässt.
- Gib konkrete Tipps und Ratschläge, wie die Leser nachhaltiger handeln können.
- Erzähle inspirierende Geschichten über Menschen, Unternehmen oder Initiativen, die positive Veränderungen bewirken.
- Achte auf ansprechende grafische Gestaltung, um die Botschaften visuell zu unterstützen.
- Versende Deine Newsletter regelmäßig, um das Interesse und die Bindung der Leser aufrechtzuerhalten.
- Schaffe Möglichkeiten für Interaktion und Feedback, um auf Meinungen und Anregungen einzugehen.
- Verweise auf weiterführende Informationen und Ressourcen zur Vertiefung des Themas Nachhaltigkeit.
- Achte auf Datenschutz und nutze nachhaltige Maßnahmen bei E-Mail-Marketing und Versandoptionen, wenn Du gedruckte Newsletter verwendest.

Definition

Virale E-Mails und Newsletter sind digitale Nachrichten, die aufgrund ihres interessanten, unterhaltsamen oder informativen Inhalts von den Empfängern freiwillig und aktiv geteilt und weitergeleitet werden. Durch die virale Verbreitung erreichen diese E-Mails und Newsletter eine große Anzahl von Menschen und tragen zur Steigerung der Reichweite, Bekanntheit und Kundenbindung bei.

BEISPIEL

Ein Beispiel für eine virale E-Mail-Kampagne, die für Nachhaltigkeit steht und erfolgreich war, ist die »Patagonia Earth Tax Day«-Kampagne von Patagonia. Patagonia, ein Unternehmen für Outdoor-Bekleidung und -Ausrüstung, startete diese Kampagne anlässlich des Earth Day. Die E-Mail wurde an ihre Kunden und Interessenten gesendet und forderte sie auf, anstelle einer Steuerrückerstattung für den Earth Day eine Spende an ausgewählte Umweltorganisationen zu tätigen. Die E-Mail-Kampagne war erfolgreich, da sie das Bewusstsein für Nachhaltigkeit und den Schutz der Umwelt stärkte und eine aktive Beteiligung der Empfänger förderte. Durch die virale Verbreitung der Kampagne teilten die Empfänger die E-Mail mit ihren Netzwerken, was zu einer größeren Reichweite und einem höheren Engagement führte. Ein Beispieltext für das Mailanschreiben findet sich auf myBook+.

TIPPS

1. Verfasse eine Betreffzeile, die sofort das Interesse weckt und zum Öffnen der E-Mail animiert. Nutze Worte wie »exklusiv«, »limitiert« oder »Sonderangebot«, um die Neugier der Empfänger zu wecken und eine hohe Öffnungsrate zu erzielen.
2. Begrenze den Inhalt Deiner E-Mail auf das Wesentliche, auch aufgrund von Nachhaltigkeit, um den CO2-Footprint möglichst niedrig zu halten, und stelle sicher, dass er auf den Punkt gebracht ist. Fokussiere Dich auf eine klare Botschaft oder ein bestimmtes Angebot, um die Aufmerksamkeit der Empfänger zu halten und eine klare Handlungsaufforderung zu geben.

3. Mache es den Empfängern leicht, die E-Mails mit anderen zu teilen und weiterzuleiten. Füge Social-Media-Buttons und einen klaren Aufruf zum Teilen hinzu, um den viralen Effekt zu verstärken und die Reichweite zu erhöhen.

5.2.8 Der virale Erfolg: Meisterhafte Werbekampagnen mit Nachhaltigkeit, die sich wie ein Lauffeuer verbreiten

Virale Werbung und Kampagnen haben in den letzten Jahren stark an Bedeutung gewonnen. Unternehmen setzen vermehrt auf kreative und unterhaltsame Inhalte, die im Internet viral verbreitet werden und dadurch eine große Reichweite erzielen.

Es ist wichtig zu beachten, dass der virale Erfolg nicht garantiert ist. Es gibt zahlreiche Faktoren, die die Viralität beeinflussen, und nicht jede Kampagne wird zum viralen Hit. Dennoch bietet virale Werbung Unternehmen die Möglichkeit, eine große Reichweite zu erzielen und eine starke Bindung zur Zielgruppe aufzubauen.

Definition

Virale Werbung und Kampagnen bezeichnen Marketingstrategien, die darauf abzielen, eine große Anzahl von Menschen in kurzer Zeit zu erreichen und deren Aufmerksamkeit zu gewinnen. Durch die Kombination von kreativem Inhalt, Emotionalität und der Möglichkeit zur einfachen Teilung in sozialen Netzwerken werden virale Werbekampagnen entwickelt, um sich organisch und exponentiell über das Internet zu verbreiten. Die Verbreitung der viralen Kampagne erfolgt über verschiedene Kanäle, darunter soziale Medien, Video-Sharing-Plattformen und Influencer. Die Auswahl der richtigen Plattformen und die gezielte Ansprache der Zielgruppe spielen eine wichtige Rolle für den Erfolg. Eine gute Planung und ein effektives Monitoring der Kampagne ermöglichen es Unternehmen, den Erfolg zu messen und gegebenenfalls Anpassungen vorzunehmen.

BEISPIEL

Die Sportbekleidungsmarke GreenerFit bietet nachhaltige Bekleidung für Laiensportler mit körperlichem und psychischem Handicap an. Das Unternehmen ist noch sehr jung – die Gründung war erst vor ein paar Monaten. Das Unternehmen entwickelt ein Video, das die einzigartige und spektakuläre sportliche Leistung eines Rollstuhlfahrers zeigt, der ihre Kleidung trägt und von seiner Leistung selbst so zu Tränen gerührt ist, dass er sein Lieblingslied anstimmt. Das bewegt fast jeden, der das Video sieht. Die Zuschauer sind begeistert. Das Video wird auf verschiedenen Plattformen, darunter YouTube und soziale Medien, veröffentlicht. Es verbreitet

sich rasch durch das Teilen der Nutzer und erzielt innerhalb kürzester Zeit Millionen von Views.
Die virale Werbekampagne hat für die Sportbekleidungsmarke zahlreiche Vorteile. Zum einen erreicht sie eine enorme Anzahl von Menschen und generiert eine hohe Aufmerksamkeit für die Marke. Zum anderen stärkt sie das Image des Unternehmens, indem es als nachhaltig, innovativ und menschlich wahrgenommen wird. Darüber hinaus sorgt die virale Verbreitung für eine positive Mundpropaganda und kann das Interesse potenzieller Kunden wecken.

TIPPS

1. Sei kreativ und einzigartig: Um aus der Masse herauszustechen, ist Kreativität unerlässlich. Denke außerhalb der Box und entwickle originelle Ideen, die Deine Marke neben dem Nachhaltigkeitsaspekt differenzieren. Mutige und unkonventionelle Ansätze haben das Potenzial, viral zu werden und die Aufmerksamkeit einer breiten Öffentlichkeit zu erregen.
2. Nutze die Macht des Storytellings: Geschichten sind ein effektives Mittel, um Inhalte zu transportieren und eine emotionale Bindung aufzubauen. Verwende das Storytelling-Format, um Deine Nachhaltigkeitsbotschaft zu vermitteln und Deine Zielgruppe zu fesseln. Eine packende Geschichte weckt Neugierde und lässt die Menschen über die Kampagne sprechen.
3. Gezielte Verbreitung und Influencer-Marketing: Wähle die richtigen Kanäle und Plattformen, um Deine virale Kampagne zu verbreiten. Identifiziere einflussreiche Influencer, die ebenfalls Nachhaltigkeit propagieren, und arbeite mit

ihnen zusammen, um Deine Botschaft zu amplifizieren. Eine gezielte Verbreitungsstrategie maximiert die Reichweite und erhöht die Wahrscheinlichkeit, dass Deine Kampagne viral wird.

5.2.9 Die Macht der Community: Erfolgreiches nachhaltiges Community Management und Social Media für Unternehmen

Community Management und Social Media spielen eine wichtige Rolle in der digitalen Kommunikation von Unternehmen. Durch eine gezielte Interaktion mit der Online-Community können Unternehmen eine engere Beziehung zu ihren Kunden aufbauen und ihr Markenimage stärken. Das Community Management umfasst die Pflege und Moderation der Online-Community. Dazu gehört das Beantworten von Kundenanfragen und -beschwerden, aber auch das Aktivieren von Nutzern durch gezielte Aktionen wie Gewinnspiele oder Umfragen. Durch eine regelmäßige und gezielte Interaktion kann das Community Management dazu beitragen, das Vertrauen und die Loyalität der Kunden zu stärken.

Social Media bezieht sich auf die Nutzung von Online-Plattformen wie Facebook, Twitter, Instagram oder LinkedIn, um mit einer Community zu interagieren und Inhalte zu teilen. Eine erfolgreiche Social-Media-Strategie erfordert eine klare Zielgruppendefinition und eine gezielte Ansprache. Dabei sollten Unternehmen nicht nur ihre Produkte bewerben, sondern auch Inhalte teilen, die für ihre Zielgruppe relevant sind und sie ansprechen. Insgesamt bieten Community Management und Social Media Unternehmen die Möglichkeit, direkt mit ihrer Zielgruppe in Kontakt zu treten und ihre Marke zu stärken. Allerdings erfordert dies eine gezielte und kontinuierliche Arbeit, um eine engagierte und loyale Online-Community aufzubauen und zu pflegen. Um Community Management und Social Media für Unternehmen nachhaltig zu gestalten, sollten die folgenden Maßnahmen ergriffen werden:

- Wichtig ist die Definition von klaren Zielen und einer Strategie für das Community Management und die Social-Media-Aktivitäten: Welche Rolle soll sie in der Gesamtstrategie spielen? Daraus können entsprechende Leitlinien entwickelt werden.
- Wertvolle Inhalte sind förderlich für die Bindung der Community: Dazu sollten regelmäßig hochwertige Inhalte geteilt werden, die für die Zielgruppe relevant und nützlich sind und Mehrwert für diese bieten, sei es in Form von Informationen, Unterhaltung oder Lösungen für Probleme.
- Community Management und Social Media sollten als langfristige Aufgaben betrachtet werden, auch wenn es Zeit und Energie für den Aufbau benötigt. Nur so lassen sich nachhaltige Beziehungen zu Followern und Fans aufbauen. Eine stets gepflegte und aktuelle Online-Präsenz ist dabei unerlässlich.

Mit der Identifikation von Influencern und Meinungsführern innerhalb Ihrer Community können diese Verbindungen gestärkt werden.

- Ein verantwortungsbewusster und ethischer Umgang ist wichtig. Bei den Social-Media-Aktivitäten wäre dies insbesondere das Respektieren der Privatsphäre der Community-Mitglieder und das Einhalten von rechtliche Bestimmungen.

Definition

Community Management umfasst die Pflege und Interaktion mit einer Online-Community, um eine Beziehung zwischen der Marke und den Mitgliedern aufzubauen und zu stärken. Social Media bezieht sich auf die Nutzung von Online-Plattformen zur Erstellung und Verbreitung von Inhalten sowie zur Interaktion mit einer Community.

BEISPIELE

Ein Beispiel dafür ist die Social-Media-Strategie von Nike. Die Marke nutzt ihre Social-Media-Kanäle, um ihre Produkte zu bewerben, aber auch um ihre Community zu inspirieren und zu motivieren. Sie teilen Geschichten über Athleten und geben Einblicke in die Entstehung ihrer Produkte. Dadurch schafft Nike ein Gemeinschaftsgefühl unter seinen Followern und fördert die Identifikation mit der Marke.
True fruits ist ein weiteres Beispiel für erfolgreiches Social-Media-Marketing in Unternehmen. Als einer der Marktführer für Smoothies etc. setzt true fruits auf einen ansprechenden und einzigartigen Social-Media-Content, der den gesunden Charakter der Produkte widerspiegelt und gleichzeitig lifestyle-orientiert ist. Besonders aktiv ist true fruits auf Instagram und Facebook: Mit treffenden Sprüchen und beeindruckendem Bildmaterial spricht das Unternehmen genau die Sprache seiner Zielgruppe. Es greift aktuelle Themen und Anlässe auf und geht aktiv auf Fragen und Kommentare der User ein. Diese direkte Interaktion mit den Followern schafft eine starke Kundenbindung. Ein besonderes Highlight ist die Upcycling-Initiative, die durch kreative Social-Media-Kampagnen begleitet wird. Dabei werden leere Smoothie-Flaschen mit stylischen Aufsätzen zu Salzstreuern, Trinkflaschen oder Seifenspendern umfunktioniert. Die Fans werden ermutigt, eigene Upcycling-Ideen unter Verwendung des Hashtags #truefruitsupcycling zu teilen. Diese moderne und authentische Image-Kampagne erfreut sich großer Beliebtheit, wie die hohen Like-Zahlen zeigen.
Quelle: https://www.agorapulse.com/de/blog/erfolgreiche-social-media-kampagnen/

TIPPS

1. Höre zu, was Deine Community sagt und was sie braucht. Achte auf Feedback und stelle sicher, dass Du auf Kommentare und Fragen angemessen reagierst.
2. Sei konsistent in der Kommunikation und stelle sicher, dass Du eine klare Stimme hast. Verwende eine Sprache, die von der Zielgruppe verstanden wird, und stelle sicher, dass die Inhalte konsistent und regelmäßig veröffentlicht werden.
3. Engagiere Dich aktiv in der Community, indem Du Fragen und Kommentare beantwortest und Diskussionen initiierst. Zeige, dass Du wirklich daran interessiert bist, die Community zu unterstützen und ihre Bedürfnisse zu verstehen.

5.2.10 Faszination im Netz: Wie nachhaltige virale Videos die digitale Welt erobern

Eines der Elemente für viralen Erfolg sind virale Videos, diese haben in den letzten Jahren einen beeindruckenden Aufstieg erlebt und sind zu einer der beliebtesten Formen der Online-Unterhaltung geworden. Diese kurzen Clips, die sich in der Regel schnell und weit verbreiten, sind oft humorvoll, skurril oder bemerkenswert und fesseln die Aufmerksamkeit der Internetnutzer.

Definition

Virale Videos sind kurze Videoinhalte, die sich schnell und exponentiell über soziale Medien und andere digitale Plattformen verbreiten. Sie zeichnen sich durch ihren unterhaltsamen, ansprechenden oder überraschenden Inhalt aus, der dazu führt, dass Nutzer diese Videos gerne teilen und weiterverbreiten.

BEISPIELE

Ein gutes Beispiel für ein virales Video, das das Thema Nachhaltigkeit erfolgreich umsetzt, ist das Musikvideo »Earth« von Lil Dicky[6]. Das Video wurde im Jahr 2019 veröffentlicht und hat Millionen von Aufrufen auf YouTube. Es hat eine umfangreiche Besetzung an Prominenten, die im Video animierte Tierfiguren darstellen bzw. sprechen. In Bezug auf Nachhaltigkeit vermittelt das Musikvideo die Botschaft des Umweltschutzes und der Notwendigkeit, unseren Planeten zu bewahren. Jeder Prominente im Video repräsentiert eine bestimmte Tierart und spricht die Auswirkungen von Umweltproblemen an, die diese Tiere und die Erde als Ganzes betreffen. Das Video betont im Einzelnen die Wichtigkeit des Klimaschutzes, des Schutzes der Ozeane, des Kampfes gegen den Klimawandel, der Reduzierung von Plastikmüll und der Erhaltung der Artenvielfalt. Es fordert die Zuschauer auf, sich bewusst zu werden, wie unsere Handlungen den Planeten beeinflussen, und ruft zu kollektivem Handeln auf, um eine nachhaltigere Zukunft zu schaffen.
Durch die kreative Kombination von eingängiger Musik, humorvollen Animationen und der prominenten Besetzung vermittelt das Musikvideo »Earth« von Lil Dicky eine eingängige Botschaft über die Bedeutung von Nachhaltigkeit und Umweltschutz auf unterhaltsame Weise. Es hat dazu beigetragen, das Bewusstsein für Umweltprobleme zu stärken und Menschen zur Veränderung zu inspirieren.

TIPPS

1. Nutze das Potenzial viraler Videos, um die Botschaft Deines Unternehmens auf kreative und unterhaltsame Weise zu vermitteln. Entwickle originelle Ideen und Geschichten, die Menschen berühren und Emotionen wecken, um eine breite Reichweite zu erzielen.
2. Stelle sicher, dass Deine viralen Videos und Animationsfilme auf die Bedürfnisse und Interessen Deiner Zielgruppe zugeschnitten sind. Analysiere deren Demografie, Vorlieben und Verhaltensweisen, um passgenau gestaltete Inhalte zu erstellen, die ihre Aufmerksamkeit gewinnen und eine emotionale Verbindung herstellen.
3. Nutze verschiedene Online-Plattformen und soziale Medien, um Deine viralen Videos und Animationsfilme gezielt zu verbreiten. Identifiziere Kanäle, auf denen Deine Zielgruppe aktiv ist, und teile Deine Inhalte dort. Stelle sicher, dass Du eine klare Call-to-Action hast, um die Zuschauer zum Interagieren zu motivieren.

6 https://www.youtube.com/watch?v=pvuN_WvF1to.

5.2.11 Der Aufstieg der nachhaltigen Viralität: Erfolgsstrategien für nachhaltige Spiele und Apps

Neben Videos haben auch virale Spiele und Apps in den letzten Jahren eine enorme Popularität erlangt und sind zu einem integralen Bestandteil der digitalen externen Kundenkommunikation geworden. Diese interaktiven Anwendungen ziehen die Aufmerksamkeit von Millionen von Nutzern auf der ganzen Welt auf sich und verbreiten sich oft in kürzester Zeit wie ein Lauffeuer.

Spiele und Apps können auf verschiedene Weise nachhaltig gestaltet werden. Hier sind einige innovative Tipps:

- Integrierte Bildungsinhalte über Nachhaltigkeit in Spielen und Apps klären Spieler über Umweltthemen auf und schaffen Bewusstsein für das Thema. Ein Beispiel dafür ist das Spiel »Walden, a game«, das auf Henry David Thoreaus Buch basiert und den Spielern ermöglicht, die Natur zu erkunden und nachhaltige Lebensweisen zu erleben.
- Die Gamification nachhaltiger Praktiken nutzt spielerische Elemente, um nachhaltige Verhaltensweisen zu fördern. Apps wie »Forest« belohnen Nutzer, die ihre Smartphone-Nutzung reduzieren, indem sie virtuelle Bäume pflanzen und dabei helfen, echte Bäume zu pflanzen.
- Eine gute Methode ist die Entwicklung von Spielen und Apps, die virtuelle Simulationen von nachhaltigen Technologien oder umweltfreundlichen Praktiken ermöglichen. Zum Beispiel kann eine App eine virtuelle Solarenergieanlage simulieren und den Nutzern zeigen, wie erneuerbare Energien genutzt werden können.
- Mit kollaborativen und sozialen Aspekten kann die Zusammenarbeit und der Austausch von nachhaltigen Ideen und Handlungen zwischen den Spielern gefördert werden. Eine App wie »ShareTheMeal« ermöglicht es Nutzern, Mahlzeiten für bedürftige Menschen zu spenden und ihre Spenden mit anderen zu teilen.
- Mit Crowdsourcing für nachhaltige Lösungen wird die Kraft der Community genutzt, indem Spieler in den Entwicklungsprozess eingebunden und Ideen für nachhaltige Lösungen gesammelt werden können. Das Spiel »Foldit« ermöglicht Nutzern, durch räumliches Puzzlespiel zur Erforschung von Proteinen und so zu medizinischen Durchbrüchen beizutragen.
- Eine weitere Möglichkeit ist, das Spielgeschehen mit realen Aktivitäten und Aktionen zu verbinden. Die App »Pokemon Go« kombiniert beispielsweise virtuelle Spielelemente mit der physischen Bewegung im Freien, um Spieler dazu zu ermutigen, ihre Umgebung zu erkunden und aktiv zu sein.

Diese innovativen Ansätze zeigen, wie Spiele und Apps nachhaltige Aspekte integrieren können, sei es durch Bildung, gamifizierte Anreize, virtuelle Simulationen oder soziale Interaktion. Durch solche Ansätze können Spiele und Apps nicht nur unterhalten, sondern auch ein Bewusstsein für Nachhaltigkeit schaffen und positive Veränderungen fördern.

Definition

Virale Spiele und Apps sind interaktive Anwendungen, die sich aufgrund ihrer Popularität und der schnellen Verbreitung innerhalb einer großen Nutzerbasis exponentiell ausbreiten. Sie werden von den Nutzern begeistert geteilt und weiterempfohlen, was zu einem viralen Effekt und zu einem erheblichen Wachstum und Erfolg der Spiele und Apps führen kann.

BEISPIEL

Ein Beispiel für ein Grundlagen-Online-Lernspiel ist CODE AND SAFE THE PLANET, das mit dem Google Impact Challenge Award und für das ich als Gründerin der gemeinnützigen GmbH GetYourWings zweimal als CEO eLearning of the Year ausgezeichnet wurde. Die Spielenden erhalten während des Spiels Informationen und Tipps zu Nachhaltigkeit und Umweltschutz, vor allem zur niederschwelligen Umsetzung in ihrem Alltag. Auf einem Spielfeld haben die Spieler die Möglichkeit, durch einfache Programmiercodes und Tätigkeiten bestimmte Maßnahmen im Sinne des Umweltschutzes zu treffen. Dabei geht es unter anderem um das Einsparen von Wasser und Abfallreduzierung. Dies geschieht auf spielerische Art und Weise, bei der die Spieler strategische Züge planen müssen, wobei mit leichten Codierungsreihenfolgen und mathematischen Elementen (Größer als/Kleiner als etc.) experimentiert werden kann. Das Spiel ist kostenlos seit Beginn der Coronapandemie und wird oft an Grundschulen, in der Mittelstufe und in der Jugendhilfe eingesetzt. Es ist als Teamspiel gedacht, nach dem man die Ideen für nachhaltiges Handeln im Alltag in einer Challenge ganz realistisch in die Praxis umsetzt. Das Ziel des Online-Kurses ist die grundlegende Einführung in das Programmieren und ein Verständnis zum Umweltschutz zu schaffen.

TIPPS

1. Entwickle eine einzigartige und kreative Idee für Dein Spiel oder Deine App, die das Potenzial hat, sich von anderen abzuheben und die Aufmerksamkeit der Nutzer zu gewinnen. Denke über ungewöhnliche Spielkonzepte, innovative Funktionen oder unerwartete Anwendungen nach, um einen viralen Effekt zu erzeugen.
2. Stelle sicher, dass Deine App oder Dein Spiel eine benutzerfreundliche Oberfläche und eine intuitive Navigation bietet. Eine einfache und reibungslose Benutzererfahrung erhöht die Wahrscheinlichkeit, dass Nutzer das Spiel oder die App weiterempfehlen und erneut nutzen.
3. Integriere Funktionen, die soziale Interaktion und den Austausch zwischen den Nutzern fördern. Biete Möglichkeiten zur Vernetzung, zum Teilen von Erfolgen oder zum Wettbewerb mit Freunden, um die Viralität Deiner App oder Deines Spiels zu steigern.

5.3 Prinzip der Teilhabe

Wenn ich an Teilhabe denke, fällt mir zuerst Götz Werner, der Gründer von dm, ein. Er hatte die Vision, das Prinzip der Teilhabe in seinem Unternehmen umzusetzen, indem er den Mitarbeitenden die Möglichkeit geben wollte, am Erfolg des Unternehmens teilzuhaben. Er plante, ein Modell einzuführen, bei dem die Mitarbeitenden am Gewinn beteiligt werden sollten, ähnlich wie bei einer Genossenschaft. Allerdings wurde dieses konkrete Teilhabemodell letztendlich nicht umgesetzt. Es gab verschiedene Gründe dafür. Einerseits zeigten sich rechtliche und organisatorische Herausforderungen, da ein solches Modell umfangreiche rechtliche und strukturelle Anpassungen erfordert hätte. Andererseits gab es auch Bedenken hinsichtlich der Umsetzbarkeit und der Auswirkungen auf das Unternehmen. Obwohl das konkrete Teilhabemodell nicht realisiert wurde, hat dm dennoch eine Unternehmenskultur geschaffen, die auf den Werten der Teilhabe und der Mitbestimmung basiert. Die Mitarbeitenden haben Raum für Eigenverantwortung und können aktiv am Unternehmen teilhaben. Dadurch

Diversity Afterwork
© Elevate

wird ein Gefühl der Zugehörigkeit und Motivation gefördert, was sich positiv auf die Arbeitsatmosphäre und den Erfolg des Unternehmens auswirkt.

Ein Beispiel für ein Unternehmen, das konsequent das Prinzip der Teilhabe umsetzt, ist Mondragon Corporation. Es handelt sich um eine spanische Genossenschaft, die 1956 in der Stadt Mondragon im Baskenland, Spanien, gegründet wurde. Die Gründung geht auf die Initiative einer Gruppe von fünfzehn Mitarbeitenden der örtlichen Kooperativen zurück, die eine gemeinsame Vision hatten: Arbeitsplätze zu schaffen und die soziale und wirtschaftliche Entwicklung ihrer Region voranzutreiben. Ursprünglich begann Mondragon mit der Gründung einer Kooperative in der Maschinenbauindustrie. Im Laufe der Jahre hat sich das Unternehmen jedoch diversifiziert und umfasst heute eine breite Palette von Produkten und Dienstleistungen. Zu den Hauptgeschäftsbereichen gehören Maschinenbau, Automobilzulieferung, Elektroindustrie, Finanzdienstleistungen, Einzelhandel und Bildung.

Die Entscheidung, Mondragon als partizipative Unternehmensstruktur aufzubauen, wurde aus sozialen und wirtschaftlichen Gründen getroffen. Die Gründer von Mondragon waren von der Idee der Teilhabe und der gemeinschaftlichen Zusammenarbeit überzeugt. Sie wollten eine Alternative zum traditionellen Unternehmensmodell schaffen, das auf Hierarchie und Ausbeutung basierte. Die partizipative Struktur von Mondragon ermöglicht den Mitarbeitenden eine aktive Beteiligung an Entscheidungsprozessen und eine gerechte Verteilung von Gewinnen und Ressourcen. Dies schafft eine Kultur der Zusammenarbeit, Solidarität und gegenseitigen Unterstützung. Es stärkt das Engagement und die Identifikation der Mitarbeitenden mit dem Unternehmen und fördert eine langfristige wirtschaftliche und soziale Nachhaltigkeit. Die partizipative Ausrichtung von Mondragon ist eng mit den kooperativen Werten und Prinzipien verbunden, die auf demokratischer Teilhabe, sozialer Verantwortung und nachhaltiger Entwicklung basieren. Diese Werte haben es Mondragon ermöglicht, sich zu einer erfolgreichen Unternehmensgruppe zu entwickeln, die sowohl wirtschaftlichen Erfolg als auch soziale Fortschritte erzielt. Nachfolgend sind einige konkrete Maßnahmen aufgelistet, die Mondragon umsetzt, um Teilhabe zu fördern:

- Alle Mitarbeitenden haben die Möglichkeit, Genossenschaftsmitglieder zu werden und damit Mitbestimmungsrechte zu erhalten. Sie können an Entscheidungsprozessen teilnehmen und haben ein Mitspracherecht bei wichtigen Angelegenheiten, wie der Wahl des Managements.
- Die Mitarbeitenden erhalten einen Anteil am Gewinn des Unternehmens. Dies fördert nicht nur die finanzielle Teilhabe, sondern auch das Engagement und die Identifikation der Mitarbeitenden mit dem Unternehmen.
- Mondragon legt großen Wert auf die kontinuierliche Weiterbildung und Entwicklung der Mitarbeitenden. Es werden Schulungen, Workshops und Fortbil-

dungen angeboten, um die Fähigkeiten und Kompetenzen der Mitarbeitenden zu stärken und ihre berufliche Teilhabe zu fördern.

- Innerhalb der Genossenschaft engagiert sich Mondragon für gegenseitige Unterstützung und Solidarität. Es werden soziale Dienstleistungen wie Gesundheitsversorgung, Bildung und finanzielle Unterstützung angeboten, um die soziale Teilhabe der Mitarbeitenden zu gewährleisten.

Durch diese Maßnahmen ermöglicht Mondragon seinen Mitarbeitenden eine umfassende Teilhabe am Unternehmen und fördert eine Kultur der Zusammenarbeit und des gemeinsamen Erfolgs. Das Unternehmen hat gezeigt, dass ein wirtschaftlicher Erfolg und soziale Teilhabe Hand in Hand gehen können.

5.3.1 Die Kraft der Einbindung: Effektive Kommunikation für nachhaltiges erfolgreiches Zusammenarbeiten

Bei dem Prinzip der Teilhabe ist es besonders wichtig, alle relevanten Parteien aktiv einzubeziehen, um eine effektive und transparente Kommunikation zu gewährleisten.

Definition

Bei einer effektiven Kommunikation geht es darum, sicherzustellen, dass alle Beteiligten gehört werden und die Möglichkeit haben, ihre Perspektiven und Meinungen einzubringen.

BEISPIEL

Ein Beispiel ist das Unternehmen FIELDBlau, das eine wichtige strategische Entscheidung treffen muss. Anstatt die Entscheidung ausschließlich im geschlossenen Kreis der Führungsebene zu fällen, entscheidet sich das Unternehmen, den gesamten Kommunikationsprozess zu öffnen und alle Mitarbeitenden einzubeziehen. In regelmäßigen Teammeetings werden die Mitarbeitenden über die bevorstehende Entscheidung informiert und haben die Möglichkeit, Fragen zu stellen und ihre Bedenken oder Ideen auszudrücken. Es wird eine offene Diskussionskultur gefördert, in der jeder seine Meinung frei äußern kann, unabhängig von der Hierarchie. Darüber hinaus werden Feedbackkanäle geschaffen, wie beispielsweise anonyme Umfragen oder Feedbackboxen, in denen Mitarbeitende ihre Gedanken und Vorschläge einbringen können. Dies ermöglicht es auch den introvertierten oder schüchternen Mitarbeitenden, ihre Stimme zu erheben und gehört zu werden.
Basierend auf dem Input und den verschiedenen Perspektiven der Mitarbeitenden wird die Entscheidung weiterentwickelt und verfeinert. FIELDBlau berücksichtigt die verschiedenen Standpunkte und versucht, einen Konsens zu finden, der die Interessen und Bedürfnisse aller einbezieht. Am Ende wird die Entscheidung allen Mitarbeitenden transparent kommuniziert, inklusive der Gründe und des Prozesses, der zu dieser Entscheidung geführt hat. Durch diese umfassende Einbindung entsteht ein Gefühl der Beteiligung und Verantwortung bei den Mitarbeitenden, was zu einer stärkeren Bindung und Motivation führt.

TIPPS

1. Höre aktiv zu und zeige echtes Interesse an den Gedanken und Perspektiven der Mitarbeitenden. Stelle Fragen, um Dein Verständnis zu vertiefen und ihr Engagement zu fördern.
2. Achte darauf, dass verschiedene Perspektiven in den Kommunikationsprozess einbezogen werden. Ermutige die Mitarbeitenden, ihre Sichtweise aus verschiedenen Blickwinkeln zu teilen.
3. Halte die Mitarbeitenden über den Fortschritt und die Ergebnisse des Kommunikationsprozesses auf dem Laufenden. Gib ihnen Feedback über die eingereichten Ideen und erkläre, wie ihre Beiträge zur Entscheidungsfindung beigetragen haben.

5.3.2 Die Evolution des Führungsstils: Holistische Führung und die Macht der Matrix-Organisation in Unternehmen

Holistische Führung in Unternehmen kann dazu beitragen, eine integrative und kooperative Kultur zu fördern, in der alle Mitarbeitenden dazu ermutigt werden, über den Tellerrand hinauszuschauen und sich aktiv an der Erreichung der

Unternehmensziele zu beteiligen. Durch die Berücksichtigung der Gesamtsysteme und das Verständnis der Wechselwirkungen können Führungskräfte strategische Entscheidungen treffen, die das Unternehmen auf langfristigen Erfolg ausrichten.

Ein Beispiel für holistische Führung ist die Anwendung einer Matrix-Organisation. Bei der Matrix-Organisation sind die Mitarbeitenden in funktionsübergreifenden Teams organisiert, in denen sie sowohl an Projekten als auch in Abteilungen arbeiten. Diese Art der Organisationsstruktur ermöglicht es den Mitarbeitenden, verschiedene Fähigkeiten einzusetzen und einen ganzheitlichen Blick auf die Ziele und Bedürfnisse des Unternehmens zu haben.

Um ein Unternehmen holistisch zu führen, ist es wichtig, die Gesamtsysteme und die Wechselwirkungen zwischen den verschiedenen Bereichen zu verstehen. Dies erfordert eine umfassende Analyse der internen Prozesse, der Unternehmenskultur und der externen Einflüsse. Durch diese Analyse können Führungskräfte die Zusammenhänge erkennen und strategische Entscheidungen treffen, die das Unternehmen als Ganzes stärken.

Definition

Holistische Führung, auch bekannt als systemische Führung, bezieht sich auf einen Führungsstil, der die Organisation als Ganzes betrachtet und sich nicht nur auf einzelne Teile oder Abteilungen konzentriert. Dieser Ansatz legt den Schwerpunkt auf die Interaktion und das Zusammenspiel verschiedener Elemente innerhalb des Unternehmens, um Synergien zu schaffen und eine effektive Zusammenarbeit zu fördern.

BEISPIEL

In einem Unternehmen, das sich auf die Entwicklung von Technologieprodukten spezialisiert hat, arbeiten verschiedene Abteilungen wie Entwicklung, Design, Marketing und Vertrieb zusammen, um ein neues Produkt auf den Markt zu bringen. Die Führungskraft erkennt, dass alle Abteilungen miteinander verbunden sind und sich gegenseitig beeinflussen. Sie fördert daher die Zusammenarbeit und den Informationsaustausch zwischen den Abteilungen, um sicherzustellen, dass das Produkt erfolgreich entwickelt, vermarktet und verkauft werden kann. Indem die Führungskraft die Mitarbeitenden ermutigt, über ihre eigenen Abteilungsgrenzen hinweg zu denken und gemeinsam an Lösungen zu arbeiten, werden Synergien geschaffen und das Unternehmen als Ganzes gestärkt.

TIPPS

1. Schaffe eine Kultur der interdisziplinären Zusammenarbeit, in der Mitarbeitende aus verschiedenen Abteilungen zusammenarbeiten und ihr Fachwissen teilen können. Ermutige sie, über ihre eigenen Grenzen hinauszuschauen und gemeinsam innovative Lösungen zu entwickeln.
2. Ermutige Deine Mitarbeitenden dazu, nicht nur ihre eigenen Aufgaben zu erledigen, sondern auch über den Tellerrand zu schauen und die Auswirkungen ihrer Arbeit auf andere Bereiche zu erkennen. Fördere ein Bewusstsein für die Gesamtziele des Unternehmens.

3. Gesamtsystemisches Führen bedeutet, dass alle Ebenen des Unternehmens einbezogen werden müssen. Ermutige Deine Mitarbeitenden auf allen Hierarchieebenen dazu, ihre Ideen und Perspektiven einzubringen, um eine vielfältige und inklusive Unternehmenskultur zu schaffen.

5.3.3 Stimmen der Vielfalt: Minderheitenrechte stärken und Beteiligung fördern

Unternehmen haben erkannt, dass eine diverse Belegschaft mit unterschiedlichen Hintergründen und Perspektiven zu einer besseren Innovationsfähigkeit und einem größeren Wettbewerbsvorteil führen kann. Daher haben viele Organisationen Maßnahmen ergriffen, um Minderheitenrechte zu schützen und ihre Beteiligung zu fördern.

Hierzu gehört beispielsweise die Implementierung von Quotenregelungen, die sicherstellen sollen, dass bestimmte Minderheiten angemessen vertreten sind. Diese Regelungen können beispielsweise vorschreiben, dass eine bestimmte Anzahl von Führungspositionen von Personen aus unterrepräsentierten Gruppen besetzt werden muss. Durch solche Quotenregelungen werden Minderheiten in Entscheidungsprozesse einbezogen und haben die Möglichkeit, ihre Perspektiven einzubringen. Darüber hinaus setzen Unternehmen auch auf Sensibilisierung und Schulung, um Vorurteile und Diskriminierung abzubauen. Durch Schulungen zum Thema Vielfalt und Inklusion werden Mitarbeitende für die Herausforderungen sensibilisiert, mit denen Minderheiten konfrontiert sind, und lernen, wie sie dazu beitragen können, eine positive Arbeitsumgebung zu schaffen.

Insgesamt ist die Wahrung von Minderheitenrechten und die aktive Beteiligung von Minderheiten in Unternehmen ein kontinuierlicher Prozess, der Engagement und Anstrengungen erfordert. Durch gezielte Maßnahmen können Unternehmen dazu beitragen, eine integrative Kultur zu schaffen, in der alle Mitarbeitenden gleiche Chancen haben, ihre Fähigkeiten einzusetzen und zum Erfolg des Unternehmens beizutragen. Es ist wichtig, dass Unternehmen kontinuierlich ihre Bemühungen zur Förderung von Minderheitenrechten und -beteiligung evaluieren und gegebenenfalls anpassen, um sicherzustellen, dass sie effektiv sind und die gewünschten Ergebnisse erzielen.

Letztendlich profitieren Unternehmen von einer vielfältigen und inklusiven Belegschaft, da sie verschiedene Perspektiven und Erfahrungen einbringt und zu kreativen Lösungen und innovativen Ideen führen kann. Indem Minderheitenrechte geschützt und ihre aktive Beteiligung gefördert werden, können Unternehmen ihre Wettbewerbsfähigkeit steigern und zu einer gerechteren Gesellschaft beitragen.

Definition

Die Wahrung von Minderheitenrechten und die Förderung ihrer aktiven Beteiligung in Unternehmen ist ein wichtiges Thema in der heutigen Geschäftswelt. Eine faire und gerechte Behandlung aller Mitarbeitenden, unabhängig von ihrer ethnischen Zugehörigkeit, Religion, Geschlecht oder sexuellen Orientierung, ist entscheidend für die Schaffung einer inklusiven und vielfältigen Arbeitsumgebung.

BEISPIEL

Ein fiktives Beispiel für die Förderung von Minderheitenrechten und -beteiligung in einem Unternehmen ist die Geschichte von Sarah. Sarah gehört einer ethnischen Minderheit an und arbeitet in einem multinationalen Unternehmen. Das Unternehmen hat verschiedene Initiativen implementiert, um Minderheiten zu unterstützen. Es gibt regelmäßige Schulungen zur Sensibilisierung, die alle Mitarbeitenden durchlaufen müssen. Sarah hat an einer dieser Schulungen teilgenommen und konnte dadurch ein tieferes Verständnis für die Herausforderungen und Bedürfnisse von Minderheiten gewinnen. Darüber hinaus hat das Unternehmen ein Mentoring-Programm etabliert, bei dem erfahrene Führungskräfte Minderheitenmitarbeitenden als Mentoren zur Seite stehen. Sarah hat von diesem Programm profitiert und konnte wertvolle Ratschläge und Unterstützung von ihrem Mentor erhalten. Da-

durch wurde sie ermutigt, ihr Potenzial auszuschöpfen und sich für Beförderungen zu bewerben.
Dank dieser Maßnahmen und Unterstützung konnte Sarah erfolgreich eine Führungsposition im Unternehmen erreichen. Ihr Erfolg dient als Beispiel für andere Minderheitenmitarbeitenden und zeigt, dass Chancengleichheit und gerechte Behandlung in der Arbeitswelt möglich sind.

TIPPS

1. Als Führungskraft ist es wichtig, eine offene und inklusive Umgebung zu schaffen, in der alle Mitarbeitenden unabhängig von ihrer ethnischen Zugehörigkeit, Religion oder sexuellen Orientierung respektiert und geschätzt werden. Fördere den offenen Austausch von Ideen und Meinungen, in dem sich Minderheiten sicher fühlen, gehört zu werden.
2. Implementiere transparente Rekrutierungs- und Beförderungspraktiken: Stelle sicher, dass Rekrutierungs- und Beförderungsprozesse objektiv und fair ablaufen. Vermeide Vorurteile und diskriminierende Praktiken. Setze klare Richtlinien, um sicherzustellen, dass Minderheiten angemessen repräsentiert sind und gleiche Chancen haben, Karrierefortschritte zu machen.
3. Ermögliche Mentoring und Netzwerkbildung: Implementiere ein Mentoringsystem, in dem erfahrene Führungskräfte Minderheitenteammitgliedern als Mentoren zur Seite stehen. Unterstütze auch die Bildung von Netzwerken, in denen sich Minderheiten untereinander austauschen und unterstützen können. Diese persönliche Unterstützung – auch von Dir als Führungskraft – hilft Minderheiten, ihr Potenzial zu entfalten und berufliche Ziele zu erreichen.

5.3.4 Starke Stimmen: Die Beteiligung von Menschen mit Behinderungen an einer inklusiven Gesellschaft

Die Beteiligung von Menschen mit Behinderungen in Unternehmen ist ein Thema, das zunehmend an Bedeutung gewinnt. In vielen Ländern gibt es Gesetze und Richtlinien, die die Integration von Menschen mit Behinderungen am Arbeitsplatz fördern. Unternehmen erkennen zunehmend den Wert und die Vielfalt, die Menschen mit Behinderungen in den Arbeitskontext einbringen können, denn sie profitieren von einer diversen Belegschaft mit verschiedenen Erfahrungen und Sichtweisen. Menschen mit Behinderungen wiederum haben die Möglichkeit, ihre Talente und Fähigkeiten einzusetzen und finanziell unabhängig zu sein. Die Gesellschaft insgesamt gewinnt, indem Barrieren abgebaut werden und Menschen mit Behinderungen die gleichen Chancen auf eine berufliche Teilhabe haben wie ihre nicht-behinderten Kollegen.

Definition

Zu einer inklusiven Teilhabe gehören die Bereitstellung von barrierefreien Arbeitsplätzen, die Anpassung von Arbeitsprozessen und die Sensibilisierung der Mitarbeitenden für die Bedürfnisse von Menschen mit Behinderungen. Durch diese Maßnahmen können Unternehmen eine inklusive Arbeitsumgebung schaffen, in der alle Mitarbeitenden ihr volles Potenzial entfalten können.

BEISPIEL

Ein Beispiel für die Beteiligung von Menschen mit Behinderungen in Unternehmen ist die Geschichte von Anna. Anna hat seit ihrer Geburt eine Sehbehinderung, aber sie hat eine ausgezeichnete Ausbildung und eine hohe Motivation, im Bereich des Webdesigns zu arbeiten. Ein Unternehmen, das sich für Inklusion einsetzt, erkennt Annas Fähigkeiten und stellt sie als Webdesignerin ein. Es stellt sicher, dass Anna die notwendigen Arbeitsmittel und Unterstützung erhält, um ihre Arbeit erfolgreich ausführen zu können. Sie bekommt beispielsweise eine spezielle Bildschirmlese-Software, um Texte zu lesen, und ein barrierefreies Büro, das ihren Bedürfnissen entspricht. Anna bringt nicht nur ihre technischen Fähigkeiten in das Unternehmen ein, sondern auch eine einzigartige Perspektive, die dazu beiträgt, die Benutzerfreundlichkeit der Webseiten zu verbessern.

TIPPS

1. Biete Menschen mit Behinderungen die gleichen Möglichkeiten und Ressourcen wie anderen Mitarbeitern. Schaffe barrierefreie Arbeitsplätze, ermögliche flexible Arbeitszeiten und stelle sicher, dass technische Hilfsmittel und Unterstützung zur Verfügung stehen. Dadurch können Menschen mit Behinderungen ihr volles Potenzial entfalten und aktiv zur Unternehmensentwicklung beitragen.
2. Fördere das Verständnis und die Sensibilität für die Belange von Menschen mit Behinderungen in der Belegschaft. Organisiere Schulungen, Workshops und Informationsveranstaltungen, um Vorurteile abzubauen und das Bewusstsein für die Vielfalt von Fähigkeiten und Talenten zu schärfen. Eine inklusive Gesellschaft kann nur durch das Engagement aller Mitarbeitenden erreicht werden.
3. Ermutige Menschen mit Behinderungen, sich aktiv einzubringen und ihre Stimme zu erheben. Biete ihnen Möglichkeiten, an Entscheidungsprozessen teilzunehmen und Ideen einzubringen. Schaffe eine Kultur, die auf Offenheit und gegenseitiger Unterstützung basiert, damit alle Mitarbeitenden ihre Perspektiven teilen können. Durch eine starke Stimme und aktive Teilhabe können Menschen mit Behinderungen ihre Talente optimal einbringen und die Entwicklung einer inklusiven Gesellschaft vorantreiben.

5.3.5 Lebenserfahrung aktiv nutzen: Die starke Stimme der Generation 60+ in der Gesellschaft

Die Beteiligung von älteren Menschen in Unternehmen hat in den letzten Jahren an Bedeutung gewonnen. Immer mehr Unternehmen erkennen den Mehrwert und das Potenzial, das ältere Mitarbeitende mitbringen können. Sie bringen eine Vielzahl von Erfahrungen, Kenntnissen und Fähigkeiten mit, die für den Erfolg eines Unternehmens wertvoll sein können. Darüber hinaus verfügen ältere Menschen oft über ein großes Netzwerk und langjährige Kundenbeziehungen, die für das Unternehmen von Vorteil sein können. Durch ihre langjährige Erfahrung haben sie häufig ein tiefes Verständnis für die Bedürfnisse und Erwartungen der Kunden entwickelt, was zu einer verbesserten Kundenzufriedenheit und einem positiven Image des Unternehmens führen kann.

Ein weiterer Aspekt der Beteiligung von älteren Menschen in Unternehmen ist die Förderung der Vielfalt und Inklusion. Durch die Einbeziehung älterer Mitarbeitenden können Unternehmen eine breitere Altersspanne und eine vielfältigere Belegschaft erreichen. Dies kann zu einer besseren Entscheidungsfindung, einer kreativeren Arbeitsumgebung und einer stärkeren Identifikation der Mitarbeitenden mit dem Unternehmen führen.

Um die Beteiligung von älteren Menschen in Unternehmen zu fördern, sollten gezielte Maßnahmen ergriffen werden. Dazu gehört beispielsweise die Schaffung flexibler Arbeitsmodelle, die älteren Mitarbeitenden den Übergang in den Ruhestand erleichtern und ihnen ermöglichen, ihre wertvollen Erfahrungen weiterhin einzubringen. Es sollten auch Schulungs- und Weiterbildungsprogramme angeboten werden, um ältere Mitarbeitende auf dem neuesten Stand zu halten und ihnen die Möglichkeit zu geben, ihre Fähigkeiten weiterzuentwickeln.

Definition

Die Generation 60+ umfasst in der Gesellschaft Menschen, die 60 Jahre oder älter sind. Sie stellt eine bedeutende Altersgruppe dar, die in vielen Ländern anwächst, da die Lebenserwartung steigt und die Geburtenraten abnehmen. Diese Generation kann eine vielfältige Gruppe sein, die unterschiedliche Lebenserfahrungen, soziale, kulturelle und wirtschaftliche Hintergründe sowie individuelle Bedürfnisse und Interessen hat.

BEISPIEL

Ein Beispiel dafür ist das Unternehmen Meier, das beschlossen hat, gezielt ältere Menschen als Teil ihrer Teams einzustellen. Sie haben erkannt, dass ältere Mitarbeitende eine hohe Arbeitsmoral, eine zuverlässige Arbeitsweise und ein breites Spektrum an Fachkenntnissen besitzen. Diese Eigenschaften können dazu beitragen, die Produktivität und Effizienz des Unternehmens zu steigern.

TIPPS

1. Nutze das immense Wissen und die langjährige Erfahrung der Generation 60+. Ermutige sie, aktiv an Entscheidungen teilzunehmen und Verantwortung für Projekte zu übernehmen. Zeige, dass Du ihre Meinungen und Ideen schätzt, indem Du sie aktiv in Diskussionen einbeziehst und ihre Beiträge würdigst.
2. Achte darauf, dass Du flexible Arbeitsmodelle anbietest, die den Bedürfnissen der Generation 60+ entgegenkommen. Das kann flexible Arbeitszeiten oder Teilzeitarbeit beinhalten. Indem Du ihre Work-Life-Balance berücksichtigst, förderst Du ihre Motivation und Leistungsfähigkeit.
3. Investiere in ihre persönliche und berufliche Entwicklung, indem Du Möglichkeiten für Weiterbildung und Mentoring anbietest. Hilf ihnen dabei, sich den Herausforderungen der modernen Arbeitswelt anzupassen und ihre Fähigkeiten zu erweitern. Das stärkt ihr Selbstvertrauen und sichert wertvolle Beiträge für das Unternehmen.

6 Gastbeiträge

Crosswalk, long-exposure, Santiago, Chile

(Nähere Informationen siehe auch Kap. Abb., Seite 329)

Dubravka Maljevic

Frau Dubravka Maljevic ist Diplom-Ingenieurin für Medizintechnik und verfügt über einen MBA in Health Business Administration (Friedrich-Alexander-Universität Erlangen-Nürnberg). Nach ihren ersten beruflichen Stationen im Bereich der Produktentwicklung hat sie sich auf die Medizintechnik im Krankenhaus spezialisiert. Sie sammelte zunächst umfangreiche Erfahrungen in verschiedenen Positionen als Krankenhausingenieurin und übernahm später die stellvertretende Leitung des Bereichs Medizintechnik bei den Asklepios Kliniken. Seit Mai 2018 leitet Frau Maljevic den Bereich Medizintechnik der BG-Kliniken – Klinikverbund der gesetzlichen Unfallversicherung gGmbH. In dieser Funktion liegt ihr besonderes Augenmerk auf der Konzeption und Implementierung innovativer Lösungen in der Medizintechnik.

Frage 1: Nachhaltiges Leadership ist nicht für jeden ein Begriff – was muss aus Deiner Sicht passieren, damit das von jeder Führungskraft gelebt wird?

Nachhaltiges Handeln erfordert eine grundlegende Veränderung des Denkens und Handelns von Führungskräften und Unternehmen. Nachhaltige Unternehmen und ihre Führungskräfte betrachten die Auswirkungen ihrer Entscheidungen nicht nur auf kurzfristige Gewinne. Sie setzen sich Ziele, die über finanzielle Ergebnisse hinausgehen, und berücksichtigen dabei auch ethische und soziale Faktoren. Sie sind maßgeblich verantwortlich für die Entwicklung und Förderung einer Kultur des Umweltschutzes, des sozialen Engagements und der Verantwortung.

Aus meiner Sicht sind folgende Veränderungen notwendig:

1. Kulturelle Veränderungen: Eine Kultur des langfristigen Denkens und Handelns muss etabliert werden. Führungskräfte müssen lernen, die langfristigen Auswirkungen ihrer Entscheidungen auf die Umwelt und die Gesellschaft zu berücksichtigen und nicht nur auf kurzfristige Gewinne zu schauen.
2. Bildung und Training: Es ist sehr wichtig, dass die Führungskräfte für das Thema Nachhaltigkeit sensibilisiert und geschult werden. Nachhaltigkeit ist sehr komplex. Es ist wichtig, dass wir uns bewusst machen, welche Auswirkungen unser Handeln auf die Umwelt und die Gesellschaft hat
3. Gesetzliche Rahmenbedingungen: Die Gesellschaft muss Gesetze und Regulierungen schaffen, die nachhaltiges Handeln fördern und belohnen.
4. Ökonomische Anreize: Die Wirtschaft sollte ökonomische Anreize für nachhaltiges Handeln schaffen, z. B. durch die Einführung von Steuervergünstigungen oder die Förderung von umweltfreundlichen Produkten und Dienstleistungen.

5. Zusammenarbeit und Partnerschaften: Nachhaltigkeit kann nur in Zusammenarbeit und Partnerschaften gelingen. Durch Partnerschaften können Ressourcen und Kompetenzen gebündelt werden, um gemeinsam nachhaltige Lösungen zu finden und eine nachhaltige Zukunft zu gestalten.

Es ist wichtig, dass wir uns gemeinsam auf den Weg machen, um eine nachhaltige Zukunft zu gestalten.

Nachhaltiges Leadership kann sicherlich ein wichtiger Beitrag dazu sein, unsere Welt lebenswert zu halten. Wenn Führungskräfte nachhaltig handeln, können sie dazu beitragen, die Umwelt zu schützen, soziale Gerechtigkeit zu fördern und wirtschaftliche Stabilität zu gewährleisten. Allerdings kann Nachhaltiges Leadership allein nicht ausreichen, um alle Herausforderungen zu bewältigen, vor denen wir stehen. Es bedarf einer umfassenden Transformation, die die gesamte Gesellschaft betrifft.

Frage 2: Du bist für viele ein Vorbild: Was bedeutet Nachhaltiges Leadership für Dich?

Nachhaltiges Leadership verstehe ich als eine Art Führung, die sich an den Bedürfnissen der heutigen Generationen orientiert, ohne die Bedürfnisse zukünftiger Generationen zu gefährden. Es geht darum, eine nachhaltige Zukunft zu gestalten, indem man sich bewusst und verantwortungsvoll verhält und eine Vision für eine bessere Welt schafft.

Frage 3: Was hat Nachhaltiges Leadership mit Medizin und Mentorin sein zu tun?

Nachhaltiges Leadership spielt auch im Gesundheitswesen und in der Medizintechnik eine wichtige Rolle. Die Bereiche sind sehr eng miteinander verbunden und stellen hohe Anforderungen an die Nachhaltigkeit in den Dimensionen der sozialen, ökonomischen und ökologischen Nachhaltigkeit.

Im Bereich der sozialen Nachhaltigkeit geht es darum, dass die Wertschöpfungskette in der Medizintechnik so gestaltet wird, dass sie keine negativen Auswirkungen auf die Gesellschaft hat. Dabei geht es insbesondere um Arbeitsbedingungen und den Schutz von Arbeitnehmerrechten, aber auch um Fragen der Herkunft von Rohstoffen. Die Hersteller müssen sich daher immer wieder die Frage stellen, wie sie sicherstellen können, dass ihre Produkte und Dienstleistungen sozial verträglich sind. Auch gesellschaftliche Entwicklungen wie der Fachkräftemangel und die Landflucht stellen eine Herausforderung für das Gesundheitswesen und die Medizintechnik dar.

Die ökologische Nachhaltigkeit betrifft insbesondere den Energieverbrauch, die Treibhausgasemission, die Abfallreduktion und das Recycling. Im Gesundheitswesen gibt es hier bereits Programme wie z. B. »Green Hospital«, die darauf abzielen, den ökologischen Fußabdruck von Krankenhäusern zu reduzieren. Auch in der Medizintechnik gibt es viele Ansatzpunkte, um ökologische Nachhaltigkeit zu fördern, beispielsweise durch die Verwendung von umweltfreundlichen Materialien oder die Entwicklung energiesparender Technologien. Ein weiterer wichtiger Aspekt ist die Langlebigkeit und Wiederverwendbarkeit von medizinischen Geräten, um den Abfall zu reduzieren. Beim Betrieb und Anwendung ist es wichtig, ressourcensparende Modelle einzusetzen, um den C02-Abdruck zu reduzieren. Das kann durch die Vernetzung und predictive Maintance-Maßnahmen gelingen

Mentorin sein: Nachhaltiges Leadership bedeutet für mich, dass die Führungskräfte sich auch um die Förderung des Nachwuchses kümmern. Eine Mentorin oder ein Mentor zu sein, kann dabei helfen, junge Talente zu fördern und sie auf den Weg zu bringen, um nachhaltige Führungskräfte von morgen zu werden. Durch das Teilen von Wissen und Erfahrungen können sie dazu beitragen, dass sich nachhaltige Denk- und Handlungsweisen in der nächsten Generation von Führungskräften etablieren.

Andrea Fratini

Andrea Fratini, geschäftsführende Gesellschafterin der Fratini Consulting GmbH in Hamburg, ist Kommunikatorin aus Leidenschaft und war viele Jahre Top-Führungskraft in Unternehmen unterschiedlicher Größenordnungen und Gesellschaftsformen. Zu ihren Stationen gehörten beispielsweise Plan International, die Bauer Media Group und die Zeal SE. Dabei hat sie immer eng mit Vorstand, Geschäftsführung und Inhaber:innen zusammengearbeitet, diverse Kommunikations- und Veränderungsprozesse entwickelt und umgesetzt sowie unter anderem die Kommunikation eines erfolgreichen IPO verantwortet. Sie war national und international hauptsächlich in den Branchen Medien, Industrie, Online-Unternehmen und NGO tätig. Heute arbeitet sie als Beraterin und Coach im eigenen Unternehmen für nationale und internationale Kunden. Der Fokus ihrer Beratung liegt vor allem auf strategischer und nachhaltiger Kommunikation, Public Affairs und Organisationsentwicklung, geprägt von einem ausgeprägten Verständnis für unterschiedliche Kulturen. Andrea Fratini ist studierte Kommunikationswissenschaftlerin, systemischer Coach und Business Coach und versteht sich als Strategin mit dem nötigen Gespür für die Umsetzung operativer Themenkomplexe.

Frage 1: Nachhaltiges Leadership ist nicht für jeden ein Begriff – was muss aus Deiner Sicht passieren, damit das von jeder Führungskraft gelebt wird?

Nachhaltiges Denken und Handeln zieht mehr und mehr in unseren schnelllebigen Alltag ein. Dies zunehmend in allen Facetten. Führungskräfte von heute gestalten in ihrer jeweiligen Rolle den Wandel hin zu einer nachhaltigeren Wirtschaft und Gesellschaft von morgen. Dieser enormen Relevanz sollten sie sich jederzeit bewusst sein. Nachhaltigkeit garantiert Zukunft. Um Zukunft zu gestalten, heißt es unbedingt, Haltung zu zeigen und gezielt Verantwortung zu übernehmen. Für das eigene Handeln, die Konsequenzen dessen sowie für die Implementierung der vielfältigen nachhaltigen Themenaspekte in den eigenen Teams. Es braucht in Unternehmen und Organisationen nachhaltige Leadership-Prinzipien, es braucht neue Management- und Führungskompetenzen, die Einbindung von Mitarbeitenden ist enorm wichtig. Diese Skills sollten trainiert, gelebt und immer wieder thematisiert werden. Unverzichtbar: Eine effektive Transformation zu mehr Nachhaltigkeit muss vom Topmanagement strategisch eingeleitet und permanent gefordert werden.

Frage 2: Du bist für viele ein Vorbild: Was bedeutet Nachhaltiges Leadership für Dich?

Nachhaltiges Leadership heißt für mich vor allem, ein gemeinsames Verständnis der nachhaltigen Unternehmensziele in den eigenen Teams zu entwickeln, zu verankern und die Mitarbeitenden in deren Umsetzung zu begleiten. Eine nachhaltig handelnde und dialogfähige Führungskraft zeigt ihr entsprechendes Denken und Handeln in aller Klarheit, integriert nachhaltige Ziele in Zielvereinbarungsgespräche und fördert durch Teammitglieder entwickelte Ideen, um Innovationen zu ermöglichen. Sofern die Mitarbeitenden sich mit den heruntergebrochenen Zielen für ihre jeweiligen Arbeitsgebiete identifizieren und diese für ihren Verantwortungsbereich als sinnvoll erachten, wird eine effektive Umsetzung sehr wahrscheinlich gelingen. Nachhaltigkeit aktiv zu unterstützen, einen anteiligen Beitrag zum Erfolg zu leisten, erfüllt Teams und Mitarbeitende durchaus mit Stolz. Dieser positive, motivierende Effekt stellt einen effektiven Hebel zu nachhaltiger Führung dar. Bei CSR-Projekten in den Bereichen Bildung und Umwelt sowie in der Umsetzung in Unternehmen und bei einem B Corp-zertifizierten Kunden durfte ich genau diese Erfahrung machen. Das Involvement der Mitarbeitenden stellt über das nachhaltige Führungsmoment hinaus eine großartige Basis für eine nachhaltige Unternehmenskultur dar.

Frage 3: Was hat Nachhaltiges Leadership mit Medien und Kommunikation zu tun?

Kommunikation im Unternehmen stellt überhaupt erst ein gutes Gelingen von nachhaltigem Leadership sicher. Diese muss strategisch implementiert sein. Bei einem vom Topmanagement verabschiedeten nachhaltigen Maßnahmenplan sollte Kommunikation von Beginn an mitgedacht werden, idealerweise sind erfahrene Kommunikationsexpert:innen vom ersten Tag an einbezogen. Nur durch aktive und gut geplante Kommunikation ins Unternehmen werden Ziele, Maßnahmen und Verantwortlichkeiten für alle Mitarbeitenden transparent benannt und anfassbar gemacht. Auch eventuellen Vorbehalten gegenüber Nachhaltigkeit kann das Leadership Team proaktiv begegnen. Die Eigenverantwortung der Mitarbeiter:innen lässt sich über Abteilungsgrenzen hinaus fordern und fördern. Inhaltlich durchdachte interne Kommunikationsformate wie beispielsweise Town Hall Meetings, interaktive Workshops im großen und kleinen Kreis sowie die Streuung von Informationen und Updates über unterschiedliche interne Kommunikationskanäle leisten zur nachhaltigen Zielerreichung wertvolle und nicht wegzudenkende Unterstützung.

Medien begleiten gesellschaftliche Entwicklungen, ob nun Klassiker wie Print- und Online-Medien, Radio und TV oder Social Media auf nahezu allen Kanälen mit unterschiedlichen Pointierungen. Medien begleiten Meinungsbildungsprozesse ganz entscheidend und haben daher eine elementare Rolle, um über Nachhaltigkeitsthemen zu berichten und zu sensibilisieren. Die Herausforderungen der Gesellschaft und Unternehmen im Nachhaltigkeitskontext werden zunehmend komplexer und vielseitiger. Medien bieten hier Orientierung. Eine strategisch und operativ handelnde Kommunikation ist hier durch den Dialog mit und in den Medien unverzichtbar. Die Verankerung von Nachhaltigkeitsthemen in den Medien lässt sich durch Kommunikation planen, steuern und evaluieren.

Julia Freudenberg

Nach langjähriger Erfahrung in der Wirtschaft übernahm Dr. Julia Freudenberg 2017 die Leitung der Hacker School. Vision der gemeinnützigen Organisation ist es, die Jugend für das Programmieren zu begeistern. Als Mitglied im »Beirat Junge Digitale Wirtschaft« berät sie das Wirtschaftsministerium, ist selbst ehrenamtlich aktiv und glückliche Mutter zweier Kinder.

Die überzeugte Netzwerkerin arbeitet an engmaschigen Kooperationen der Hacker School mit Unternehmen sowie ehrenamtlichen und hauptamtlichen Initiativen im IT-Bereich. Sie plädiert und begeistert für den Ansatz, die digitale Bildung als gesamtgesellschaftliche Aufgabe zu begreifen, die es gemeinsam zu lösen gilt. Ziel der Hacker School ist es, mit verschiedenen Formaten – auch direkt in den Schulen – wirklich alle Kinder und Jugendlichen zu erreichen und ihnen die Grundlagen der digitalen Bildung sowie spielerischen Zugang zur bunten IT-Welt zu geben: erste Schritte in einer Programmiersprache, erste erlebbare Ergebnisse und das mit viel Spaß. Jugendliche können ohne Noten- und Erfolgsdruck erfahren, wie kreativ, spannend und lustig es sein kann, zu coden. Einen besonderen Fokus legt Dr. Julia Freudenberg auf die Themen Chancengleichheit und Diversität. Mit besonderen Angeboten speziell für Mädchen und sozio-ökonomisch benachteiligte Jugendliche trägt die Hacker School dazu bei.

Frage 1: Was kann Nachhaltiges Leadership – wo kommt es an die Grenzen, wenn es darum geht, mit Nachhaltigkeit unsere Welt zu retten?

Nachhaltiges Leadership kann – je nach Definition und Ausgestaltung der Verantwortung – große Veränderungen anstoßen. Innerhalb eines umfassenden Verständnisses des Nachhaltigkeitsbegriffs kann Nachhaltiges Leadership in Bereichen der ökologischen, sozialen und ökonomischen Verantwortung wirken, Bereiche zusammendenken und Konventionen überholen. Hier liegt meines Erachtens auch gleich die größte Herausforderung. Die wenigsten Menschen lieben Veränderungen, der Wandel ist oft mit Ängsten besetzt oder im besten Fall einfach nur unbequem – und insbesondere, wenn manche Betroffene möglicherweise »abgeben« müssen, werden die Widerstände schnell groß. Insbesondere im Bereich der Nachhaltigkeit ist das Verhalten »Wasch mich, aber mach mich nicht nass« wieder und wieder zu beobachten. Windenergie? Ja gern, aber nicht bei mir! Eigener Beitrag zum Klimawandel? O.K., aber erst nach der dritten Urlaubsflugreise in diesem Jahr. Diversität? Super, solange mich andersdenkende Mitarbeitende nicht stören ... Und hier liegt der Hase im Pfeffer (warum liegt er eigentlich da?): Nachhaltiges Leadership ist dann besonders machtvoll, wenn es authentisch und intrinsisch motiviert ist, wenn es mit dem Veränderungswillen antritt, gemeinsam mit anderen Menschen geilen Scheiß zu machen (sorry, Hacker School Jargon). Ja, es ist einfach zu sagen, dass sich Unternehmen für digitale Bildung UNBEDINGT engagieren sollten. Und man kann auch aufstehen und klatschen. Dass das nur bedingt hilft, haben wir schon bei den Balkon-Beklatschungen der Pflegekräfte während der Coronapandemie gesehen. Der Weg, aktiv Dinge zu ändern und dafür ungewöhnliche und oft unbequeme Wege zu gehen, schafft nicht nur Freunde und braucht eben Verbündete auf allen Ebenen im Unternehmen. Ohne Verbündete ist der beste Vorsatz machtlos und gute Ideen ersticken in Bürokratie und Prozessen. Nachhaltiges Leadership muss mehr sein als ein Lippenbekenntnis und umfassend bis zum Ende unter Einbezug auch potenzieller Kosten durchdacht werden. Dann – und nur dann – können wir uns dem Wunsch vieler Menschen nach Sinnhaftigkeit von Arbeit und von Führung nähern ... und haben selbst richtig viel Spaß bei #hacktheworldabetterplace.

Frage 2: Was bedeutet Nachhaltiges Leadership für Sie?

Nachhaltiges Leadership bedeutet für mich die aktive Verantwortungsübernahme für die Gestaltung eines Führungsstils, der auf die Gestaltung und Erhaltung einer lebenswerten Welt für uns, unsere Kinder und Enkel abzielt. Für mich geht es darum, durch reflektiertes Handeln die teilweise unbequeme Wahrheit vorzuleben, dass wir mehr denn je dafür verantwortlich sind, konsequent und vernetzt zu denken, den gesellschaftlichen Gedanken und unsere Mitmenschen in den Mittelpunkt zu stellen und langfristige Ziele über kurzfristigen Nutzen zu priorisieren. Dafür muss man Spannungen aushalten können und für Überzeugungen einstehen – und man braucht Verbündete, um resilient Veränderungen anzustoßen und vorzuleben.

Frage 3: Was hat Nachhaltiges Leadership für Sie mit digitaler Bildung zu tun? Warum ist es für Unternehmen wichtig, bereits junge Menschen für IT und Programmieren zu begeistern?

Nachhaltiges Leadership steht für mich für intrinsische und bestenfalls unternehmensseitig verankerte Verantwortungsübernahme für nachhaltiges Handeln. Genau hier setzt die Hacker School mit der Idee des umfassenden Corporate Volunteerings für digitale Bildung durch ehrenamtliches Engagement von Unternehmen an. Wenn wir unseren Mitarbeitenden den Wunsch nach Purpose durch skill based Corporate Volunteering erfüllen können, dabei gleichzeitig für eine »gefüllte Nachwuchs-Pipeline« sorgen und junge Menschen für Zukunftsberufe begeistern – einfach, simpel, triple win. Aber der Weg vom Klatschen zum aktiven, verbindlichen und umfassenden Corporate Volunteering ist lang, sehr lang, teilweise mehrere Jahre lang. Und hier brauchen wir Nachhaltiges Leadership.

Wenn Führungskräfte verstanden haben, dass das, was wir gemeinsam machen, richtig und wichtig ist, lassen sie sich nicht von internen bürokratischen Hürden abhalten und sie finden Wege, wie es eben doch möglich ist, sich zu engagieren und Corporate Volunteering sogar über das S in ESG messbar zu machen. Ohne den aktiven Einbezug von Unternehmen werden wir langfristig große Herausforderungen in der digitalen Bildung in Deutschland haben und damit auch im digitalen Arbeitsmarkt. Wenn wir mehr Mädchen im IT-Bereich haben wollen, müssen wir gemeinsam mit Unternehmen in die Schulen, und dort in den regulären Unterricht, um zu zeigen, dass Engagement wichtig ist und IT Spaß macht. Und wer wäre da besser geeignet als Menschen, die selbst für das Thema brennen? Wenn wir es schaffen, durch ehrenamtliche ITler*innen jungen Menschen zu zeigen, wie cool und nachhaltig es ist, einen Beruf zu wählen, der verändern kann und muss, bei dem lebenslanges Lernen inkludiert ist und bei dem man durch Engagement jungen Menschen Zukunft zeigt – dann läuft das doch. #hacktheworldabetterplace!

Dr. Carolin Gabor

Copyright Boris Breuer

Dr. Carolin Gabor ist eine erfahrene CEO und Fintech-Unternehmerin sowie Mitgründerin und General Partner von Caesar Ventures, einer Risikokapitalgesellschaft, die in Technologien investiert, welche die Welt ein bisschen besser machen. Carolin betrachtet sich selbst als eine begeisterte Lernerin mit einer Passion für Teambuilding und Kundenerfahrung. Zuletzt war sie CEO von Movinx – einem globalen Versicherungstechnologie-Start-up von Mercedes-Benz und Swiss Re. Davor war sie Co-Founder & Managing Director von finleap, dem größten europäischen Fintech-Ökosystem, und war maßgeblich an der Entwicklung neuer Geschäftsmodelle beteiligt. Als Expertin für Skalierungs- und Exit-Strategien hat sie das erfolgreiche Wachstum verschiedener Portfoliounternehmen vorangetrieben. Heute sitzt sie neben ihrer Mitgliedschaft im Digital Finance Forum des Bundesfinanzministeriums in mehreren internationalen Aufsichtsräten. Carolin verbrachte die ersten zehn Jahre ihrer Karriere bei The Boston Consulting Group, promovierte in Wirtschafts- und Sozialwissenschaften an der RWTH Aachen und ist Executive Coach. Sie wurde vom Manager Magazin & The Boston Consulting Group als eine der Top 100 Frauen der deutschen Wirtschaft ausgezeichnet.

Frage 1: Nachhaltiges Leadership ist nicht für jeden ein Begriff – was muss aus Deiner Sicht passieren, damit das von jeder Führungskraft gelebt wird?

Wie wir wissen, messen sich zu viele Unternehmenslenker an kurzfristigen Zielen und erwarten Opfer für ihre Leistung. Sie nehmen selten eine breitere Perspektive als bloße Finanzergebnisse ein. Selbst wenn die Organisation Nachhaltigkeitsziele hat, werden diese isoliert – sie sind die Probleme irgendeiner anderen Abteilung. Aber wir haben das Phänomen »Problem der Anderen« als Grundursache sowohl der organisatorischen Dysfunktion als auch der Umweltkatastrophe gesehen. Organisationen müssen ihre Ziele mit denen eines wachsenden Teils der Bevölkerung in Einklang bringen: dem Wunsch nach Nachhaltigkeit und einer Verantwortung gegenüber der Gesellschaft.

In Zukunft wird es für erfolgreiche CEOs nicht mehr ausreichen, kleine Aktivitäten für den Planeten oder die Zurschaustellung von Diversität auf LinkedIn oder Instagram zu posten, um direkt im Anschluss im Unternehmensjet von München nach Stuttgart zu fliegen. Nur wer Nachhaltigkeit lebt und atmet, hat eine Chance. Ich würde so weit gehen, dass sich erfolgreiche Führungskräfte von heute nicht mehr differenzieren können, indem sie sich nur an die Standard-ESG-Regeln halten.

Frage 2: Du bist für viele ein Vorbild: Was bedeutet Nachhaltiges Leadership für Dich?

In gewisser Weise ist nachhaltige Führung eine dieser Ideen, die durch ihre Einfachheit überrascht. Bei effektiver Führung ging es schon immer darum, die Auswirkungen unserer Entscheidungen auf Menschen und ihr Wohlergehen abzuwägen – Stakeholder, Kollegen, Kunden, Familien. Es ist ein natürlicher Schritt, die Umwelt und unsere Verantwortung in das Kalkül unserer Entscheidungsfindung einzubeziehen. Wir schieben den Schieberegler unserer Fürsorge einfach ein wenig weiter.

Meine Erfahrung liegt insbesondere im Aufbau neuer Geschäftsmodelle und damit Teams, Strukturen, Prozesse und insbesondere Unternehmenskulturen. Um ein nachhaltig erfolgreiches Unternehmen zu etablieren, habe ich immer die Menschen und die Kultur in den Vordergrund gestellt. Ich bin zutiefst überzeugt, dass »Kultur Strategie zum Frühstück isst«[7]. Ein Team, das zum Beispiel wirklich »customer obsession« (Kundenbedarf steht an erster Stelle) lebt, wird niemals negative Auswirkungen auf Menschen, Umwelt, Gemeinschaften und Familien aus Profitgründen kompromittieren. Ein Unternehmen, das »ehrliches Feedback« lebt, fördert und ermutigt jeden Mitarbeiter, sich zu äußern, wenn diese Grundsätze von der Geschäftsführung nicht gelebt werden. Und Unternehmen, die Neugier forcieren, in dem der Status quo nicht als gegeben angenommen wird, werden immer wieder neue innovative Wege suchen, um Kunden und Mitarbeiter zu begeistern, den Planeten und unsere Gemeinschaft zu schätzen.

Frage 3: Was hat Nachhaltiges Leadership mit Finanzen zu tun?

Ich bin davon überzeugt, dass Unternehmen nicht langfristig überleben werden, die Nachhaltigkeit, Menschen und unseren Planeten nicht an erste Stelle setzen. Und da alles mit Zeit und Geld beginnt und endet, sollten Politik, Regulierung und die Finanzmärkte jeden Kunden, Mitarbeiter und Investor ermutigen, seine Ressourcen auf diejenigen Akteure zu konzentrieren, die nachhaltige Kultur und Führung an erste Stelle setzen.

Die wirtschaftliche Zukunft und globale Wettbewerbsfähigkeit Deutschlands und Europas wird maßgeblich von der richtigen Führung und ihren nachhaltigen Entscheidungen abhängen. Wenn wir versuchen, lange untergegangene Industrien durch hohe Subventionen zu retten, werden wir die neuen innovativen nachhaltigen Technologien, die wir dringend brauchen, im Keim ersticken. Deutschland und Europa brauchen bessere Produkte und Dienstleistungen für

7 Peter Drucker: »Culture eats strategy for breakfast.«

den Klimawandel, moderne Bildung, intelligente Automatisierung und datengesteuerte Gesundheitsversorgung, entwickelt von führenden Unternehmen, die den Menschen, unseren Planeten, Gemeinschaften und Familien in den Mittelpunkt stellen.

Korina Gutsche

Korina Gutsche ist freiberufliche Dozentin, Speakerin, Expertin, Kuratorin, Eco-Managerin und Consultant Sustainability, bei BLUECHILDFILM Green Consulting, Potsdam+Berlin/ Germany. Seit über dreißig Jahren bildet ihr Engagement im Ökologienetzwerk Arche, ihr Umwelttechnik-Diplom, die zahlreichen Umweltverträglichkeitsprüfungen in den 90er Jahren, die Etablierung interner Kommunikationstools als Inhouse Referentin für ein Berliner Ver- und Entsorgungsunternehmen und Entrepreneur & Eco-Managerin der Medienbranche seit 2011 sowie ihre Passion zur Bewahrung natürlicher Lebensräume und dem Artenreichtum an Land und unter Wasser eine besondere Einheit. Ein solides Fundament für ihr bewegtes Leben und konsequent engagiertes Handeln, hauptberuflich und im Ehrenamt, als Einzelaktivistin und vor allem mutige Initiatorin zahlreicher Projekte, Events, Screenings, Workshops und Panels zu globalen Themen für eigene Vereine, Verbände und Institutionen. Ihr Fokus: Entwickeln von Visionen, Aufzeigen praxisnaher Handlungsfelder und Lösungsoptionen für ganzheitlich nachhaltigen Klima-, sowie Meeresschutz und Biodiversität als übergreifende Ziele und Herausforderungen der Gegenwart, um unser aller Überleben zu sichern. Relevante Meilensteine: Kampagnen und On Tour mit Ric O'Barry/Dolphin Project zur Freilassung von Delphinen hierzulande, die Internationale Kunstaustellung Meergeboren in Berlin, das Forschungs- und Bildungsprojekt M.E.E.R. La Gomera/Canary Islands, Screenings zum Weltfriedenstag der Vereinten Nationen und die UFA-Fahrradkinos mit movies that matters in Berlin, Vision 2020 zum Medienstandort Babelsberg goes green, CINEMARE International Filmfestival, das vom Umweltbundesamt geförderte Projekt Kino. Natürlich, diverse Nachhaltigkeitsinitiativen der Medienbranche in der Filmproduktion und Inhouse bei der Berlinale sowie an der Filmuniversität Babelsberg. Ihre Vision: ACT NOW!

www.bluechildfilm.com

Frage 1: Was kann Nachhaltiges Leadership – wo kommt es an die Grenzen, wenn es darum geht, mit Nachhaltigkeit unsere Welt zu retten?

Nachhaltiges Leadership kann durch Wissenstransfer, Innovation, Lösungsszenarien, Ganzheitlichkeit, Achtsamkeit und Visionen Veränderungen forcieren im Verhalten eines jeden Einzelnen und beim Arbeitsprozess innerhalb eines Teams, des Unternehmens, einer Branche, als Gesellschaft und Staatengemeinschaft. Im Kontext meiner langjährigen beruflichen Beschäftigung als Consultant Sustainability mit umfassendem Praxiswissen zu Umweltschutzaspekten, klimarelevanten Verhaltensweisen und Handlungsfeldern, kam und komme ich immer wieder an natürliche Grenzen. Insbesondere dann, wenn die relevanten Akteure unter den Filmschaffenden, Produzenten, Förderern, Sendern und Entscheidungsträger*innen in der Politik auf regionaler und bundesweiter Ebene sich nicht ausreichend fachlich umfassend und vor allem mit allen Facetten der sozialen, ökologischen und wirtschaftlichen Nachhaltigkeit beschäftigen. Die Gründe dafür sind komplex und hier vermisse ich vor allem eine sinnvolle Prioritätensetzung. Sehr lange brauchte es für die Akzeptanz zur Relevanz bei den Produzenten und einigen Förderinstitutionen, es bedarf Zeit für den genre- und gewerkespezifischen Wissenstransfer, die Implementierung in die Richtlinien unternehmensspezifischer Inhouse Schulungen von Mitarbeiter*innen zu Nachhaltigkeit und der Bereitschaft zur Erprobung innovativer Green Technology beim Dreh und im Workflow von Festivals und im Kinobetrieb. Dennoch es gibt einige herausragende BestPractice-Beispiele aufgrund der eigenverantwortlichen Haltung der Geschäfts- und Festivalleitung, von CEOs der Medienbranche, Fachverbänden und Filmschaffenden zu den Klimaschutzzielen und zur Agenda 2030.

Natürlich spielen bei festen TV-Budgets und begrenzten Fördergeldern für Kinofilme, Kinos und Filmfestivals auch die Kosten eine enorme Rolle und begrenzen eine zeitnahe Veränderung. Einerseits zur Umsetzung wirksamer Umweltschutzmaßnahmen in den Bereichen Mobilität, Catering, Unterbringung, Mehrweg, ReUSE von Material/ Kostüm und Mülltrennung und andererseits als eine zu bezahlende Arbeitsleistung einiger Gewerke und beim Catering. Als Consultant brauche ich die aktive Unterstützung des gesamten Teams laut Stabliste und das frühzeitig, um gemeinsame sinnvolle projektbezogene Lösungen zu ermitteln und auch für die nun verpflichtenden Klimabilanzen. Wenn dafür keine Zeit bleibt, ist meine Arbeit zur erfolgreichen Implementierung von Veränderungsprozessen wenig nachhaltig. Manches geht trotzdem, weil ich immer wieder auch eine Haltung zu ›unsere Welt retten‹ erlebe bei Kollegen*innen und manches, was nun gefordert wird, bereits Drehalltag ist und immer war. Doch Fairness bedeutet für mich, wenn alle freiberuflichen Filmschaffenden in ihren Gewerken und die Servicepartner*innen wertgeschätzt werden durch entsprechende Budgetanpassung für Maßnahmen und den Fachaustausch, um eine hochwertigere Filmproduktionsweise zu ermöglichen. Gern auch schrittweise, um Erfolge zu erleben, denn das ist enorm fördernd für den Wertewandel im Produktionsverhalten. Außerdem brauchen wir zum konsequenten Schutz von Ressourcen an den jeweiligen Drehorten und Regionen entsprechend verfügbare Infrastrukturen, wie Green Hotels, Green Mobilität, Ladestationen und möglichst eine Zuganbindung, hier sind die Kommunen und die Politik in der Verantwortung.

Die aufgezeigten menschlichen, finanziellen und infrastrukturellen Grenzen sind lösbar, wir müssen gemeinsam kreativ und innovativ sein, den Ressourcenverbrauch, die Artenvielfalt, die Mehrfach- und Weiternutzung von Materialien und eine gesunde, artgerechte, regionale Ernährungsweise jederzeit im Fokus behalten und somit gesamtgesellschaftliche Verantwortung als Medienmacher*innen vor und hinter der Kamera übernehmen.

Frage 2: Du bist für viele ein Vorbild: Was bedeutet Nachhaltiges Leadership für Dich?

Nachhaltiges Leadership bedeutet für mich vor allem Courage, Empathie und Fachwissen und nicht aufzugeben, andere Menschen zu inspirieren, beständig im Gespräch mit allen relevanten Akteuren zu bleiben, innovative Lösungen aufzuzeigen, ganzheitlich zu agieren, fair zu verhandeln und gemeinsam schrittweise sinnvolle wirksame Maßnahmen in unsere täglichen Arbeitsabläufe und gegenwärtigen Lebensweisen zu implementieren. Natürlich gehören für mich auch das Reflektieren und Vernetzen dazu, sowie immer wieder zu vertrauen, dass Menschen bereit sind für Veränderungen und Wertewandel im Umgang miteinander und vor allem zur Natur, denn es geht um unser Überleben als Menschheit.

Frage 3: Was verändert Nachhaltiges Leadership in der Medienbranche

Aus meiner Sicht bedingt Nachhaltiges Leadership in der Medienbranche vor allem eigenverantwortliches Handeln mit Weitblick, Mut und Visionen für unsere Zukunft. Wir produzieren täglich und sind umgeben von immer vielfältigeren Medienformaten in Wort und Bild, analog oder digital und bald von KI. Welche Fakten, Themen und Inhalte, Charaktere und diversen Lebensformen uns und Zuschauer*in und Zuhörer*in vermittelt werden, ist enorm relevant und prägend für deren Verhalten zueinander und insbesondere die sie umgebenden Lebensräume. Damit meine ich das direkte Umfeld privat und beruflich, aber auch die Länder und Regionen, mit denen wir als Gemeinschaft global vernetzt sind und deren Lebensqualität wir durch unser bisheriges Medien- und Konsumverhalten maßgeblich zumeist leider negativ beeinflussen. Doch jeder Tag bietet die Chance auf Veränderung.

Natürlich war und ist es ebenso wichtig und zugleich mein Beruf und meine Berufung als Eco-Managerin und Sustainability Consultant der Medienbranche seit nunmehr zehn Jahren, wie sozial, fair und umweltverträglich wir Medien produzieren und zu welchen bzw. auf wessen Kosten. Initiativen, Selbstverpflichtungen, Empfehlungen, Aktionen von Einzelakteuren*innen und Institutionen hierzu gab es einige. Es brauchte solche Treiber, Vorbilder und Leader*innen sowie die laute Jugendbewegung Fridays4future, damit sich die Medienbranche ernsthaft bewegte, trotz all der wissenschaftlichen Studien und Erkenntnisse und sichtbaren Bedrohung durch die globale Erwärmung der letzten Jahre. Entscheidungsträger*innen aus Politik und der Branche verkündeten im Vorfeld der Berlinale 2023 erstmals bundesweit einheitlich ökologische Vorgaben der Förderer, Sender und einiger Streamingplattformen für die Filmbranche. Ein bedeutsamer weiterer Meilenstein, doch wirklich nachhaltig sind diese nur, wenn wir jetzt wertschätzend ganzheitlich miteinander agieren, uns Zeit für den ehrlichen Austausch mit Praxisblick und Wissenstransfer nehmen und faire Anreize und innovative Lösungen für alle Filmschaffenden finden.

Meine Vision als Leaderin lautet ACT NOW! und für mich liegt die Transformation im Wertewandel bei den Filminhalten, in der Berichterstattung und vor allem in der Herstellungsweise von Medien, indem wir kreativ bleiben und bewusst mehr außergewöhnliche »positive« und authentische Geschichten und Charaktere entwickeln und ganz selbstverständlich ressourcenschonend und klimafreundlich Medien produzieren, die uns umfassend sachlich informieren, amüsieren, aufwecken, unterhalten, begeistern, berühren, inspirieren und natürlich nachhaltig wirken.

Sabine Hansen

Sabine Hansen, Founder und Owner She4Her Leadership Consulting, ist Personal- und Karriereberaterin. Die 53-jährige hat bis 2019 bei Kienbaum gearbeitet, führt mit She4Her Leadership Consulting (www.she4her.de) inzwischen aber ihre eigene Beratungsboutique. Seit 2017 ist sie Vorstandsvorsitzende der Initiative Women into Leadership e.V. (www.iwil.eu), die sich für die Beförderung von Frauen ins Topmanagement auf Basis eines Cross-Mentoring-Programms einsetzt. Als Kapitalgeberin engagiert sich Sabine Hansen bei Start-ups im Bildungs- und Technologiebereich (www.leadershipnext.de; www.deepskill.de) und setzt sich für die gestiegene Bedeutung von Sustainable Finance bei der eigenen Kapitalbildung von Frauen ein.

Frage 1: Nachhaltiges Leadership ist nicht für jeden ein Begriff – was muss aus Deiner Sicht passieren, damit das von jeder Führungskraft gelebt wird?

Es braucht Leitbilder in den Unternehmen, was konkret mit Beispielen unter nachhaltiger Führung verstanden wird und wie es als Basis einer werteorientierten Führungskultur implementiert werden kann. Als Kosmetikhersteller muss es ein zwingendes Anliegen seitens des Topmanagements sein, den Verpackungsanteil deutlich zu reduzieren und auf vegane Inhaltsstoffe zu setzen. Als Führungskraft sollte ich darüber hinaus versuchen, mit konkreten Initiativen selbst einen Beitrag zu leisten und als Vorbild auch meine MitarbeiterInnen hierzu motivieren. Eine Möglichkeit wäre z.B. ein sozial relevantes Projekt pro Bono/Mitarbeiter aufzusetzen, um damit gesamtgesellschaftliche Verantwortung auch in den gelebten Unternehmensalltag zu integrieren.

Welche Herausforderungen hat die Wirtschaft oder auch die Gesellschaft zu bewältigen, damit Führungskräfte nachhaltig handeln?

Bereits bei der Einstellung sollten Unternehmen darauf achten, dass die zukünftige Führungskraft über eine ausgeprägte und belastbare Kompetenz im Bereich »Nachhaltige Führung« verfügt. Welche Projekte/Initiativen wurden in der Vergangenheit der Führungskraft erfolgreich gestartet, welche Stakeholder inner- und außerhalb des Unternehmens überzeugt und mitgenommen und zu guter Letzt mit welchen Ergebnissen und Auswirkungen auf das Unternehmensumfeld die Maßnahmen umgesetzt?

Ist Nachhaltiges Leadership die Lösung, damit wir es schaffen, unsere Welt lebenswert zu halten oder was muss dafür passieren?

Grundsätzlich ist nachhaltige Führung eine gesamtgesellschaftliche Aufgabenstellung. Die Führungskraft im Unternehmen hat hierbei eine besondere Vorbildfunktion gegenüber den MitarbeiterInnen, den KollegInnen und dem Management. Erst wenn konkret gehandelt wird, die nachhaltige Führung Teil einer wertebasierten Führungskultur ist und die MitarbeiterInnen befähigt werden, eigene Projekte und Ideen zu entwickeln, entsteht eine Dynamik, die eine Sogwirkung über das Unternehmen hinaus auch auf andere Lebensbereiche entfalten kann.

Was kann Nachhaltiges Leadership – wo kommt es an die Grenzen, wenn es darum geht, mit Nachhaltigkeit unsere Welt zu retten?

Projekte im direkten Umfeld lassen sich gut initiieren und umsetzen und hierfür Menschen begeistern. Ein international tätiges Unternehmen mit Standorten weltweit hat darüber hinaus die Möglichkeit, werteorientierte Führungsprinzipien unternehmensweit zu implementieren. Inwieweit diese dann auch gelebt werden, hat viel mit dem Selbstverständnis der Führungskräfte vor Ort zu tun. Programmatische und strukturelle Anreize können ein bestimmtes Führungsverhalten stimulieren. Noch besser ist es, wenn Unternehmen bottom-up ihren MitarbeiterInnen ermöglichen, eigene Initiativen einzubringen, diese vorzustellen und über deren Relevanz auch abzustimmen. Unternehmen, die eher um den Kirchturm agieren, können da eher nur lokal agieren und dafür sorgen, dass in ihrer Community »Nachhaltige Führung« gelebt wird. Dass dies seit Jahrzehnten gelebt wird, zeigt uns immer wieder das nachhaltige Engagement von vielen Familienunternehmen, die sich neben den reinen Arbeitsbedingungen vor allem auch für soziale Belange ihrer Belegschaft engagieren.

Frage 2: Du bist für viele ein Vorbild: Was bedeutet Nachhaltiges Leadership für Dich?

Als Personal- und Karriereberaterin unterstütze ich Unternehmen bei der Gewinnung und Auswahl ihrer Top-Führungskräfte (w/m/d) und arbeite erfolgreich auch mit jungen Start-ups zusammen, die ihr Geschäftsmodell werteorientiert aufstellen möchten. Das Gewinnen und die Entwicklung der richtigen Talente ist dabei ein Schlüssel für ein nachhaltiges Wachstum. Aktuell berate ich u. a. ein Schlüsselunternehmen in der Energiebranche, das einen maßgeblichen Beitrag an einer erfolgreichen Transformation der Industrie leistet. Darüber hinaus unterstütze ich weibliche Top-Führungskräfte bei ihrem nächsten Karriereschritt. Standen früher bei einem Wechsel die Fragen um Position, Hierarchie und Gehaltsbestandteile im Fokus, möchten werteorientierte Führungskräfte heute besser vor einer Entscheidung verstehen, welchen aktiven Beitrag das Unternehmen im Bereich Nachhaltige Führung über das eigene Geschäftsmodell hinaus leistet, welchen gestalterischen Freiraum die Führungskraft hierbei erhält und ob es bereits Initiativen und Projekte im Unternehmen gibt.

Frage 3: Was hat Nachhaltiges Leadership mit Frauennetzwerken, Consulting und dem Aufsichtsrat zu tun?

Der Aufsichtsrat hat als Kontroll- und Steuerungsorgan eine maßgebliche Verantwortung für die Besetzung des Topmanagements (Vorstand) und kann Leitlinien vorgeben, wie ESG-Prinzipien im Unternehmen gelebt und umgesetzt werden. Die großen Vermögensverwalter und gleichzeitig Großaktionäre vieler bekannter Konzerne geben ganz klar die Richtung vor und investieren nur noch in Unternehmen, die sich nachweislich ökologisch, sozial und gesamtgesellschaftlich engagieren. Female Empowerment ist dabei eine Dimension, die dafür sorgt, auch das Thema »Talententwicklung« breiter zu sehen. Der Fokus auf Female Empowerment bzw. den anderen Diversity-Dimensionen sorgt dafür, dass insgesamt ein breiterer Blick auf die Talente und deren Veränderungsfähigkeit im Unternehmen gegeben ist. Die Anpassungsfähigkeit der Unternehmen auf Herausforderungen kann nur gelingen, wenn es im Unternehmen einen breiten Konsens zur Veränderung und einer werteorientierten und damit nachhaltigen Führung gibt.

Carmen Hentschel

Carmen Hentschel, Moderatorin und Speakerin für Digitalisierung, lebt und atmet das Thema Digitalisierung jeden Tag. Zu ihren Stammkunden zählen bekannte Unternehmen, Ministerien wie auch wissenschaftliche Institutionen. In ihrer Arbeit diskutiert sie mit Führungskräften und VordenkerInnen über alle Aspekte der digitalen Transformation: von Künstlicher Intelligenz über Smart City bis Industrie 4.0. Dabei arbeitet sie im deutschsprachigen Raum, aber auch international. Bei ihren Einsätzen bringt sie die Erfahrung aus über 2000 Moderationen, Beratungen und Vorträgen mit ein. Im Sommer 2023 launcht sie mit einem Partner die Plattform Work AI für Wissenstransfer und Vernetzung im Bereich Künstliche Intelligenz (www.work-ai.com). Darüber hinaus ist sie Inhaberin der beiden Digitalagenturen Future Shapers und Online Konferenzen. Mit der Agentur »Future Shapers« (www.future-shapers.live) hat sie sich auf die Vermittlung von Keynote-speakerInnen zu digitalen Themen spezialisiert. Und mit der Agentur »Online Konferenzen« berät sie Unternehmen und Institutionen zur Kommunikation im digitalen Raum, wobei sie auch ihre Erfahrung als TV-Redakteurin und Journalistin einbringt.

www.carmen-hentschel.de

Frage 1: Ist Nachhaltiges Leadership die Lösung, damit wir es schaffen, unsere Welt lebenswert zu halten oder was muss dafür passieren?

Nachhaltiges Leadership braucht nicht nur Kopf, sondern auch Herz. Es stellt den Menschen ins Zentrum und nimmt ihn ganzheitlich wahr. Nur so können auch ganzheitliche Lösungen geschaffen werden, die von allen Menschen mitgetragen werden. Richten wir unseren Blick auf die drei Säulen der Nachhaltigkeit – die ökologische, die ökonomische und die soziale – wird klar: Die Antworten dafür entstehen nicht durch reine Berechnung. Sondern für eine sinnvolle Umsetzung braucht es auch ein tiefes Verständnis von Menschsein.

Dafür sehe ich zwei Gründe:

1. **Nachhaltigkeit kann nur ein Erfolgsmodell sein kann, wenn alle mitmachen**
   Mit guter Kommunikation erreicht man Menschen. Dafür sollte ich als Entscheidungsträger verstehen, was die Menschen mit all ihren unterschiedlichen Lebensmodellen und -wirklichkeiten beschäftigt. Ohne Kontakt und Empfinden für die Zielgruppe texte ich aus dem Elfenbeinturm heraus bestenfalls nette Werbesprüche »for the Good«. Wenn ich andere auf eine Reise mitnehmen möchte, sollte ich wissen, wie ich ihnen diese Reise schmackhaft

machen kann. Herzlichen Glückwunsch, wenn ich einen großen und tollen Plan habe! Doch wird sich mein Gegenüber immer fragen: »Was hat das jetzt mit mir zu tun?« Darauf sollte ich den Menschen eine persönliche Antwort geben können. Und zwar nicht nur eine in Zahlen, Daten und Fakten. Sondern auch eine, die ihnen aufzeigt, wie sich ihre GEFÜHLE verändern werden, wenn sie mit mir auf die Reise kommen: Werden sie sich sicherer, entspannter und handlungsfähiger fühlen? Oder gewinnen sie Mut, Anerkennung und Freude? Wenn ich bis hierhin die Menschen von meinen Reiseplänen überzeugt habe: super. Doch für einen richtig großen Impact lade ich nun die Menschen auf den Drivers Seat ein. Und gebe ihnen Tools und Möglichkeiten an die Hand, mit denen sie die Reise selber mit gestalten können. Aber vor allem braucht es Vorbilder. Wir Menschen lernen voneinander und wir lieben Geschichten. Eine gute Idee also, wenn ich als Führungskraft mit gutem Beispiel vorangehe. Motto: »Walk the talk«. Ich sollte der First Mover und Möglichmacher sein, der als Erster auf das Schiff steigt, auf das ich Andere einlade. Zudem zeige ich damit, dass ich die Werte ernst nehme, über die ich rede und die ich von den Menschen einfordere.

2. **Gutes Leading von anderen Menschen gelingt nur, wenn ich mich selbst gut kenne und leiten kann**
Wenn ich aus meiner inneren Mitte heraus agiere, handle ich integer. Das, was ich denke, spreche und tue, stimmt überein. Das macht es anderen Menschen natürlich leichter, Vertrauen zu mir zu fassen. Und Vertrauen ist die Basis jeder gemeinsamen Reise. »Je mehr die Leute Ihnen vertrauen, desto mehr kaufen sie«, wusste schon David Ogilvy, der Gründer einer der weltweit größten Werbeagenturen. Auch wenn Sie nichts verkaufen: die Chance, dass Menschen Ihre Vorschläge annehmen, steigt enorm, wenn sie Ihnen vertrauen. Und es gibt noch einen Bonus, warum sich eine gute Selbstkenntnis lohnt: Als Führungskraft muss ich eine Menge Entscheidungen treffen. Je besser der Draht zu mir selber entwickelt ist, desto wahrscheinlicher wird es, dass ich gute Entscheidungen treffe. Denn ich kenne meine Werte. Und weiß, was mir wirklich wichtig ist und was nicht. Doch was heißt das eigentlich: »sich gut zu kennen«? Für mich bedeutet es: mich in all meinen Aspekten des Menschseins zu erfassen und zu reflektieren. Die Deutschen sind ja bekannt als begabte Ingenieure. Aber das analytische Denken ist eben nur ein Teilaspekt des Menschseins. Mein Eindruck ist, dass Führungskräfte bisweilen nicht besonders gut darin sind, die verschiedenen Aspekte ihres Menschseins in ihr berufliches Sein zu integrieren. Doch hier haben wir ein enormes, ungenutztes Potenzial! Denn der Mensch ist eben nicht nur Kopf. Sondern auch Körper und Emotion. Meinetwegen auch Seele. Es ist interessant, sich unter der Perspektive mal umzuschauen: Inwieweit schwingt das mit bei den Entscheidern und Gestaltern unserer Zukunft? Wenn ich nur einen Kanal – den analytischen Kopf – nutze, kann ich gute Ergebnisse erzielen. Aber wenn

ich Exzellenz anstrebe, das bestmögliche Ergebnis, täte ich gut daran, auch ganzheitlich als Mensch anzutreten. Denn die Welt von heute ist VUCA: volatil, ungewiss, komplex und ambiguously/mehrdeutig sowie vielfach interpretierbar. Da reicht ein Entscheidungsdiagramm im Kopf nicht mehr aus. Eine solche facettenreiche Welt erfordert, dass wir in der Lage sind, uns auch in sie hineinzuspüren. Dafür müssen wir unser »Guts«-Gefühl kultivieren.

3. **Die Führungskraft von morgen muss zum Seismographen für das Menschliche werden**
   Wenn Sie jetzt sagen: »OK, vielleicht eine Idee mit dem ganzheitlichen Leadership. Aber wie kann ich das umsetzen – meine Gefühle und meinen Körper in den Job einzubringen?« Dann ist es zunächst wichtig zu verstehen, dass Gefühle einbringen nichts mit Rosenblätter werfen auf der nächsten Konferenz zu tun hat. Und Körper einbringen keine Salsa-Performance von Ihnen erfordert. Und dass es einen Unterschied gibt zwischen persönlich und privat. Bleiben Sie gerne privat. Hier geht es um Ihre Persönlichkeit. Soweit schon mal die Definition, was es alles NICHT bedeutet. Was es bedeutet, heißt vielmehr, dass ich als Führungskraft rauskomme aus meinem Silo und meiner Bubble. Und mehr in den Fluss mit der Welt um mich herum eintauche. Ein bisschen feinspürender werde. Dafür braucht es natürlich mein Gefühl. Aber auch der Körper ist ein ganz hervorragender Sendemast, um Signale aus der Welt aufzufangen, aber auch zu senden. Das hat nichts mit Körperkontakt zu tun. Sondern es ist eine Fähigkeit, die z. B. Menschen, die tanzen oder Yoga machen, sehr gut entwickelt haben. Kennen Sie Midjourney? Mit diesem AI-Tool können Sie Bilder kreieren. Wer Midjourney einmal »bei der Arbeit« zugeschaut hat, kann staunend beobachten, wie sich das Bild vom Groben ins immer Feinere weiterentwickelt. Und mit jedem Upgrade der Version sind die Ergebnisse perfekter geworden. Gedankenspiel: Was würde es für uns als Menschen bedeuten, uns vom Gröberen ins Feinere zu entwickeln? Zum Abschluss noch einige spielerische Vorschläge, wie Sie dieses »Feinere« trainieren können. Das Ihnen hilft, zu einem immer besseren Seismographen für das Menschliche zu werden. Nutzen Sie dabei die Welt als Spielwiese: Sie können das auf der Arbeit genauso ausprobieren wie im Supermarkt oder bei der nächsten Bahnfahrt:
   - Auf einer Skala von 1-10: Wie sehr vertrauen Sie Ihrem Gegenüber? Und wodurch ist diese Einschätzung entstanden:
     - Ist es die Körpersprache oder die Stimme?
     - Etwas, das gesagt oder nicht gesagt wurde?
     - Was würde es dafür brauchen, dass Sie Ihrem Gegenüber vertrauen?

Das gleiche Spiel geht natürlich auch umgekehrt: Was meinen Sie, welches Vertrauen Ihr Gegenüber Ihnen schenkt? Übrigens, falls Sie wirklich gerade mit der Bahn fahren: Dafür braucht es nicht mal ein Gespräch. Denn wir Menschen kommunizieren auch ohne Worte.

- Spontan: Denken Sie an einen Menschen, mit dem Sie diese Woche einen längeren Austausch hatten. Ordnen Sie dieser Begegnungen drei Adjektive zu. Zum Beispiel »warm – offen – spannend«. Aber vielleicht war es auch »müde – eckig – langsam«? Auch hier die Frage: Wie ist es zu dieser Wahrnehmung gekommen, welche Faktoren haben sie ausgelöst? Liegt der Grund in Ihrem Gegenüber – oder hat es vielleicht sogar etwas mit Ihnen zu tun, Ihrer Tagesverfassung?
- Nochmal: Sie sind ein Mensch. Sie haben nicht nur einen Kopf, sondern auch einen Körper! Und nur weil wir in unserer Kultur darauf trainiert sind, zumindest beruflich die Körperwahrnehmung weitestgehend auszublenden, heißt das nicht, dass das eine gute Idee ist. Spüren Sie beim Kontakt mit Menschen doch mal in Ihren Körper hinein:
  - Wie haben Sie den Händedruck zur Begrüßung empfunden?
  - Welches Bauchgefühl löst die Begegnung in Ihnen aus?
  - Mit welchem Körperabstand fühlen Sie sich am wohlsten?
  - Fühlen Sie sich ruhig im Körper oder kribbelt es Sie in den Fingern?
  - Wie verändert sich Ihre Atmung? Der Klang Ihrer Stimme?
  - Was geht in Ihnen vor bei dem Gedanken, mit diesem Menschen 24 Stunden in ein U-Boot zu steigen?

Ich könnte hier noch unzählige Trainingsmöglichkeiten aufführen. Wenn Sie Lust haben auf einen Austausch oder mir von Ihren Erfahrungen zu berichten: melden Sie sich gerne.

Anna Kaiser

Anna Kaiser ist Gründerin und ehemalige CEO des vielfach preisgekrönten Tech-Start-ups Tandemploy, Angel Investorin sowie Vice President EMEA, Innovation & Strategy beim globalen Tech-Unternehmen Phenom. Als Autorin, Speakerin und Host lädt sie dazu ein, Arbeit neu zu denken und den Bogen zu einem guten Leben zu schlagen. Digitalisierung, Female Leadership, Tech und New Work sind einige der Themen, für die sie brennt und zu denen sie Akteur*innen in Politik und Wirtschaft berät, etwa als Mitglied des Beirats »Junge Digitale Wirtschaft« des Bundesministerium für Wirtschaft und Energie, Gründungsmitglied des Ethikbeirats HR-Tech, Mitglied des Rats der Arbeitswelt vom Bundesministerium für Arbeit und Soziales (BMAS) oder Vorsitzende des Ressorts »Zukunft der Arbeit« beim Bundesverband Digitale Wirtschaft e. V. Mit der Gründung von Tandemploy 2013, der Gründung des All-Female Investorinnen-Netzwerks encourageventures 2021 und dem Merger von Tandemploy mit der globalen Tech-Company Phenom 2022 haben Anna Kaiser und ihre Mitstreiter*innen gezeigt, was möglich ist, wenn wir uns trauen, unsere Vorstellung von einer besseren Arbeitswelt nicht in der Theorie zu belassen, sondern mit Herz und Kopf anzupacken.

Frage 1: Nachhaltiges Leadership ist nicht für jeden ein Begriff – was muss aus Deiner Sicht passieren, damit das von jeder Führungskraft gelebt wird?

Der Begriff »Nachhaltigkeit« ist in den vergangenen Jahren sehr häufig verwendet worden. Und das in allen möglichen Zusammenhängen. Ich habe das Gefühl, er wird auch gern als Platzhalter benutzt. Es lohnt sich daher immer, genau nachzufragen, was eigentlich gemeint ist, wenn von »nachhaltigen Maßnahmen«, einer »nachhaltigen Geschäftsstrategie« oder »nachhaltigen Produkten« die Rede ist. Insofern ist es mir lieber, jemand bezeichnet seinen oder ihren Führungsstil gar nicht explizit als »nachhaltig«, handelt aber trotzdem entsprechend, nämlich im Sinne der Menschen und der Umwelt. Und das vielleicht sogar ganz intuitiv und weniger strategisch. Nachhaltig zu handeln heißt für mich, Ressourcen mit Bedacht zu nutzen. So, dass sie sich immer wieder regenerieren können und auf lange Sicht zur Verfügung stehen. Das lässt sich auf unsere natürlichen Ressourcen, wie Wasser oder saubere Luft, ebenso übertragen wie auf die menschliche Arbeitskraft. Auch wenn ich den Begriff »humane Ressource« nicht sonderlich mag, weil er, meinem Empfinden nach, den Menschen verdinglicht, passt er an dieser Stelle gut, um zu zeigen, dass wir auch hier sorgsam agieren müssen. Dass wir sicherstellen müssen, dass Körper und Geist genug Freiraum und Auszeiten haben, um sich zu regenerieren. Und das nicht nur drei Wochen im Jahr, sondern permanent. Das hat viel mit der Unternehmenskultur zu tun. Und diese kann in alle möglichen Bereiche hineinwirken, bis hin zu den Ernährungsgewohnheiten der Mitarbeitenden. Etwa, indem Unternehmen eine gesunde, auf lokalen und ökologisch produzierten Lebensmitteln basierende Ernährung im Arbeitsalltag möglich machen. Das oft überstrapazierte Bild des »Obstkorbes« im Büro ist also gar nicht so abwegig, wenn das Obst vom nahegelegenen Biohof kommt und dazu führt, dass Mitarbeitende angeregt werden, gesund zu snacken. Gleichzeitig ist auch klar, dass ein Obstkorb allein noch keine gute Unternehmenskultur macht.

Was muss passieren, damit mehr Führungskräfte sich diesen Themen widmen? – Ich denke, immer mehr Menschen interessieren sich für eine nachhaltige Lebensweise und tragen diese ins Unternehmen, ob als Führungskräfte, Mitarbeitende oder potenzielle Kandidat*innen. Gerade der letztgenannten Gruppe kommt eine immer größere Rolle zu, wenn man sich die demografische Entwicklung ansieht. Wir spüren ja gerade nur die sanften Anfänge eines massiven Fachkräftemangels, der uns bevorsteht. Ich kann mir gut vorstellen, dass Unternehmen, die nachhaltig im Sinne von Mensch und Natur agieren, es leichter haben, junge Menschen für sich zu begeistern und damit ihre Zukunft zu sichern. Neben diesen »Marktmechanismen« braucht es, meiner Meinung nach, aber auch politische Vorgaben, die Unternehmen zu mehr Nachhaltigkeit verpflichten.

Frage 2: Du bist für viele ein Vorbild: Was bedeutet Nachhaltiges Leadership für Dich?

Leadership bedeutet für mich in erster Linie, mein eigenes Verhalten und meine eigene Rolle in der Organisation immer wieder zu reflektieren. Mich also zu fragen: Inwiefern agiere ich eigentlich so, wie ich es auch gern von meinen Mitarbeitenden hätte? Eine proaktive Herangehensweise war mir dabei immer wichtig, also #einfachmachen statt groß zu reden. Bei Tandemploy haben wir das Thema »Nachhaltigkeit« nie besonders thematisiert, sondern wir haben es einfach vorgelebt, ob mit selbstgebauten Möbeln, Bio-Essen in der Gemeinschaftsküche oder Arbeitszeiten, die Mitarbeitende zu großen Teilen selbst bestimmen konnten und die es ihnen ermöglichten, genügend Zeit für ihre Regeneration oder eigenes Engagement für soziale oder ökologische Projekte zu haben. Ich denke, das ist ein wesentlicher Teil eines Sustainable Leadership – die Menschen nicht zu verbrennen, sich Zeit füreinander zu nehmen und immer wieder gemeinsam auf das Unternehmen zu blicken:

- Welches Ziel verfolgen wir?
- Wie wollen wir zusammenarbeiten?
- Wie wollen wir wirtschaften (und wie nicht)?

Wenn darüber ein gemeinsames Verständnis herrscht, lassen sich auch Durststrecken und Zeiten der Erschöpfung leichter bewältigen. Der wunderbare Mark

Poppenborg hat es mehrfach sehr schön auf den Punkt gebracht: Wenn wir wollen, dass Menschen sich in Organisationen auf bestimmte Weise verhalten, müssen wir den Rahmen entsprechend gestalten. Wir sind alle Spiegelbild unserer Umwelt. Mitarbeitende, die in einem Umfeld arbeiten, das auf Wertschätzung und Respekt gegenüber anderen Menschen und der Natur basiert, integrieren dieses Verhalten früher oder später auch in ihren »inneren Kompass«. Meine Aufgabe als Führungskraft ist es, diesen Rahmen maßgeblich zu gestalten.

Frage 3: Was hat Nachhaltiges Leadership mit Vereinbarkeit/Teilzeit/HR zu tun?

Da sind wir wieder beim Thema »Regeneration« und damit beim Kern von Nachhaltigkeit. Menschen sind keine Maschinen. Das unterscheidet uns am Ende auch von der KI. Wir denken und fühlen, wir sind empathisch, wir haben mal mehr, mal weniger Kraft, die wir in die Erwerbsarbeit stecken können, wir müssen essen und schlafen, wir wollen uns um Freunde, Kinder und andere Familienangehörige kümmern. Es gibt Menschen, die sagen, dass es nicht die Aufgabe von Unternehmen ist, sich mit diesen Dingen zu beschäftigen. Ich sehe es anders. Denn eben weil wir keine Maschinen sind, können wir unser Leben, unsere Gefühle nicht mal eben an der Bürotür abgeben und von da an acht Stunden nur noch funktionieren. Nachhaltig zu führen heißt für mich, menschliche Biografien und Bedürfnisse in all ihrer Vielschichtigkeit anzuerkennen und gemeinsam mit den Mitarbeitenden auszuloten, WAS sie ZU WELCHEM ZEITPUNKT in ihrem Leben WIE zur Weiterentwicklung des Unternehmens beisteuern können und UNTER WELCHEN BEDINGUNGEN sie das bestmöglich tun können. Arbeit muss in das Leben der Menschen passen, nicht umgekehrt. Daher haben wir uns bei Tandemploy schon kurz nach der Gründung 2013 von der Standard-40-Stunden-Woche verabschiedet. Stattdessen haben wir geschaut, welche Aufgaben zu erledigen und welche Rollen dafür nötig sind, und sind dann mit den bestehenden und potenziellen neuen Mitarbeitenden ins Gespräch gegangen:

- Was braucht das Unternehmen?
- Was brauchst du?
- Wie fügen wir das zusammen?
- Und wen oder was braucht es gegebenenfalls noch, damit es funktioniert?

Dieses Gespräch haben wir nicht nur einmal geführt, sondern immer wieder. Denn Lebensphasen und Umstände und damit auch die Bedürfnisse von Mitarbeitenden verändern sich natürlich mit der Zeit. Nachhaltig zu führen heißt hier auch, beweglich zu bleiben, nicht an Dingen festzuhalten, die nicht mehr funktionieren, und bereit zu sein, sich von vertrauten Denkmustern zu verabschieden.

Dr. Louis Klein

Seit bald 30 Jahren widmet sich Dr. Louis Klein als Forscher, Berater und Coach, Publizist und Vortragender praktischen Fragen von Governance und Change in den unterschiedlichen Kontexten von Wirtschaft, Politik und Zivilgesellschaft. Dr. Louis Klein ist systemischer Forscher und Komplexitätswissenschaftler, Ökonom, Soziologe und Kulturwissenschaftler. 2001 gründete er die Systemic Excellence Group als internationale Boutique Beratung und war über 20 Jahre weltweit als Organisationsentwicklungs- und Change-Management-Berater in unterschiedlichen Industrien und Kulturräumen tätig. Seit 2015 verschiebt sich sein Fokus von der Beratung auf einerseits Coaching und Moderation sowie anderseits auf systemische Forschung und Evaluation. Zunehmend widmet er sich den praktischen Fragen des gesellschaftlichen Wandels vor dem Hintergrund der planetaren und digitalen Herausforderungen des 21. Jahrhunderts. Dr. Louis Klein ist Dekan der European School of Governance in Berlin und Generalsekretär der International Federation for Systems Research in Wien. Er ist Mitglied der Redaktion des Project Management Journals (PMJ) in Philadelphia (USA) und des Journals for Systems Research and Behavioral Sciences in Hull (UK) sowie ehemaliger Mitherausgeber des Philosophischen Wirtschaftsmagazins agora42 in Stuttgart. Louis Klein wuchs auf einem Weingut an der Mosel auf. Er ist begeisterter Wasser- und Bergsportler, ist Vater eines Sohnes und einer Tochter und lebt in Berlin.

Frage 1: Ist Nachhaltiges Leadership die Lösung, damit wir es schaffen, unsere Welt lebenswert zu halten oder was muss dafür passieren?

Stewardship beschreibt die Verantwortung für das, was uns anvertraut ist, an dem Platz, an dem wir im Leben stehen, in der Organisation, in der Community, in Familie und im Freundeskreis. Stewardship beschreibt unsere kollektive Verantwortung für das Leben und den Planeten, für den wir verantwortlich sein dürfen.

Bedeutung hat für lebende Systeme das, was ist, und das, was sein könnte. Der deutsche Soziologe Niklas Luhmann beschreibt das als Sinn, als Einheit der Differenz von Aktualität und Possibilität. Aus einer unternehmerischen Perspektive ist das sofort einsichtig. Ein Geschäft muss heute und morgen funktionieren. Dabei sind Entscheidungen zu treffen, Entscheidungen zum Hier und Jetzt und Entscheidungen zum Dann und Dort, wobei die Zukunft stets risikoreich ist. Denn, erstens kommt es anders, zweitens, als man denkt. Das Englische kontrastiert das mit den Begriffen Management (hier und jetzt) und Entrepreneurship (dann und dort). Was aber informiert die Balance der beiden Aspekte? Hier kommt der Begriff des Leaderships ins Kalkül. Leadership sorgt für die Balance, gibt Orientierung in den Entscheidungen des operativen Managements und des strategischen Entrepreneurships. Woran aber orientiert sich Leadership?

Wenn wir unsere Welt lebenswert erhalten wollen, dann sind es die Aspekte der Nachhaltigkeit und des Stewardships, die eine Balance ermöglichen zwischen dem, was ist, und dem, was sein könnte. Nachhaltig entscheiden heißt dem Leben dienen. Daran sollten sich all unsere Entscheidungen bemessen lassen. Und aus wissenschaftlicher Sicht ist jede dieser Entscheidung stets mit der Turner-Frage zu hinterfragen: »What's love got to do with it?« Das Überleben sollte nicht das Kriterium sein, sondern das lebenswerte, liebevolle Miteinander der Menschen, in Verbundenheit miteinander und mit allem Leben auf unserem wunderschönen Planeten.

Frage 2: Du bist für viele ein Vorbild: Was bedeutet Nachhaltiges Leadership für Dich?

Meine unterschiedlichen beruflichen Rollen als Wissenschaftler, Forscher, Publizist, Berater und Coach kommen in der Rolle des Navigators zusammen. Ein Navigator dient dem Kapitän, der Mannschaft, dem Schiff und dem gemeinsamen Vorhaben. Ein Navigator erkundet die Welt und zeichnet Karten. Er weist auf die Gefahren hin und schlägt den sicheren Kurs vor. Er bleibt an Bord, bis der sichere Hafen erreicht ist. Er dient. So diene auch ich und stelle meine Fähigkeiten in den Dienst derer, die in Verantwortung Nachhaltiges Leadership leben.

Für mich ist in all dem die Frage nach Nachhaltigem Leadership eine Frage der Integrität. Wenn wir das, was wir tun, in den Dienst einer lebenswerten Zukunft stellen, dann ist das ein Ausdruck unseres menschlichen Vermögens und unserer Humanität. Dann ist das ein Ausdruck der Nachhaltigkeit und der Liebe zu dem, was uns anvertraut ist.

Frage 3: Was hat Nachhaltiges Leadership mit Consulting und international flexibel leben zu tun?

Alle Menschen sind gleich und jeder ist einzigartig. Alles ist mit allem in Resonanz verbunden. Zu jeder Beobachtung, wie es der Soziokybernetiker Bernard Scott beschreibt, gibt es stets ein größeres Bild, gibt es stets mehr Detail und stets eine alternative Perspektive. Unser menschliches Potenzial besteht darin, unserer Menschlichkeit zu vertrauen. Unsere Menschlichkeit hat keine Grenzen. Die nachhaltige Begegnung kennt keine Nationen. Coaching und Consulting können und sollten genau dafür Rollenmodele sein.

Dr. Kirsten Mikkelsen

Kirsten Mikkelsen, Syst. Coach for Holistic Change & Business Development und Director Entrepreneurship, Gender & Education am Jackstädt-Zentrum der Europa-Universität Flensburg, wirkt und arbeitet sowohl praxisnah im Rahmen ihrer Lehre als auch ihrer Forschung. Bevor sie 2009 in die Wissenschaft zurückkehrte, war sie selbst unternehmerisch aktiv und arbeitete in Dänemark im Bereich Human Resources und Unternehmenskommunikation. Ihre Leidenschaft gilt Themen rund um Innovation & Entrepreneurship sowie Diversity & Empowerment für (junge) Frauen. Gestalterisch und als treibendende Kraft macht sie sich für die Entwicklung eines inklusiven und chancengleichen Arbeitsumfeldes stark. Dabei unterstützt sie junge und etablierte Unternehmen als systemische Coach und Trainerin sowohl auf individueller als auch auf organisationaler Ebene in den Bereichen Innovation und Change.

Frage 1: Ist Nachhaltiges Leadership die Lösung, damit wir es schaffen, unsere Welt lebenswert zu halten oder was muss dafür passieren?

Beide Themen – sowohl das Thema Führung als auch das Thema Nachhaltigkeit – sind komplex. Die zwei Themenfelder zusammen genommen umfassen einen Wirkkreis vom Individuum über die Organisation bis hin zur Gesellschaft.

Für mich ist Sustainable Leadership Ausdruck eines Führungsstils, der sich an den Bedarfen der Mitarbeitenden orientiert und dabei Aspekte nachhaltigen Denkens und Handelns berücksichtigt. Es erfordert einen Mindset-Wandel hin zu holistischerem Wirtschaften, ein Bewusstsein über die Folgen des individuellen und organisationalen Handelns. Darin steckt eine Transformationskraft besonderer Stärke. Als Führungskraft habe ich die Möglichkeit, das Verhalten der Mitarbeitenden positiv zu beeinflussen. Entscheidungen, die für die Organisation getroffen werden, sollen idealerweise von den Mitarbeitenden getragen und umgesetzt werden.

Warum also Mitarbeitende nicht frühzeitig in entsprechende Prozesse einbeziehen und ihnen die Möglichkeit bieten, ihre Ideen und Impulse für mehr Nachhaltigkeit aufzunehmen. Sie haben durch ihre täglichen Routinen und Arbeiten oft den besseren Blick für Optimierungspotenziale. Es ist also meine Aufgabe als Führungskraft, ihnen den entsprechenden Raum zu geben sowie Anreize zu schaffen und Anerkennung für eingebrachte Ideen zu schenken. Zudem ist es wichtig zu erkennen, dass ich für unterschiedliche Mitarbeitende unterschiedliche Begleitformen brauche.

Inwieweit ich es schaffe, Mitarbeitende zu nachhaltigem Denken und Handeln zu bewegen, hängt maßgeblich von meinem eigenen Verhalten ab. »Preach what you practice« lautet hier der Slogan. Denn in diesem Augenblick werde ich zum Role-Model.

Ich ermuntere meine Teams, auf ihre eigenen Ressourcen zu achten. Im Rahmen der strukturellen Möglichkeiten erarbeiten die Teams den Rahmen, den eigenen Bedürfnissen und Bedarfen entsprechend der eigenen Tätigkeiten auszugestalten. Unser Handlungsfeld »entrepreneurship (education)« bietet die ideale Anknüpfung, geht es doch hier auch um die Entwicklung von (nachhaltigen) Projekten auf Basis eigener Ressourcen. Auf diese Weise schaffen wir es übrigens – auch im Team – jedes Teammitglied mitzunehmen.

Mein Mindset, in den meisten Dingen eine Chance zu sehen, bedeutet für mich auch, von meinen Mitarbeitenden lernen zu können und zu wollen. Darin steckt auch eine Überzeugung, Zukunft aktiv gestalten zu können. Die Begrenzung liegt möglicherweise in der Reichweite dieses Handelns. So konzentrieren wir uns zunächst auf die eigene Organisation und hoffen darüber hinaus Multiplikatoreneffekte auszulösen.

Maya Miteva

Maya Miteva ist Immobilien-Expertin mit über 22 Jahren Erfahrung. Sie ist Mitgründerin des Happy Immo Club – die erste digitale Plattform von Frauen für Frauen zum Thema Immobilien-Investments. Seit Juli 2022 ist sie CEO der Deutsche Real Estate AG – ein börsennotiertes Unternehmen mit Fokus auf Gewerbeimmobilien. Als Beirat und Angel-Investorin der Prop-Tech-High Rise Ventures unterstützt sie Start-ups im PropTech-B2B-Bereich. Mit ihrem Kreativkonzept in Berlin-Moabit – SCOPE BLN – geht sie neue Wege der Kunstförderung. Davor war Maya Miteva im Management Board der Summit Real Estate Group, CFO bei der Centerscape Group und in unterschiedlichen Führungsfunktionen bei der VONOVIA SE (früher GAGFAH Group), Arminius Group, Evercore (früher Kuna & Co.) und bei Lazard. Ihr Wirtschaftsstudium hat sie im Jahr 2000 in den USA and Mount Holyoke College absolviert.

Frage 1: Nachhaltiges Leadership ist nicht für jeden ein Begriff – was muss aus Deiner Sicht passieren, damit das von jeder Führungskraft gelebt wird?

Das Schneeballsystem für mehr Nachhaltigkeit

»Nicht aus dem Wohlwollen des Metzgers, Brauers oder Bäckers erwarten wir unser Abendessen, sondern aus ihrer Rücksicht auf ihre eigenen Interessen.« Das schrieb Adam Smith in seinem Buch »The Wealth of Nations« im 18 Jahrhundert. 250 Jahre später hat sich so wenig und doch so viel verändert. Vor allem das Wort »Interesse« hat neue Sichtweisen und Bedeutungen erhalten. Während Adam Smith unter Interesse eher das wirtschaftliche Interesse verstand, freue ich mich, dass wir heute viel bewusster mit unserem eigenen Interesse umgehen. Dadurch sorgen wir automatisch für eine nachhaltigere Zukunft.

Persönlich denke ich, dass jeder Mensch ein anderes Verständnis von Nachhaltigkeit hat und nicht jeder in der Lage ist, seine Werte umzusetzen, da wir alle unsere Einschränkungen haben. Während der Staat für ein einheitliches Verständnis sorgt und von jedem von uns eine gewisse Verantwortung fordert, sind wir frei, unsere Selbstverantwortung zu leben und ein Vorbild für unsere Mitmenschen zu sein.

Frage 2: Du bist für viele ein Vorbild: Was bedeutet Nachhaltiges Leadership für Dich?

Im Laufe der Jahre habe ich versucht, meinen Purpose zu definieren, den ich jeden Tag ausleben darf. Ich setze mich für die Chancengleichheit von Frauen in unserer Gesellschaft, für den Fortschritt durch Kreativität und Innovation und dafür ein, dass Immobilien der Ort sind, an dem mehr entsteht. Deshalb habe ich zusammen mit Anais Cosneau den Happy Immo Club gegründet, wo wir Frauen beibringen, bewusst und verantwortungsvoll in Immobilien zu investieren.

Investitionswissen sorgt bei Frauen für finanzielle Sicherheit und in unserer Gesellschaft für weniger Altersarmut und mehr Chancengleichheit. So haben Frauen den Freiraum, ihre eigenen Träume zu verfolgen, die in den meisten Fällen der Gesellschaft wieder zugutekommen, da Frauen dazu neigen, ihre Zeit in Care-Arbeit und soziale Berufe zu investieren.

Frage 3: Was hat Nachhaltiges Leadership mit Mittelstand/Enkelfähigkeit zu tun?

Als Eigentümer:innen haben wir alle die Möglichkeit, mehr zu bewirken. Immobilien sorgen für über 30 % des CO2-Ausstoßes in Deutschland und wir können durch entsprechende Investitionen und den Einsatz von Technologie diese CO2-Bilanz aktiv verändern. So setzen wir in unseren Gebäuden auf Ökostrom, Solarenergie und effizienzverbessernde Technologien. Durch aktives Angel-Investing sorgen wir für die Entwicklung von neuen und nachhaltigen Immobilientechnologien. Dieses Wissen geben wir als Happy Immo weiter. So werden aus einem Vorbild tausende von Vorbildern, die das Wissen und die Erfahrungen auch wieder weitergeben. Daraus entsteht ein nachhaltiges Leadership, das als Ziel hat, langfristige ökologische, soziale und ökonomische Nachhaltigkeit zu schaffen.

Was ich persönlich nicht aus den Augen verlieren möchte, ist die menschliche Komponente. Wir alle leben in Immobilien, kennen aber selten unsere Mitmenschen. Dabei gibt es so viel Humankapital in unseren Wohnhäusern, dessen Mehrwert wir gar nicht kennen und deshalb nicht nutzen können. Ich setze auf kuratierte Wohnkonzepte mit dem Fokus auf künstlerischer Kreativität und Innovation. Die Ergebnisse begeistern mich tagtäglich. Im Kreativhaus SCOPE BLN haben sich Bewohner zusammengeschlossen und Kunstkollektive gegründet, ein kreatives Café aufgebaut und sind zum kreativen Herz der Nachbarschaft geworden. Die Künstlerresidenz und der Projektraum zeigen mittlerweile Künstlerinnen und Künstler aus der ganzen Welt. Im Innovationshaus TEMPEL212 haben inzwischen alle Bewohner Start-ups gegründet. Hätten sie nicht zusammengelebt, hätten einige von ihnen diesen Weg nicht eingeschlagen. Sowohl Kreativität als auch Innovation – beide letztendlich so eng miteinander verbunden – sorgen für eine nachhaltigere Zukunft. Ich habe den Samen gelegt, aber die Nachhaltigkeit entsteht nur, indem wir gemeinsam mit Freude co-kreieren. Lasst uns alle Vorbilder dafür sein.

Sabine Schumann, Polizeihauptkommissarin

Sabine Schumann ist seit 1993 Polizeibeamtin des Landes Berlin. Begonnen hat sie ihre Ausbildung im mittleren Dienst, weil ihr das Abitur für den gehobenen Dienst fehlte; ihre DDR-Biografie hatte ihr diese Chance nicht gegeben. Da sie wegen guter Leistungen und hohem Ansporn die Ausbildung verkürzen konnte, schaffte sie auch nach nur 5 Jahren die Auswahl, um berufsbegleitend studieren und die Voraussetzungen für den gehobenen Dienst erlangen zu können. Sie war viele Jahre in unterschiedlichen Polizeiabschnitten als Führungskraft in Dienstgruppenleitungen tätig und ist jetzt bei der Wasserschutzpolizei in der Referatsleitung im Bereich Einsatz für die Öffentlichkeitsarbeit und Prävention verantwortlich.

Frage 1: Nachhaltiges Leadership ist nicht für jeden ein Begriff – was muss aus Deiner Sicht passieren, damit das von jeder Führungskraft gelebt wird?

In der Polizei und Behörden bezieht sich »Leadership« (übersetzt als »Führung«) auf die Fähigkeit, eine Gruppe von Menschen oder Teams effektiv zu leiten und zu motivieren, um gemeinsame Ziele zu erreichen. Dabei spielen mehrere Aspekte eine Rolle:

1. Führungskräfte müssen **Verantwortung** für ihre Entscheidungen übernehmen und die Auswirkungen auf die Mitarbeiter und die Behörde berücksichtigen. Wenn also behördliche Vorgaben geändert und z. B. Beförderungen oder finanzielle Mittel reduziert werden, ist es wichtig, dass die Führungskraft verantwortungsvoll handelt. Nicht verantwortungsvoll handeln Führungskräfte, die sich wie Klassensprecher aufführen und am lautesten die Probleme beschreiben, aber keine Lösungen parat haben. Die Führungskraft muss möglichst sicherstellen, dass die Mitarbeiter infolge der Kürzung engagiert und motiviert bleiben und die Qualität der Polizeiarbeit aufrechterhalten wird.
2. Führungskräfte müssen eine klare **Vorstellung** davon haben, wohin sie die Dienststelle führen wollen und welche Schritte dafür erforderlich sind. Letztendlich muss es das Bestreben sein, eine kontinuierliche Verbesserung herbeizuführen und Erfolge zu sichern. Hier sehe ich als Aufgabe, das Vertrauen zwischen Bürgern und Polizei fortwährend zu verbessern. Die Führungskraft muss daher regelmäßig im Gespräch mit den Mitarbeitenden stehen und sicherstellen, dass sie mit ihren Vorstellungen auch verstanden werden. Wenn also der Dienstgruppenleiter nicht synchron mit der Dienstgruppe seinen Dienst versieht, dann mutet das wie Führung aus dem »Elfenbeinturm« an. Hier fehlt die effektive Kommunikation, weil sie nicht gemeinsam, sondern jeder für sich alleine an den Zielen arbeitet.

3. Führungskräfte treffen **Entscheidungen**, die sowohl kurz- als auch langfristig das Wohlergehen der Mitarbeitenden und der Polizei begünstigen sollten. Ich bin der Auffassung, dass Aus- und Fortbildung die richtigen Bausteine der Personalentwicklung sind, wir investieren in die Kenntnisse und Fähigkeiten der Beschäftigten und sichern somit den Erfolg der Behörde. Führungskräfte dürfen niemals aus dem Blick lassen, dass wir die Zusammenarbeit mit anderen Behörden und Verwaltungen effektiv und im Sinne der gemeinsamen Sicherheitsanliegen auszurichten haben. Nicht der Ruf nach »schlanker Verwaltung« darf unsere Entscheidungen lenken, denn wir unterliegen klaren gesetzlichen Bestimmungen. Verwaltungshandeln erfolgt nicht zum Selbstzweck.
4. Wenn Führungskräfte eine offene und ehrliche **Kommunikation** pflegen, dann entscheiden sie auch darüber, dass alle Dienstkräfte ihrer Dienststelle informiert und auf dem Laufenden gehalten werden. Was nach meiner Einschätzung überhaupt nicht geht: wenn Führungskräfte lauthals die »Behördenleitung« und die »Politik« für jede Unzulänglichkeit oder Veränderung »verantwortlich« machen. Der offene und transparente Dialog mit den Dienstkräften muss gepflegt, Probleme identifiziert und Lösungen erarbeitet werden. Leider werden Dienstkräfte nicht genügend ermutigt, Feedback zu geben und ihre Meinung zu äußern, auch wenn es in Schulungen und Publikationen der Behörde gefordert und hervorgehoben wird. Konstruktive Kritik und angemessene Reaktionen gehören leider noch zu den eher selten wahrgenommenen Führungseigenschaften.
5. Führungskräfte müssen in der Lage sein, die Bedürfnisse, Sorgen und Anliegen ihrer Dienstkräfte zu identifizieren und angemessen darauf zu **reagieren**. Wenn also, wie an einem Beispiel erläutert, die Führungskraft eine Mitarbeiterin, die zwei Tage zuvor den verstorbenen Angehörigen nach schwerer Krankheit beerdigt hatte, vor versammelter Mannschaft ungerechtfertigt kritisiert und sie bloßstellt, erfüllt diese Anforderungen an eine Führungskraft offenbar nicht. Inwieweit man in die Beamtenlaufbahnen hier regulierend oder lösungsorientiert eingreifen kann, scheint eine herausfordernde Aufgabe für die Polizei zu sein. Schlechte Führung macht krank, das kann man zum Teil auch an den Krankenständen ablesen.
6. Führungskräfte sollen die Stärken ihrer Mitarbeiter identifizieren, sie bei der Weiterentwicklung unterstützen und ihnen helfen, ihr volles Potenzial auszuschöpfen. Da der Erfolg in einer hierarchischen Struktur zumeist mit dem vertikalen Aufstieg in Verbindung gebracht wird, also vom Dienstgrad, rückt die horizontale Entwicklung in den Hintergrund. Hier ist fachliche Stärkung und Weiterentwicklung der Dienstkräfte für ihre Zufriedenheit und Leistungsoptimierung absolut optimierbar.
7. Führungskräfte sollten Teamarbeit fördern. In der Polizei sind Veränderungen, z. B. ein Dienststellenwechsel, nicht selbstverständlich. Wer auf eine andere Dienststelle kommt, muss sich allzu oft die Frage gefallen lassen, was

er/sie »angestellt« habe. Das bedeutet, dass notwendige Veränderungen als Bestrafung oder Reglementierung empfunden werden. Hier muss mit den richtigen Anreizen »Wechselstimmung« beeinflusst werden.

In der Polizei und in anderen Behörden ist es besonders wichtig, dass Führungskräfte sowohl disziplinarische als auch strafrechtliche Aspekte zu berücksichtigen haben. Hinzukommt, dass sie gleichzeitig die Gleichstellung und Diversität fördern müssen. Keine leichte Aufgabe in einem immer noch männlich dominierten Beruf.

Frage 2: Du bist für viele ein Vorbild: Was bedeutet Nachhaltiges Leadership für Dich?

Ich bin ehrlich im Umgang mit Menschen und Problemen. Dabei nehme ich mich selbst nicht so wichtig, kann auch mal herzhaft über mich lachen. Ich blicke zurück auf ein gehaltvolles, berufliches Leben, nicht nur in der Polizei. Den Verlauf konnte ich nicht in Gänze planen, daher versuche ich meine Erfahrungen in mein Führungsverhalten einfließen zu lassen. Vorbilder haben mich immer inspiriert und angespornt, Herausforderungen anzunehmen und über meinen Schatten zu springen. Das möchte ich gerne an andere Menschen, insbesondere an Frauen, weitergeben. Der Frauenanteil in der Polizei ist noch längst nicht so, dass die Verhältnisse ausgeglichen sind. Der Frauenanteil bewegt sich um die 30 %, wobei gerade im sichtbaren Teil, also der in Uniform, hier die Kurbel anzusetzen ist.

Frage 3: Was hat nachhaltiges Leadership mit dem Frauen Netzwerk der Polizei zu tun?

Frauen in der Polizei brauchen Vorbilder – weibliche Vorbilder. Erfolg und Leistung sind im Grundsatz männlich belegt und definiert, daher orientieren sich Frauen dann an den Karrieren der Männer. Nicht selten finden sich daher in Spitzenfunktionen Frauen, die für die berufliche Karriere auf Kinder verzichtet und ihre Weiblichkeit »neutralisiert« haben. Ein Fehler, wie ich finde, denn Frauen dürfen sich nicht zwischen entweder/oder, sondern sollten sich für sowohl/als auch entscheiden. Hierzu müssen Frauen in Führung sein, die die Vereinbarkeit von Beruf, Familie und Karriere gleichermaßen unter die Haube kriegen. Frauennetzwerke in der Polizei können hier gute Ideen hervorbringen und engagierte Vorbilder an den Führungsnachwuchs lotsen.

Almuth Siegl

Almuth Siegl ist CEO Fondeon (www.fondeon.de) und Mitgründerin Obstetrix (www.obstetrix.eu) sowie Mitgründerin von Activ Global (www.activ.global). Seit über 20 Jahren hat sie ihre Leidenschaft zum Beruf gemacht. Zusammen mit zahlreichen Privatinvestoren/Family Offices/Forschungsinstituten und Unternehmen setzt sie Innovationen zügig in wirtschaftliche Produkte um. Die Verbindung zwischen Innovation und nachhaltigem Umweltschutz liegt ihr besonders am Herzen.

Frage 1: Nachhaltiges Leadership ist nicht für jeden ein Begriff – was muss aus Deiner Sicht passieren, damit das von jeder Führungskraft gelebt wird?

Der grundsätzliche Wandel zum nachhaltigen Leadership beginnt – glaube ich – im Kopf. Führungskräfte, die ihr Unternehmen nachhaltig ausrichten wollen, müssen zunächst ein Bewusstsein für Nachhaltigkeit entwickeln und dann auch vorleben.

Frage 2: Du bist für viele ein Vorbild: Was bedeutet Nachhaltiges Leadership für Dich?

Ich habe mir als allererstes ein Fachwissen angeeignet, denn das ist für mich Voraussetzung zur Transformation. Danach habe ich mein Unternehmen Fondeon so ausgerichtet, dass ich seit 2019 nur noch nachhaltige Technologien und Forschungsvorhaben begleite, und so auch damit meinen Investoren klargemacht, dass darin die Zukunft liegt. Es hat einige Jahre gedauert, aber die meisten meiner Investoren haben sich mir angeschlossen. 2021 gründete ich zusammen mit anderen die ACTIV Initiative Deutschland, die ein Projekt der Melete-Stiftung ist (www.melete-stiftung.de). Hier geht es rund um das Thema Klima und Umweltschutz. Last but not least: Diese Woche haben mein Geschäftspartner Henning Hiersemenzel (www.hiersemenzel.com) und ich ein Unternehmen gegründet: www.obstetrix.eu. Wir haben ein digitales Konzept entwickelt, nachhaltige Forschungsvorhaben (nur gemäß der 17 Ziele für nachhaltige Entwicklung der Vereinten Nationen) auf Basis künstlicher Intelligenz mit Investoren zu matchen. Die Plattform wird in wenigen Monaten online gehen.

Frage 3: Was hat Nachhaltiges Leadership mit Nachhaltigen als Teil eines großen Ganzen (Investment) zu tun?

Ergänzend zu den obigen Hinweisen, möchte Henning Hiersemenzel noch unterstreichen, wie wichtig die Verbesserung der Kommunikation zwischen Wissenschaft und Forschung einerseits und den Investoren und Fördergebern andererseits immer gewesen ist. Unsere Vision ist, dass in der Zukunft möglichst nur noch nachhaltige Projekte Investoren finden. Was mich persönlich sehr ärgert, ist, dass viele Unternehmen das Wort Nachhaltigkeit nur in den Mund nehmen, weil das jetzt dazugehört, dies aber nicht vorleben. Im Gegenteil: Es gibt Unternehmer, die Produkte auf den Markt gebracht haben mit dem Siegel »100 Prozent bioabbaubar«. Daraufhin habe ich zusammen mit der Fraunhofer-Gesellschaft verschiedene Produkte getestet und heraus kam, dass das alles nur Schwindel war und auf keinen Fall bioabbaubar. Ich finde, jeder, der so ein Label auf seinen Produkten anbringen darf, sollte sich vorher einem Test unterziehen müssen.

Wolfgang Sonnenburg

Wolfgang Sonnenburg ist Investor, Unternehmer, Coach und Mentor. Er war nach dem Studium der Rechtswissenschaften als Rechtsanwalt einer eigenen erfolgreichen Anwaltskanzlei in Hamburg und als Geschäftsführer einer Steuerberatungsgesellschaft tätig. Wolfgang Sonnenburg war trotz seines unternehmerischen Erfolges nicht glücklich und traf eine radikale Entscheidung: Er gab sein altes Leben auf und setzt sich seitdem für ein Gemeinwesen ein, in dem sich Politiker als der verlängerte Arm des Souveräns verstehen und nach bestem Wissen und Gewissens darum ringen, den Auftrag, den sie von ihren Wählern erhalten haben, zu erfüllen.

Wolfgang Sonnenburg ist aktuell Transformationsbegleiter, der Menschen und Unternehmen darin unterstützt, ihre Wirksamkeit, Gestaltungsmöglichkeiten und Einflussnahmen zu erkennen. Ziel ist die Selbstermächtigung. Gibraltar, Barbados, die Staaten, Südafrika, die Schweiz: Wolfgang Sonnenburg ist in der Welt zuhause, ihn inspirieren die Menschen ganz unterschiedlicher Kulturen. Und er hinterlässt als Autor, Redner und Coach, als Unternehmer und Investor in diesen Kulturen seine eigenen Spuren.

www.wolfgangsonnenburg.com

Nachhaltiges Leadership – Worum geht es wirklich, wirklich?!

Wie viele Entscheidungen sind von Ideologien, persönlichen Vorlieben bewusst oder unbewusst geprägt? Ehrliches Abwägen, offene Diskussion über unterschiedliche Ansichten, Transparenz sind nicht erwünscht. Trennen und Verurteilung sind an der Tagesordnung. Wie gehen wir mit der Unwissenheit bezogen auf die Zukunft im Kontext Führung und Nachhaltigkeit um? Und wie vermeiden wir, dass wir nicht nur die Vergangenheit fortschreiben?

Was hat das mit dem Thema Leadership und mit Nachhaltigkeit zu tun? Für den Menschen und die Erde für die Zukunft sinnvoll, naturgemäß und artgerecht zu handeln?

1. Menschen sind Teil der Natur.
2. Irren ist menschlich.
3. Natur ist komplex.
4. Alles ist interdependent.
5. Gibt es eine Gesamtvision, in die alle Handlungen und Gesetze sinnvoll wirken sollen?

6. Sind wir bereit, uns und unsere Handlungen immer wieder in Frage zu stellen?
7. Bekommen wir einen Konsens für erforderliche Anpassungen?

Diese 7 Punkte entsprechen dem, was meine Prime-Coaching-Klienten in ihren erfolgreichen Unternehmungen umsetzen. »Purpose before Profit« oder »Wertschätzung vor Wertschöpfung« sind zwar schon gängige Aussagen. Doch wohl meist nur Theorie. 2008 fragte ich einen Professor, ob er nicht eine Doktorarbeit für das Thema »Win Win in der Gesellschaft« anregen könnte. Ich würde es auch finanziell mit unterstützen, wenn erforderlich, sagte ich. »Das Thema ist doch ausgelutscht«, war seine Antwort. Ausgelutscht? Wohl kaum. Dazu brauchen wir ja nur aus dem Fenster zu schauen. Sehen und erleben wir eine Wir-, eine Win-Win-Kultur?

Es geht eben nicht allein um Theorie oder Beobachtung im Außen. Haben wir in uns einen tieferen Sinn und eine daraus folgende Vision für Unternehmen und das Land? Verstehen wir in diesem Kontext das Gesetz von Ursache und Wirkung? Welche Ursachen müssen wir setzen, um die gewünschten Folgen zu haben? Erfolg ist immer nur die Folge von den gesetzten Ursachen.

Peter Spiegel

Peter Spiegel ist Zukunftsforscher, Initiator und Leiter des Think-&-Do-Tanks WeQ Institute, Entdecker des Metatrends »WeQ – More than IQ«, Initiator und Mitgründer der WeQ Foundation, Initiator und Co-CEO der Future-Skills-Initiative sowie der Planet We Initiative, Initiator und Konzeptionist des Vision Summit sowie des EduAction Bildungsgipfels, Vorstandsbeauftragter für Future Skills beim Senat der Wirtschaft Deutschland, Autor, Herausgeber und Ghostwriter von 49 Büchern, zuletzt Herausgeber (mit Anabel Ternès u. a.) des Standardwerks und Praxisbuchs mit 69 Co-Creators »Future Skills – 30 zukunftsentscheidende Kompetenzen und wie wir sie lernen können« und Co-Autor von »Imagination – Und alles Mögliche wird möglich ...« (mit Rüdiger Fox) sowie »Planet We – Wirtschaft und Weltpolitik wettbewerbsneutral gestalten« (mit Georgios Zervas), Keynote Speaker und Imaginations-Trainer, vormals u. a. Generalsekretär des Club of Budapest International, heute Ehrenmitglied des Club of Budapest als International Ambassador for Economic Affairs.

Frage 1: Was kann Nachhaltiges Leadership – wo kommt es an Grenzen, wenn es darum geht, mit Nachhaltigkeit unsere Welt zu retten?

Nachhaltiges Leadership kann unvorstellbar viel bewirken, jedenfalls wenn wir »unvorstellbar« so definieren, dass sich noch immer die wenigsten vorstellen können, wie viel sie bewirken können – und nicht zuletzt: wie viel unternehmerische Kräfte dies freisetzt und wie viel sinnstiftende Lebensfreude. Dies an zwei Beispielen erläutert:

Der Hamburger Unternehmer Georg Winter, der ab 1968 einen der deutschen Weltmarktführer leitete, entwickelte zu dieser Zeit bereits mit dem »Winter-Modell« die erste »ökologieorientierte Betriebswirtschafts- und Unternehmensführungslehre«, die weltweit Schule machte. Daraus ging 1984 der »Bundesdeutsche Arbeitskreis für Umweltbewusstes Management«, kurz B.A.U.M., hervor und später der internationale Verband INEM. Ihn kann man durchaus als Pionier für Nachhaltiges Leadership bezeichnen, der nicht nur sein eigenes Unternehmen mit immer konsequenteren Umweltstandards ökologisch und ökonomisch erfolgreich fortentwickelte, sondern früh verstand, dass ein Netzwerk von ähnlich gesinnten Führungskräften in der Wirtschaft die beste »Learning Community« für die Transformation des eigenen wie vieler weiterer Unternehmen ist – und zudem die Grundlage für erfolgreiche Lobbyarbeit in diese Richtung bei der Politik.

Ein aktueller Pionier für Nachhaltiges Leadership ist Rüdiger Fox, derzeit CEO beim Textilunternehmen Sympatex. Dies ist das sechste Unternehmen, das er in einer existenzbedrohenden Krisenphase als CEO in die Hand nahm – und mit einer völlig überraschenden Strategie erfolgreich sanierte: Er wandte das von ihm entwickelte Konzept von »Corporate Happiness« an, das die Prinzipien des »National Happiness Index« von Bhutan auf Unternehmensführung anwandte und ein 360-Grad-Happiness-Verständnis für alle Mitarbeitenden wie für die Zukunftsfähigkeit des Unternehmens realisierte. Er ist damit eine Leitfigur für die sehr erfolgreiche Umsetzung des bisher vielleicht umfassendsten Verständnisses von Nachhaltigem Leadership. Was die speziell ökologische Seite betrifft, machte er für Sympatex zur Vision und Mission, dass dies das erste Textilunternehmen der Welt wird, das zu 100 Prozent als Kreislaufwirtschaft-Unternehmen funktioniert.

Beide, Georg Winter wie Rüdiger Fox, dachten und arbeiteten jedoch auch sehr früh bereits auf jener Ebene, wo tatsächlich noch die härtesten Grenzen bestehen für das Ziel, dass Nachhaltigkeit unsere Welt noch retten kann. Georg Winter stellte 1993 erstmals das Konzept einer Biokratie vor – eine Vision für eine Regierungsform, die den Erhalt der Ökosysteme unseres Planeten ins Zentrum rückt –, bildete dahingehend ein Netzwerk und eine Stiftung für die Festschreibung der Rechte der Natur in der deutschen Verfassung wie auf der globalen Ebene bei den Vereinten Nationen. Rüdiger Fox machte – als Unternehmensführer! – konsequent radikale und zugleich sehr erfolgreiche Lobbyarbeit bei der Europäischen Union für die Einführung eines verbindlichen Fahrplans zur Kreislaufwirtschaft in der Textilbranche: Am 30. März 2022 veröffentlichte die Europäische Kommission: »Bis 2030 sind Textilprodukte, die in der EU in Verkehr gebracht werden, langlebig und recycelbar ... und werden im Hinblick auf soziale Rechte und die Umwelt hergestellt.«

Frage 2: Du bist für viele ein Vorbild. Was bedeutet Nachhaltiges Leadership für Dich?

An einem konsequent gesamtsystemisch denkenden Netzwerk mitzuwirken, das Zug um Zug so viel Wirkmacht erzielt, dass unser Planet zu einem »Planet We« wird. So haben wir daher auch unsere aktuelle Initiative getauft: »Planet We« (mehr dazu unter planetwe.net). Wir Menschen sind so wirkmächtig geworden, dass wir nicht länger »Kreaturen im Überlebenskampf« auf diesem Planeten sind, sondern längst »Co-Kreatoren DES Planeten«. Wir sind aufgrund der Serie von immer wirkmächtigeren industriellen Revolutionen der letzten zwei, drei Jahrhunderte bis zur gegenwärtigen digitalen Revolution unwiderruflich zu Mitschöpfern der Ökosysteme auf diesem Planeten geworden, und zwar spätestens mit dem »Internet of everything« ALLER Ökosysteme. In dieser radikal neuen Rolle der menschlichen Co-Kreatorenschaft haben wir keine andere Wahl, als die dafür unumgehbare gesamtsystemische Verantwortung anzunehmen. Die heute erforderliche Anpassung funktioniert nicht mehr nach dem Motto »Survival of the fittest«, sondern das neue Motto lautet: »Survival through ecosystemic fitness«, und zwar *als* kollaboratives Zusammenspiel der Menschheit als Ganzes und *für und mit* allen Ökosystemen als Ganzes. In diesem umfassenden Sinne müssen wir insgesamt ein »Planet We« werden. Nachhaltiges Leadership bedeutet für mich, daran immer weiter hinzulernend mitzuwirken und immer mehr Menschen dazu einzuladen, ebenfalls mitzuwirken und ihre sinnstiftende Identität und Wirkmächtigkeit zu finden.

Frage 3: Was hat Nachhaltiges Leadership mit Bildung und »Vordenker sein« zu tun?

Bildung war schon immer der größte Fortschrittstreiber und wird es auch jetzt sein in der großen Transformation in Richtung »Planet We«. Sicher nicht überraschend ist, dass wir in einer derart radikalen Transformationszeit von »Internet of everything« und Künstlicher Intelligenz eine Bildung brauchen, die der neuen Anforderung von »Survival through ecosystemic fitness« gerecht wird. Die digitale Welt hat *ein* fundamentales Bildungsproblem gelöst: Der *Zugang zu Wissen* ist nicht länger ein Engpass für unser Lernen. Digitale *Wissens*-Plattformen wie Google »wissen« nahezu alles und nahezu alle haben dazu bereits jetzt Zugang. Digitale *Lern*-Plattformen bieten zudem inzwischen viele höchst unterschiedliche individuelle wie auch kollaborative Zugänge zum erfolgreichen Wissenserwerb. Dieser Engpass wird in Kürze Geschichte sein. Zudem ist der Wissens*zuwachs* heute derart rasant, dass das Modell rein wissenszentrierten Vorratslernens »für das (erwachsene) Leben« auch nicht mehr zukunftstauglich ist.

Die große Transformation von Bildung ist heute jene vom Fokus des uns vertrauten Wissenslernens zum neuen Fokus des Kompetenzenlernens, und keineswegs nur der digitalen Kompetenzen, sondern in allererster Linie der zutiefst menschlichen und sozialen Kompetenzen sowie der wichtigsten wirkmächtigen Umsetzungskompetenzen. Achtsamkeit, Authentizität, Changemaking, Empathie, Happiness, Innere und äußere Führung, Imagination, Innovation, Inspiration, Imagination, Kollaboration, Kommunikation, multiple Lernkompetenz, Problemlösung, Resilienz, Selbstwirksamkeit, Systemisch denken und handeln, Teamkompetenz und natürlich auch Nachhaltigkeit sind die Schlüsselfähigkeiten in dieser Entwicklungsphase der Menschheit. Wir bezeichnen diese als Zukunftskompetenzen, als die zukunftsentscheidenden »Future Skills« und unser WeQ Institute machte deren unmittelbare und leichte Lernbarkeit für alle Menschen in allen Lebensphasen zu seiner Hauptaufgabe (mehr unter futureskills.org).

Katja Thiede

Eine Arbeitswelt, in der Menschen in allen Lebensphasen mitgestalten und chancengleich wirksam werden können – das ist die Vision, die Katja Thiede leidenschaftlich verfolgt. Ihr Hebel: Coworking. Katja ist Mitgründerin und Geschäftsführerin von juggleHUB Coworking, dem ersten Coworking Space mit flexibler Kinderbetreuung, der seit seiner Gründung 2016 Strahlkraft weit über Berlin hinaus erlangt hat. 2019 hat sie mit einigen Mitstreiter*innen das ParentPreneurs-Netzwerk für Eltengründer*innen ins Leben gerufen und unterstützt gezielt Menschen, die in der frühen Phase der Elternschaft gründen wollen. Nachdem sie 2019 in ihre alte Heimat Mecklenburg-Vorpommern zurückgezogen ist, übernahm sie 2021 die Leitung des neu gegründeten Regionalbüros M-V der CoWorkLand Genossenschaft und setzt sich seitdem verstärkt für Coworking-Orte in ländlich geprägten Regionen ein. 2022 wurde sie dafür vom Minister für Inneres, Bau und Digitalisierung in M-V, Christian Pegel, zur »Digitalisierungsbotschafterin des Landes M-V« ernannt. Daneben ist sie in verschiedenen Gremien aktiv, unter anderem in der Politikwerkstatt »Mobile Arbeit« des Bundesministeriums für Arbeit und Soziales. Aktuell plant sie die Entwicklung eines »Campus für Neues Arbeiten« eine Stunde nördlich von Berlin, wo Menschen aus der Großstadt und vom Land Seite an Seite arbeiten, Kinder Räume zum Spielen und Lernen haben, wo an der Schnittstelle von Kunst, Digitalarbeit und Handwerk neue Ideen für ein gutes, ökologisch und menschlich sinnvolles Miteinander entstehen und Menschen in allen Lebensphasen lernen, sich austauschen und sich vor allem ausprobieren können.

Frage 1: Welche Herausforderungen hat die Wirtschaft oder auch die Gesellschaft zu bewältigen, damit Führungskräfte nachhaltig handeln?

Führungskräfte bilden keine Gruppe, die unabhängig von allen anderen Menschen oder von Organisationsstrukturen existiert und agiert. In den seltensten Fällen werden Personen von heute auf morgen Führungskraft. Meist haben sie sich – oft über Jahre – zu dieser Rolle hin entwickelt. Führungshandeln hat also etwas mit Sozialisations- und Anpassungsprozessen zu tun. Wir sollten uns daher anschauen, wie Organisationen eigentlich aufgestellt sind und wie unsere Wirtschaft eigentlich funktioniert. Und da zeigt sich, dass viele noch in den Kategorien »höher, schneller, weiter« denken und sich«ihrer Verantwortung für andere Menschen und die Umwelt nicht bewusst sind. »Andere Menschen« meint sowohl die Menschen in den Organisationen selbst, also in Unternehmen, aber auch die Gesellschaft insgesamt. Nachhaltig zu führen heißt für mich, mein Handeln dahingehend zu reflektieren, welche Folgen dieses für andere hat. Diese

Erkenntnis setzt, meinem Empfinden nach, erst langsam ein. Lange Zeit überwogen schlicht die Vorteile, die ein aus Zeiten der Industrialisierung stammender Führungsstil hatte. Dieser war darauf ausgelegt, dass Mitarbeitende die Befehle ihrer Vorgesetzten ausübten, ohne diese in Frage zu stellen. Man ertrug es, vielleicht aus Mangel an Alternativen, aber auch, weil diese Art des Wirtschaftens in der Summe vielen Menschen einen gewissen Wohlstand bescherte. Das ist heute nicht mehr so. Die Ungleichheit wächst. Der Fokus auf stetiges Wachstum und die Vernachlässigung anderer, vermeintlich »weicherer« Themen, wie (psychische) Gesundheit, Umweltschutz, Chancengleichheit usw., kommen jetzt wie ein Bumerang zurück, mit weitreichenden gesellschaftlichen und ökologischen Folgen. Ich nehme wahr, dass viele Führungskräfte in Unternehmen verunsichert und bisweilen überfordert sind, auch, weil sie noch im »alten Stil« sozialisiert wurden bzw. sich in Organisationen bewegen, die in vielen Teilen noch genauso funktionieren wie vor 50 Jahren. Gleichzeitig sehen und spüren sie, dass es so nicht mehr weitergeht. Es knirscht also ordentlich und ich vermute, dass viele Organisationen es aus eigenem Antrieb nicht schaffen werden, sich in der nötigen Geschwindigkeit an die neuen Bedingungen anzupassen. Ich bin eine Befürworterin von politischen Anreizen als Treiber von positiver Veränderung, wie z. B. der Frauenquote. Auch beim Umweltschutz muss die Politik, meiner Meinung nach, klare Zielvorgaben für Unternehmen machen und gleichzeitig die Rechte von Mitarbeitenden stärken, etwa wenn es um Themen der Vereinbarkeit von Arbeit und anderen Lebensbereichen geht. Solche Leitplanken geben auch Führungskräften Orientierung in einem zunehmend komplexer werdenden Umfeld.

Ich selbst komme aus dem Bereich »Social Entrepreneurship«. Mich reizt die Mischung aus Unternehmer*innentum und positivem Impact. Noch immer gibt es für diese Form des Wirtschaftens keine anerkannte Rechtsform. Auch hier muss viel mehr passieren, damit Unternehmer*innen sich nicht ständig in Grauzonen bewegen, wenn sie anders arbeiten und wirtschaften wollen, als es bisher der Standard war.

Frage 2: Was bedeutet Nachhaltiges Leadership für Sie?

Nachhaltigkeit ist, meinem Empfinden nach, eng mit Freiheit und einem hohen Grad an Selbstbestimmung verknüpft. Ich denke, viele Menschen würden, wenn sie eine echte Wahl hätten, fast immer das klimafreundlichere Produkt oder das nachhaltigere Fortbewegungsmittel wählen. Oder eine Entscheidung treffen, die vielleicht auf den ersten Blick nicht den großen Gewinn abwirft, aber langfristig besser für Mensch und Natur ist. Damit sie das tun, müssen sie überhaupt erst in die Lage versetzt werden, dass ihnen Verantwortung zugetraut und manchmal auch zugemutet wird. Gleichzeitig brauchen sie die Gewissheit, dass sie morgen noch ihr Essen, ihre Miete und den Sportverein der Kinder zahlen können. Und zwar auch dann, wenn sie in ihrer neuen Verantwortung nicht sofort alles richtig machen. Nachhaltiges Leadership heißt für mich, über genau diese Themen mit meinen Mitarbeitenden ins Gespräch zu kommen: Was brauchst du, damit Du Dich empowered fühlst, Verantwortung zu übernehmen? Was erwartest Du von mir als Führungskraft? Welchen Rahmen, welchen Freiraum brauchst du, um Deine Arbeit bestmöglich ausüben zu können? Was ist Dir außerhalb der Erwerbsarbeit wichtig? Und wie können wir uns organisieren, dass beide Bereiche die Aufmerksamkeit bekommen, die sie brauchen?

Frage 3: Was hat Nachhaltiges Leadership für Sie mit Investitionen in Aus- und Weiterbildung zu tun?

Unsere Welt verändert sich in einer wahnsinnig hohen Geschwindigkeit. Selbst Menschen, die vergleichsweise viel Zeit haben, um sich jeden Tag aus verschiedenen Quellen zu informieren, können nicht alle Entwicklungen im Blick haben. Wenn ich mich in meinem Umfeld umsehe, bleibt bei vielen nur Zeit für das Nötigste. Einmal die Schlagzeilen überfliegen, um halbwegs auf dem neuesten Stand zu bleiben. Große Hypes, wie den um KI und ChatGPT aktuell, bekommt man dann auch noch ganz gut mit. Um sich wirklich in neue Themen einzuarbeiten oder neue Skills zu erwerben, müssen jedoch gezielt (Frei-)Räume geschaffen werden. Und das ist, meiner Ansicht nach, ganz klar eine Führungsaufgabe. Wenn nicht gar die wichtigste. Lernende Menschen sind letztendlich das, was Unternehmen ihr Fortbestehen sichert, ganz unabhängig davon, welche Technologie als Nächstes um die Ecke kommt. Führungskräfte, die eine Unternehmenskultur etablieren, in der Menschen Zeit und Lust haben, Neues zu lernen und immer wieder neue Rollen anzunehmen, machen einen wesentlichen Teil ihres Jobs richtig. Die aktuelle Debatte rund um ChatGPT ist ein schönes Beispiel. Statt in den Panik-Kanon einzustimmen, wie viele Menschen wegen des Chatbots möglicherweise ihren Job verlieren werden, haben smarte Führungskräfte ihren Mitarbeitenden längst den Premium-Zugang zum Bot freigeschaltet und lassen sie eigeninitiativ lernen, wie sie das Tool für ihre Arbeit nutzen können und welche Möglichkeiten es ihnen für die persönliche und berufliche Weiterentwicklung bietet. Das Gleiche würde ich mir übrigens auch für den Unterricht in Schulen wünschen, aber das ist ein Thema für ein eigenes Buch.

Vanessa Weber

©Werkzeug Weber – Katrin Limes

Vanessa Weber gilt vielen als die Stimme des Mittelstands. Sie ist Bloggerin und Fachautorin namhafter Medien, Influencerin rund um die Themen modernes Unternehmertum, Innovation und Führung sowie beliebte und mehrfach ausgezeichnete Vortragsrednerin auf großen Kongressen und Tagungen. Sie ist Inhaberin und CEO der Werkzeug Weber GmbH & Co. KG in Aschaffenburg und Unternehmerin aus Leidenschaft. Sie führt das Familienunternehmen in vierter Generation. Im Alter von 22 Jahren stand sie vor der großen Aufgabe, das Unternehmen als Nachfolgerin zu übernehmen. Sie stellte sich dieser Herausforderung und hat es gemeinsam mit ihrem Team in den Jahren danach geschafft, den Umsatz mehr als zu verfünffachen und den unternehmerischen Erfolg der Firma grundlegend neu zu gestalten.

Sie setzt auf Innovationen und neue Geschäftsfelder sowie auf Nachhaltigkeit – in ihrem Unternehmen, aber auch gesellschaftlich in Sachen Klimaschutz und Bildung sowie bei der Vereinbarkeit von Ökonomie und Ökologie. Sie ist Gründerin der Vanessa Weber Stiftung für Bildung und Nachhaltigkeit, Aktivistin in verschiedenen Umwelt- und Klimaschutzbewegungen sowie engagiert in Gremien verschiedener nationaler und internationaler Wirtschafts- und Berufsverbände. 2019 wurde sie vom Bundeswirtschaftsministerium als »Vorbildunternehmerin« ausgezeichnet. Für ihre publizistische Tätigkeit, ihr ehrenamtliches Engagement sowie für ihre Unternehmensführung erhielt sie in den letzten Jahren zahlreiche Ehrungen, Preise und Auszeichnungen.

Frage 1: Nachhaltiges Leadership ist nicht für jeden ein Begriff – was muss aus Deiner Sicht passieren, damit das von jeder Führungskraft gelebt wird?

Um sicherzustellen, dass jede Führungskraft Nachhaltiges Leadership lebt, ist es wichtig, dass sie das Thema ernst nehmen und sich aktiv damit auseinandersetzen. Ich finde es besonders wichtig, mit einem eigenen Beispiel voranzugehen. Aus diesem Grund beschäftige ich mich seit 10 Jahren – also lange bevor es zum Trend wurde – intensiv mit dem Thema Nachhaltigkeit und engagiere mich auch aktiv in diesem Bereich. Eine meiner Initiativen besteht darin, Kinder im Alter von 9 bis 14 Jahren, also ab der dritten Klasse, im Projektmanagement und der Rhetorik auszubilden. Ziel ist es, dass sie in der Lage sind, eigene Projekte zu starten und auch Erwachsene zu überzeugen. Rhetorik ist ein wichtiger Aspekt, da dies nicht in der Schule gelehrt wird. Außerdem setze ich mich für das Thema Bäumepflanzen ein. Nach dem Tod meiner Schwester habe ich eine eigene Stiftung gegründet, um sicherzustellen, dass mein Engagement auch nach meinem

Ableben weitergeführt wird. Denn für mich bedeutet Nachhaltigkeit auch Enkelfähigkeit – also das Denken über zwei Generationen hinweg.

Nachhaltiges Leadership erfordert ein Umdenken bei Führungskräften. Nachhaltigkeit sollte als integraler Bestandteil der Geschäftsstrategie betrachtet werden, um eine positive Zukunft zu gestalten. Wir stehen vor vielfältigen Herausforderungen, aber Nachhaltigkeit ist ein zentrales Thema, um diese bewältigen zu können. Nachhaltiges Leadership allein wird die Welt nicht retten, aber es ist ein wichtiger Schritt in die richtige Richtung.

Frage 2: Du bist für viele ein Vorbild: Was bedeutet Nachhaltiges Leadership für Dich?

Für mich ist Nachhaltiges Leadership eine Frage der Verantwortung. Als Führungskraft habe ich die Möglichkeit und die Verpflichtung, die Welt positiv zu beeinflussen und eine nachhaltige Zukunft zu gestalten. Ich setze mich daher in meinem eigenen Leben und in meinem Unternehmen für nachhaltiges Handeln ein und hoffe, damit auch andere inspirieren zu können.

Besonders am Herzen liegt mir dabei die Arbeit mit Kindern. Sie sind die nächsten Generationen und wenn wir es schaffen, ihnen positive Veränderungen zu vermitteln, können wir viel erreichen. In meinem Unternehmen erhalten meine Mitarbeitenden freie Zeit für ehrenamtliche Arbeit, um auch hier einen Beitrag zur nachhaltigen Gestaltung unserer Gesellschaft zu leisten. Ich glaube, dass wir nur gemeinsam eine nachhaltige Zukunft gestalten können, und ich versuche meinen Teil dazu beizutragen.

Frage 3: Was hat Nachhaltiges Leadership mit Mittelstand/Enkelfähigkeit zu tun?

Für den Mittelstand ist Nachhaltiges Leadership von großer Bedeutung, da diese Unternehmen oft weniger Ressourcen zur Verfügung haben als große Konzerne, aber dennoch eine große Wirkung auf die Gesellschaft haben können. Es ist wichtig, dass Mittelständler Nachhaltigkeit als Wettbewerbsvorteil betrachten und in ihre Geschäftsstrategie integrieren, um auch eine positive Wirkung auf die Enkelfähigkeit unserer Welt zu haben.

Als CEO eines Familienunternehmens im Mittelstand erkenne ich die Bedeutung von nachhaltigem Leadership für die Zukunftsfähigkeit meines Unternehmens und unserer Gesellschaft. Ich glaube, dass jede Führungskraft sich ihrer Verantwortung bewusst sein muss, dass ihr Handeln Auswirkungen auf die Umwelt, die Gesellschaft und die Wirtschaft hat. Daher sollte Nachhaltiges Leadership als fester Bestandteil der Führungskultur etabliert werden.

Die größte Herausforderung für die Wirtschaft und die Gesellschaft besteht darin, dass Nachhaltigkeit oft noch als Kostenfaktor und nicht als Chance betrachtet wird. Wir müssen unser Denken ändern, um nachhaltiges Handeln als Investition in die Zukunft zu begreifen und die damit verbundenen Chancen zu erkennen. Nachhaltiges Leadership allein wird jedoch nicht ausreichen, um unsere Welt lebenswert zu erhalten. Wir benötigen einen ganzheitlichen Ansatz, der ökologische, soziale und ökonomische Aspekte berücksichtigt und der gemeinsam mit anderen Akteuren Lösungen für eine nachhaltige Zukunft erarbeitet.

Um nachhaltiges Denken in die Tat umzusetzen, müssen wir auch langfristig denken. Dies bedeutet, über Generationen hinweg zu denken und zu handeln. Ein gutes Beispiel hierfür ist die Forstwirtschaft, bei der es notwendig ist, über 150 Jahre im Voraus zu planen und zu handeln. Ich selbst handle dementsprechend und achte darauf, dass alles, was ich tue, auch in 150 Jahren noch nachhaltig und gut sein kann. Dies betrifft sowohl die Ressourcen meines Unternehmens als auch das Thema Nachhaltigkeit, Mitarbeiter und die Gesellschaft.

Suzana Zhuta

Suzana Zhuta hat einen Doppelabschluss in Betriebswirtschaftslehre und Finanzwesen mit dem Bachelor of Science von der Teiyko Post University in Connecticut, USA. Während ihres Studiums, das sie im Jahr 2003 abgeschlossen hat, hatte sie sowohl in der Luftfahrtbranche als auch beim multinationalen Technologieunternehmen International Business Machines Corp. (IBM) Schlüsselpositionen in den Bereichen Finanzen und Unternehmensverwaltung inne. Als Geschäftsfrau und Unternehmerin verfügt sie über zwei Jahrzehnte umfangreiche Erfahrung in der Gründung, dem Aufbau und der Leitung von Unternehmen. Im Jahr 2016 hat sie die Initiative ergriffen und daran geglaubt, dass sich die Welt auf eine Zukunft mit erneuerbarer Energie vorbereiten sollte. Dies führte zu einer Geschäftsidee: Sie hat gemeinsam mit ihrem Ehemann und Partner, Lulzim Zhuta, Forward Energie gegründet und ist nun Geschäftsführerin des in Hamburg ansässigen grünen Energieversorgers. Da sie in den Vereinigten Staaten aufgewachsen ist, musste sie einen Weg finden, um ihre Verbindung zur amerikanischen Kultur hier in Deutschland aufrechtzuerhalten. Deshalb hat sie sich entschieden, ihre Managementfähigkeiten im gemeinnützigen Sektor einzusetzen und als Vizepräsidentin des Amerikazentrum Hamburg e. V., einem binationalen Kulturinstitut, das den deutsch-amerikanischen Bildungs- und Kulturaustausch unterstützt, tätig zu sein. Sie ist Preisträgerin der Europäischen Union: German CEO Excellent Award 2023 in der Kategorie »Klimaneutrale Energielösungen«.

Frage 1 Nachhaltiges Leadership ist nicht für jeden ein Begriff – was muss aus Deiner Sicht passieren, damit das von jeder Führungskraft gelebt wird?

Nachhaltige Führung muss zu einer Norm werden und erfordert einen Perspektivenwechsel der Führungskräfte. Ich glaube, was geschehen muss, ist eine Hauptpriorisierung der Verantwortung, die wir gegenüber der Gemeinschaft und der Umwelt tragen, ohne den Gewinn in den Vordergrund zu stellen. Als nachhaltige Führungskräfte müssen wir uns auf die Bewältigung von Umwelt-, sozialen und wirtschaftlichen Anliegen konzentrieren, während wir gleichzeitig Geschäftswachstum und Erfolg erreichen. Die große Ermutigung sollte eine wichtige Zusammenarbeit und Partnerschaft mit anderen Stakeholdern wie Kunden, Lieferanten und Gemeinschaften sein, um gemeinsame Nachhaltigkeitsziele zu verfolgen.

Frage 2: Du bist für viele ein Vorbild: Was bedeutet Nachhaltiges Leadership für Dich?

Nachhaltige Führung kann nicht allein erreicht werden. Der Ansatz für langfristiges Wohlergehen muss zugunsten aller Interessengruppen praktiziert werden, einschließlich der Umwelt, der Gesellschaft und der Wirtschaft. Es erfordert, mit einer Vision und dem Engagement für Nachhaltigkeit in allen geschäftlichen Aktivitäten und Entscheidungsprozessen voranzugehen. Solche Führung erfordert Offenheit und Innovation, um neue Möglichkeiten für grüne Technologien, nachhaltige Geschäftsmodelle und ethische Entscheidungsfindung zu erkunden. Als nachhaltige Führungskraft sollten Sie stets über die neuesten Erkenntnisse, Trends und bewährten Verfahren in Sachen Nachhaltigkeit informiert sein und Ihren Führungsstil entsprechend anpassen.

Frage 3: Was hat Nachhaltiges Leadership mit Rhetorik und Kommunikation zu tun?

Nachhaltiges Leadership hat eine enge Verbindung zur Rhetorik und Kommunikation. Eine effektive Kommunikation und überzeugende Rhetorik sind entscheidend, um das Bewusstsein für nachhaltige Praktiken zu schärfen, andere zu motivieren und Veränderungen herbeizuführen. Als Gründerin von Forward Energie ist mir wichtig, meine Motivation und Verantwortung als Mutter in meine Kommunikation zu integrieren. Indem ich persönliche Geschichten und die Verbindung zur Zukunft meiner Kinder teile, schaffe ich eine emotionale Verbindung zu meinem Publikum und erzeuge ein Bewusstsein für die Dringlichkeit nachhaltigen Handelns.

Rhetorische Fähigkeiten sind auch wichtig, um die Vision und Mission des Unternehmens klar und überzeugend zu kommunizieren. Im Fall von Forward Energie bieten wir eine neue Herangehensweise an die Energieversorgung und verdeutlichen die Vorteile unserer Lösungen. Durch eine überzeugende Kommunikation können potenzielle Kunden und Interessengruppen für nachhaltige Praktiken gewonnen werden. Darüber hinaus spielt Kommunikation eine Rolle bei der Vermittlung von Wissen und Informationen über nachhaltige Lösungen. Unsere Smart Box ist dabei ein innovatives Produkt zur Überwachung des Energieverbrauchs. Durch eine klare und verständliche Kommunikation können Kunden die Vorteile des Produkts verstehen und die Bedeutung eines bewussten Energieverbrauchs erkennen. Insgesamt kann Nachhaltiges Leadership durch Rhetorik und Kommunikation dazu beitragen, das Bewusstsein zu schärfen, Menschen zu motivieren, Veränderungen herbeizuführen und innovative Lösungen zu fördern. Durch die effektive Kommunikation der Vision, der Werte und der Vorteile nachhaltiger Praktiken können Unternehmen wie Forward Energie den Übergang zu einer nachhaltigeren Zukunft vorantreiben.

Tatjana Kiel

Credit: Christian Schlüter

Tatjana Kiel ist CEO von Klitschko Ventures GmbHund langjährige Geschäftspartnerin von Dr. Wladimir Klitschko. Gemeinsam haben sie die Methode FACE the Challenge entwickelt, auf deren Basis Klitschko Ventures individuelle Consulting-Maßnahmen für Unternehmen und Organisationen sowie Education-Formate für Einzelpersonen und Teams anbietet. Seit Kriegsbeginn in der Ukraine hat Tatjana Kiels Arbeit einen weiteren Schwerpunkt. Sie ist Geschäftsführerin der #WeAreAllUkrainians gemeinnützige GmbH, die aus einer Initiative von ihr und Wladimir Klitschko zu Kriegsbeginn entstand. Die Hilfsorganisation setzt nachhaltige, umfangreiche Hilfsprojekte um und vermittelt zwischen Spendern, ukrainischen NGOs und konkreten Bedarfen. Als Gesellschafterin der Score 4 Impact gemeinnützigen GmbH setzt sie sich für gesellschaftliches Engagement und werteorientiertes Wirtschaften ein, indem sie Unternehmen befähigt, mit ihrer Hebelwirkung nachhaltig und skalierbar eine gemeinnützige Zukunft durch gezielte Projekte und Impact-Strategien mitzugestalten.

Frage 1: Ist nachhaltiges Leadership die Lösung, damit wir es schaffen, unsere Welt lebenswert zu halten oder was muss dafür passieren?

Es ist nicht die Lösung, aber es ist ein guter Anfang. Die Frage der Führung ist am Ende zentral. Denn Führungskräfte sind per Definition mächtige Kulturträger:innen und Influencer:innen. Daher können sie durch ihr Handeln die Welt verändern. Aber Führungskräfte allein werden es nicht schaffen. Anders ausgedrückt: Führungskräfte sind nicht die einzigen Akteur:innen, die den positiven Wandel herbeiführen, aber sie sind die einzigen Akteur:innen, die den positiven Wandel wirklich auslösen können.

Aus meiner Sicht gibt es drei Quellen des Übels in unserer Welt: Korruption, Gewalt und schlechte Führung. Eine schlechte, verschlossene und sturköpfige Führung ist eine Gefahr für unsere Zukunft, da sie nicht in der Lage ist, die richtigen Entscheidungen zu treffen. Eine schlechte Führungskraft, die in ihren Gewissheiten gefangen ist, verfügt über keine der Schlüsselkompetenzen für eine nachhaltige Welt: Offenheit, Neugierde und einen systemischen Ansatz. Was eine nachhaltige Führungskraft vor allem ausmacht, ist, dass sie nie mit ihren Handlungen zufrieden ist. Es gibt immer etwas zu tun, um die CO2-Bilanz des Unternehmens zu verbessern, weibliche Führungskräfte zu fördern etc. Wer glaubt, perfekt zu sein, macht keinen Fortschritt und unser Planet braucht definitiv Fortschritt. Zusammenfassend lässt sich also sagen, dass wir eher das Führungsmodell als das Klima verändern sollten.

Frage 2: Sie sind für viele ein Vorbild: Was bedeutet Nachhaltiges Leadership für Sie?

Eine nachhaltige Führungspersönlichkeit ist jemand, die oder der verstanden hat, dass das eigene Unternehmen ein gesellschaftlicher und ökologischer Akteur ist. Tatsächlich bedeutet dies, dass diese Art von Führung sowohl die kurzfristigen als auch die langfristigen Auswirkungen ihrer Organisation auf den sozialen, ökologischen und finanziellen Ebenen versteht. Konkret sind nachhaltige Führungskräfte die, die zuerst an die Mitarbeitenden und den Planeten denken, bevor sie an ihre eigene Karriere oder gar ihren Bonus denken.

Ich bin ein Vorbild, weil es zu meiner Rolle als Führungskraft gehört. Ein Vorbild betrachtet die Realität und sagt, dass es so nicht weitergeht, sondern dass wir handeln müssen. Jemand muss doch anfangen, oder? Aber hinter dem Konzept des Vorbild-Seins verbirgt sich die Idee der Ansteckung.

Damit der Wandel an Kraft gewinnen und somit wirklich umgesetzt werden kann, darf die Führungspersönlichkeit weder das Monopol der Ideen noch das Monopol der Macht anstreben. Die eigene Aufgabe besteht darin, deutlich zu machen, dass die CSR-Ziele des Unternehmens nur dann erreichbar sind, wenn alle im Unternehmen eigene Ziele damit verbinden. Bei Klitschko Ventures nennen wir dies »Challenge Alignment«. Es geht um eine perfekte Verzahnung zwischen der individuellen Energie (Ego-System) und der kollektiven Synergie (Eco-System). Dies ist der Schlüssel zu nachhaltiger Veränderung.

Frage 3: Was hat nachhaltiges Leadership mit »Female Empowerment« zu tun?

Für eine Frau ist es immer noch nicht leicht, den einfachen Satz »Ich bin eine Führungskraft« auszusprechen. Zu oft muss sich die starke Frau fast dafür entschuldigen, dass sie stark ist. Ja, es gibt immer noch Vorurteile und Hindernisse. Ich möchte nicht daran glauben, dass Führung geschlechtsspezifisch ist. Ich habe es vorher schon erwähnt: Wir müssen anfangen, Führungskräfte besser auszuwählen, unabhängig vom Geschlecht. Die Realität ist, dass einige Frauen bessere Führungspersönlichkeiten wären als bestehende Führungspersönlichkeiten, aber Stereotypen und Machtspiele blockieren sie immer noch viel zu oft.

Darüber hinaus gibt es noch ein anderes, viel ernsteres Problem, das die beiden Dimensionen Führung und Nachhaltigkeit betrifft und verbindet: Wie es wissenschaftlich bereits belegt ist, sind Frauen und Mädchen vom Klimawandel unverhältnismäßig stark betroffen, in den höchsten Führungspositionen jedoch weiterhin unterrepräsentiert.

Dies ist die Bedeutung des Konzepts »Female Empowerment«. Ich glaube nicht, dass es weibliche und männliche Werte gibt. Tatsache ist, dass Frauen Trägerinnen kollektiver Intelligenz, menschlicher Verbundenheit, eines Geistes der Selbstbestimmung und Inklusion sind. Alles, was unser Planet jetzt gerade besonders braucht. Somit stärkt die Stärkung von Frauen die nachhaltige Transformation unseres Planeten.

Barbara Lutz

Barbara Lutz ist Keynote Speakerin, Buchautorin und erfolgreiche Gründerin des Unternehmens: FKi Diversity for Success – The Global Consulting House for Diversity, seit 10 Jahren die führende Management Beratung für Change und Diversity in Deutschland. Die Pionierin für datenbasiertes Diversity Management hat im Jahr 2012, unter der Förderung des BMFSFJ, das weltweit einzigartige KPi-basierte Diversity-Management-Produkt entwickelt, den Frauen-Karriere-Index (FKi). Inzwischen wird der FKi von international tätigen Unternehmen in 28 Ländern eingesetzt. Barbara Lutz studierte Betriebswirtschaft und Marktforschung in Deutschland und den USA und hat den größten Teil Ihres Berufslebens als Executive in internationalen Rollen und diversen internationalen Teams verbracht. So ist der Wert von Diversität im Unternehmen und das Management von diversen Teams für sie eine gelebte und erfolgreiche Praxis. 2020 schuf sie den Impact of Diversity Award + Think Tank, um die positive Wirkung von Diversität auf Unternehmen und Gesellschaft deutlich zu machen.

Frage 1: Welche Herausforderungen hat die Wirtschaft oder auch die Gesellschaft zu bewältigen, damit Führungskräfte nachhaltig handeln?

Die Wirtschaft und auch die Gesellschaft müssen ihre Mängel beseitigen, damit Führungskräfte nachhaltig handeln können. Folgende Ist-Zustände müssen behoben werden, damit die Herausforderung des nachhaltigen Führens gelingen kann:

- **Unzureichende Kenntnisse und Kompetenzen im Bereich Nachhaltigkeit**
  Das Thema der Nachhaltigkeit ist recht neu. Viele Führungskräfte besitzen wenig oder kein Wissen, Kenntnisse und Fähigkeiten in diesem Bereich. Zum heutigen Stand können also keine effektiv nachhaltigen Entscheidungen getroffen werden. Eine mögliche Lösung besteht in Schulungen und Weiterbildungen. Führungskräfte brauchen das nötige Know-how, um ein besseres Verständnis von Nachhaltigkeit und ihrer Bedeutung zu erhalten. Sie müssen verstehen, welche langfristigen Auswirkungen einzelne Entscheidungen auf die Umwelt und die Gesellschaft haben.
- **Kurzfristige Denkweise**
  Eine weitere Herausforderung, die mit dem mangelnden Wissen einhergeht, ist die kurzfristige Denkweise vieler Unternehmen. In der Wirtschaft geht es um die Maximierung des Gewinns hinsichtlich des nächsten Quartals. Anstatt langfristige Erfolge anzustreben, geht es nur um den schnellen Gewinn. Unternehmen müssen dahingehend ihre Kultur verändern. Eine nachhaltige Unternehmenskultur muss von oben herab gefördert werden. D. h., Führungs-

kräfte müssen ein Bewusstsein für Nachhaltigkeit entwickeln, was sie an ihre Mitarbeiter und die Organisation weitergeben.

- **Mangelnder Standard und Benchmarks**
  Es gibt keinen einheitlichen Standard für nachhaltiges Handeln. Jedes Unternehmen kann also einfach sagen, es handelt nachhaltig oder sei nachhaltig. Ohne Standard ist es aber nicht leicht, einen Vergleich aufzustellen oder die erbrachten Leistungen zu bewerten. Bevor man Nachhaltigkeit messen kann, müssen Standards und einheitliche Benchmarks etabliert werden.
- **Komplexität von Nachhaltigkeit**
  Geht es um Nachhaltigkeit, kann es schnell sehr komplex werden. Das Nachhaltigkeitsmanagement in Unternehmen muss bedenken, alle Dimensionen von Nachhaltigkeit zu berücksichtigen: Umwelt, Soziales, Wirtschaft und Ethik. Hier braucht es wieder Wissen, wie man alle Dimensionen integriert. Und all diese Aspekte in Entscheidungen und Strategien zu berücksichtigen, wird nicht leicht.

Frage 2: Was bedeutet Nachhaltiges Leadership für Sie?

Nachhaltiges Leadership bedeutet für mich, dass Führungskräfte sich den Herausforderungen von Nachhaltigkeit annehmen. Das heißt, sie übernehmen als Vorbildfunktion die Verantwortung für die Umwelt, die Gesellschaft und die Wirtschaft und tragen diese Gefühl in die Organisation und an ihre Mitarbeiter:innen weiter.

Eine nachhaltige Führungskraft ist sich bewusst, dass Entscheidungen, egal welcher Größe, einen Einfluss auf viele Dimensionen haben. Zum Beispiel auf die Umwelt, die Mitarbeiter:innen selbst oder die Gesellschaft. Nachhaltig zu führen heißt stets, daran zu arbeiten, die negativen Auswirkungen zu verringern und positive zu erhöhen. Nachhaltige Führungskräfte setzen sich Ziele, die über die finanzielle Leistung hinausgehen, wie z. B. die Verringerung von Emissionen, die Schaffung eines inklusiven Arbeitsumfelds oder die Unterstützung von Bildungs- und Gemeinschaftsprojekten.

Ein nachhaltiger Leader ist sich bewusst, dass die nachhaltige Entwicklung nur durch Zusammenarbeit erreicht werden kann. Sei es Partnerschaften mit anderen Unternehmen, Regierungen oder NGOs. Er weiß, dass man nur gemeinsam eine nachhaltigere Zukunft schaffen kann.

Frage 3: Was hat Nachhaltiges Leadership mit Diversity/Frauenförderung zu tun?

Nachhaltiges Leadership und Diversity sind meiner Meinung nach eng verbunden, da sie beide darauf abzielen, eine inklusive und gerechtere Gesellschaft zu schaffen. Nachhaltiges Leadership meint eine Führungskultur, die auf eine dauerhafte Balance ökonomischer und sozialer Zielvorstellungen abzielt. Die gewünschte Verhaltenssteuerung der Mitarbeiter:innen zielt nicht mehr auf den schnellen Gewinn, sondern auf den langfristigen Erhalt tangliber (Arbeitskraft der Mitarbeiter:innen) und intangliber personalen Ressourcen (Wissen, Fähigkeiten und Kompetenzen). Und eben dazu gehört vor allem die Förderung von Arbeitskräften mit unterschiedlichen Hintergründen, Ethnien, Geschlechtern, Einschränkungen, sexuellen Orientierungen und unterschiedlichen Altersgruppen.

Untersuchungen zeigen nämlich, dass Unternehmen mit hoher Gender-Diversität eine um 25 % größere Wahrscheinlichkeit haben, überdurchschnittlich profitabel und innovativ zu sein. Dies bedeutet, dass Diversity und Frauenförderung wichtige Faktoren für den Geschäftserfolg und sogar Teil von nachhaltiger Leadership sind.

Dank

Liebe Familie und Freunde, liebe Unternehmen, UnternehmensinhaberInnen und Mitarbeitende,

ich möchte euch von ganzem Herzen danken. Eure unermüdliche Unterstützung und eure Inspiration haben mein Buch »Los, jetzt: Nachhaltig führen = Zukunft gewinnen« zu dem gemacht, was es ist – eine Quelle der Motivation, ein Ruf zur Veränderung und ein Anstoß, über das tägliche Hamsterrad hinauszublicken.

In besonderer Weise möchte ich meinen Liebsten danken, die manchmal auf mich verzichten mussten, meinen SchreibbegleiterInnen, Sarah, meiner großartigen Unterstützung auf diesem Schreibweg. Deine Unterstützung hat mir unendlich viel bedeutet. Ich möchte auch Elvira Plitt, Jessica Sonnenberg und Bernhard Landkammer danken: Ihr habt mich ermutigt, meine Gedanken und Ideen auf Papier zu bringen, und mich immer wieder daran erinnert, dass ich die Stimme sein darf für viele.

Dieses Buch ist mehr als nur ein Buch. Es ist eine Botschaft der Hoffnung, eine Erinnerung daran, dass wir die Gestaltenden unserer eigenen Realität sind. Es ist ein Aufruf, nachhaltige Werte und Prinzipien in unsere Führungsrollen zu integrieren und die Welt um uns herum positiv zu beeinflussen.

Es gab eine Zeit in meinem Leben, da haben mir der blaue Himmel und die grünen Blätter des Baumes vor meinem Fenster im Krankenhaus am meisten bedeutet. Ihn zu sehen, bedeutete für mich Leben. Diese Zeit hat mich dankbar gemacht für jeden Moment.

Lasst uns gemeinsam daran erinnern, dass es mehr gibt, wofür es sich zu leben und zu arbeiten lohnt. Lasst uns mutig sein, unsere Selbstwirksamkeit wiederzufinden und das Bewusstsein für Nachhaltiges Leadership zu schärfen. Lasst uns aus dem Hamsterrad aussteigen und uns auf das konzentrieren, was wirklich zählt – eine enkeltaugliche Welt, die von echten Werten und einem nachhaltigen Mindset geprägt ist.

Möge dieses Buch euch genauso viel geben, wie ihr mir gegeben habt. Lasst es uns gemeinsam nutzen, um einen positiven Wandel zu bewirken und eine nachhaltige Zukunft zu gestalten.

In nachhaltiger Dankbarkeit, Anabel Ternès

Abbildungen

Titel	Copyright	Link/	Bild auf Seite:
Indische Kinder als Agenten des Wandels	Don Bosco Mondo/ Nishant Ratnakar/ ichtv	**Don Bosco Mondo – Indische Kinder als Agenten des Wandels** Um die Folgen des Klimawandels in Südindien einzudämmen, setzt Don Bosco auf die Kraft von Kindern und Jugendlichen. In gut 400 sog. »Öko-Clubs« lernen 8.000 elf- bis 18-Jährige alles über Umwelt- und Klimaschutz. Sie organisieren Müllsammelaktionen, pflanzen Bäume und sorgen mit Küchengärten für eine gesündere Ernährung ihrer Familien. Selbstbewusst und lautstark fordern sie ein Umdenken – mit Erfolg! Sie sind Ansporn für ihre Eltern und noch viel wichtiger: Sie lernen, dass ihre Stimme zählt. So starten sie selbstbewusst in ein eigenständiges Leben. https://www.don-bosco-mondo.de/	18/19
Yogini bei einer Rückbeugen-Pose, Indien	Oksana Taran	https://unsplash.com/photos/xB4ExGcUai0	22
Pieces of Peace, Bali, Indonesia	Wisno Widjojo	https://unsplash.com/photos/uGhitfRLq4I	24
Moment des Lachens, Knoxville, United States	Nathan Anderson	https://unsplash.com/photos/FHiJWoBodrs	27
Farbordnung. Kunst aus Müll, Hamilton, Ontario, Kanada	Jas Min	https://unsplash.com/de/fotos/HfgMyrPrLxI	29
Plastikmüll vor Strandspiel, Bathsheba, Barbados	Brian Yurasits	https://unsplash.com/de/fotos/Nk85jPGgVsM	31
Bahnhofshalle mit Auto, Grand Central Station New York, United States	Dave Michuda	https://unsplash.com/photos/_UHEB459oB0	33
Yoga zu zweit in unberührter Berglandschaft	Crystal	https://unsplash.com/photos/a-couple-of-women-standing-on-topof-a-yoga-mat-vafdjKTWdt8	36
Pride Parade in Calgary, Alberta Canada 2018	Toni Reed	https://unsplash.com/photos/UdGgq3ML-Ak	38
Andere Farbe von Müll	Pawel Czerwinski	https://unsplash.com/de/fotos/RkIsyD_Avvc	40

Titel	Copyright	Link/	Bild auf Seite:
Kamerateam vor Ort, Plant for the Planet	Plant for the Planet Foundation	Nähere Informationen zur Organisation siehe Abbildung Kapitel 3	42
Zahnarztpraxis als Wohlfühl-Ort, Architekten GRAFT, Ku 64, Headquarters, Berlin Kudamm	Ku 64	**KU64** – innovativ, nachhaltig, verantwortungsbewusst Als eine der größten und modernsten Zahnarztpraxen Europas setzen wir seit Jahren auf Innovation & Hightech und gleichzeitig auf Digitalisierung, Ressourceneinsparung, Energieeffizienz, Recycling und Umweltbewusstsein! Wir tragen seit 2 Jahren stolz das GRÜNE-PRAXIS-Siegel. Aber auch in Sachen Social Responsibility unternehmen wir Einiges: Jahr für Jahr seit 2009 zieht es ein 10-köpfiges Team von Zahnärzt:innen, zahnmedizinischen Fachangestellten und Prophylaxeassistentinnen um KU64-Inhaber Dr. Stephan Ziegler ins südafrikanische Fischerdorf Paternoster, um dort über 180 Kids der örtlichen Grundschule ehrenamtlich zu behandeln – in Kooperation mit dem Kinderprophylaxeverein BIG SMILE E. V. und dem lokalen Verein WESTCOASTKIDS! 2009 trafen wir auf KLEINE Patienten – jetzt verabschieden wir uns jedes Mal von GROSSEN Freunden. Wenn Sie unser Projekt unterstützen möchten, besuchen Sie die BIG-SMILEWebsite: www.bigsmileev.de	44
My Life Through A Lens	Bamagal	https://unsplash.com/de/fotos/bq31L0jQAjU	47
Schwarzer Plastikmüllsack auf rotem Plastikmülleimer, Mexico City, CDMX, Mexico	Carl Campbell	https://unsplash.com/de/fotos/Lv3aNZtdBxg	50
Liegend auf Grün	Martin Reisch	https://unsplash.com/de/fotos/6DivtP_WRYs	51
Yoga im Park.	Anna Stampfli	https://unsplash.com/photos/b_4Ospu9B2c	53
Demonstration, Charlotte, NC, USA	Clay Banks	https://unsplash.com/de/fotos/K6DgnExQDeA	55
Idyllische Herbstlandschaft	Freepik	https://www.freepik.com/free-photo/beautiful-landscape-mother-nature_14958775.htm#from_view=detail_alsolike	57
Kakaobohnen-Ernte für Schokoladenherstellung	Alfred Ritter	Nähere Informationen zur Organisation siehe Abbildung Kapitel 2.5 bzw. Seite 319	59
Viele kleine Leute …, East Side Gallery, Berlin, Deutschland	Mark König	https://unsplash.com/de/fotos/xCEuxxhpY3o	61

Titel	Copyright	Link/	Bild auf Seite:
Junge auf Mülltonne vor Flüchtlingscamp, Iranisches Flüchtlingscamp 8, Samawah, Irak	Jonathan Ramalho	https://unsplash.com/photos/8CeLN4xuGec	63
Kaffeebecher auf Müll, München, Deutschland	Jas Min	https://unsplash.com/de/fotos/DR2jtLy8Fe4	64
Hellrosa Kaffeebecher vor türkisem Hintergrund	Layne Harris	https://unsplash.com/de/fotos/hSvZ7FXvur0	66
Garten auf der High Line in Chelsea, Manhattan, New York, NY, USA	Max Harlynking	https://unsplash.com/photos/1P7UlUrsVmc	68
Flexible Bibliothek, Parque Forestal, Santiago de Chile	L'odyssée Belle	https://unsplash.com/photos/IMtEliM53Lc	70
Grüner Bagger in grauer Kraterlandschaft	Bart van Dijk	https://unsplash.com/de/fotos/DqGIaY0K08o	72
Begrünte Dachterasse	Chuttersnap	https://unsplash.com/de/fotos/nXJyZLBnyUQ	74
Zusammenarbeit	Desola Lanre-Ologun	https://unsplash.com/de/fotos/IgUR1iX0mqM	75
Brandenburger Tor	Daniel Seiffert/ WWF	**About Little Sun** Established in 2012 by artist Olafur Eliasson and engineer Frederik Ottesen, Little Sun is an organization working to deliver affordable clean energy in Africa and inspire people to take climate action globally. Little Sun distributes energy tools, designs and implements renewable energy programs, and leads citizen engagement campaigns globally; partnering with solar experts, creatives, companies, governments, communities, and non-profit organizations to achieve universal access to clean energy. To know more about Little Sun and support the organization, visit: www.littlesun.org	78/79

Titel	Copyright	Link/	Bild auf Seite:
»Mikrohaus«, »Minihaus« oder »Singlehaus«: Tiny House!	Tiny Ways	Der gemeinnützige Verein tinyways berät Kommunen zum Thema nachhaltiger Wohnraum und Konzepten für Tiny House Communities. Die niederländische Firma Greendealhouses (www.gdhbv.com) unterstützt den Verein mit Know-how und Bildmaterial, darunter eigene Entwürfe und visionäre Ideen, die mit Hilfe von KI weiterentwickelt werden. Der Fokus liegt immer auf den 17 Sustainable Development Goals der UN & dem Green Deal-Abkommen der EU, also auf Nachhaltigkeit, Biodiversität und dem Wohl der Menschen, unabhängig davon, ob es um kostengünstigen Wohnraum oder um Konzepte für grünen Tourismus in strukturschwachen Gebieten geht. www.tinyways.de www.gdhbv.com	88
One Black Tie Necklace Buys 6 Months of Food, Aufsteller vor Same Sky-Kette	Same Sky Foundation, Francine Lefrak	Die **Same Sky Foundation** wurde 2014 von Francine Lefrak mit dem Ziel gegründet, Frauen und Mädchen im Klassenzimmer, am Arbeitsplatz und in ihren eigenen Gemeinden zu fördern. Der Same Sky Traum ist es, dass alle Frauen unter einem Himmel die Möglichkeit haben, ihre einzigartigen Talente zu entfalten. Wir stellen Ressourcen, Finanzmittel und Unterstützung durch die Zusammenarbeit mit gleichgesinnten Initiativen bereit, die vor Ort arbeiten, um gefährdete, unterversorgte Frauen in Ruanda und den Vereinigten Staaten zu stärken. Durch den Zugang zu Bildung, betriebswirtschaftlichen Fähigkeiten und handwerklicher Ausbildung, die sie benötigen, werden die Unterstützen der Same Sky Foundation zu eigenständigen Unternehmerinnen und Vorbildern. In enger Zusammenarbeit mit Programmpartnern hat die Same Sky Foundation in 2022 allen mehr als 800 Frauen erfolgreich ausgebildet, 50 junge Mädchen ausgebildet, die eine Ausbildung in Naturwissenschaften, Technik und Mathematik anstreben, und Tausende von Kindern unterstützt. www.samesky.com	90
Ein Boot, das Einwanderer über das Mittelmeer transportiert hat, El Palmar, Andalucia, España	Christopher Eden	https://unsplash.com/photos/xu2Ig636AOc	93

Titel	Copyright	Link/	Bild auf Seite:
Regenwald mit Kakaopflanzen-Anbau, Ritter Schokolade	© Alfred Ritter (auch Abbildung Kap. 1.1.6)	Die **Alfred Ritter GmbH & Co. KG** ist ein Unternehmen, das für seine Schokoladenmarke »Ritter Sport« bekannt ist. Es wurde 1912 gegründet und hat seinen Hauptsitz in Waldenbuch, Deutschland. Das Unternehmen beschäftigt rund 1.900 Mitarbeiter:innen und erzielte im letzten Jahr einen Umsatz von über 500 Millionen Euro. Ritter Sport ist bekannt für seine quadratischen Schokoladentafeln und bietet eine Vielzahl von Sorten und Geschmacksrichtungen an. Das Geschäftsmodell von Alfred Ritter GmbH & Co. KG basiert auf einer Kombination aus traditioneller Handwerkskunst, qualitativ hochwertigen Zutaten und einer starken Markenidentität. Nachhaltigkeit, im Sinne eines Wirtschaftens im Einklang mit Mensch und Natur, ist das Leitbild ihres Handelns. In einer internen Nachhaltigkeits-Charta für ihre wichtigsten Rohstoffe arbeiten sie in langfristigen, persönlichen Partnerschaften mit ihren Lieferanten, bis zu den Bäuerinnen und Bauern im Ursprung. Vor über 30 Jahren haben sie die partnerschaftliche Zusammenarbeit im Kakaoanbau in Nicaragua begonnen. Daraus haben sich individuell Programme in Peru, Elfenbeinküste, Ghana und Nigeria entwickelt, um den nachhaltigen Anbau in allen Facetten über den ökonomischen Faktor hinaus zu fördern. Das Engagement reicht weiter in den eigenen Haselnussanbau, die Förderung der nachhaltigen Milchwirtschaft, umweltfreundliche Verpackungen bis zur Dekarbonisierung ihrer Emissionen nach SBT um 42 % bis 2030. www.ritter-sport.com	96

Titel	Copyright	Link/	Bild auf Seite:
Angeschwemmt, der andere Blick auf unsere Meeresräume	Künstlerin Christine Fehrenbach, vertreten durch Petra Becker	**Christine Fehrenbach** Christine Fehrenbach entwickelt zukunftsfähige Markenkonzepte mit einem neuen Verständnis von Qualität und echter Wertschöpfung. Mit ihrem ganzheitlich ausgerichteten und nachhaltigen Ansatz begleitet sie Unternehmen durch den gesamten Transformationsprozess, von der Entwicklung ihrer Positionierung bis zur Umsetzung von Marketingmaßnahmen, Kommunikation, Kooperationen, Events, Design und nachhaltigen, zirkulären Produkten. Sie arbeitet auch als Künstlerin im Bereich Fotografie und setzt mit ihren Bildern ihr nachhaltiges Engagement um. In ihrer Serie »Angeschwemmt« möchte sie die zwei Seiten der Meeresräume aufzeigen und Bewusstsein wecken: die unberührte Natur und die mit dem, was an Abfällen angeschwemmt wird. **Petra Becker/International Art Bridge** Als Gründerin und Inhaberin der International Art Bridge versteht sich Petra Becker als Brückenbauerin zwischen Kunst, Wirtschaft und Sammlern. Die Freude an der Kunst motivierte sie, ihre Berufung vor Jahrzehnten zum Beruf zu machen. Ihr ganzheitlicher Ansatz als Kunstberaterin und Händlerin erlaubt es ihr, auf vielfältige Weise inspirierend, beratend, aber auch verbindend zu fungieren und Menschen für die Welt der Kunst zu begeistern. Ihre Schwerpunkte sind die Kunstberatung und Kunstvermittlung sowie alle Dienstleistungen, die daraus resultieren. Ihr Markenzeichen sind individuell und passgenau auf die jeweilige Zielsetzung und Zielgruppe zugeschnittene Kunstkonzepte, die Wettbewerbsvorteile erhöhen und Innovationskraft steigern. Insbesondere das Nachhaltigkeits-Engagement Ihres Unternehmens kann sich in Ihrer Kunstsammlung und den ausgewählten Arbeiten widerspiegeln: und so zu einem neuen Bewusstsein Ihrer Mitarbeiter und Kunden führen. https://www.internationalartbridge.com/	98
Möwe mit Müll	Tim Mossholder	https://unsplash.com/de/fotos/qq-8dpdlBsY	101
Atomnacht, Antwerpen, Belgique	Nicolas Hippert	https://unsplash.com/photos/C82jAEQkfE0	103

Titel	Copyright	Link/	Bild auf Seite:
Mädchen mit Mikrofon, Plant for the planet	Plant for the planet Foundation (auch Abbildung Kap. 1.1.9)	**Plant for the planet Foundation** Plant-for-the-Planet ist ein globales Klimaschutz-Netzwerk mit erstaunlicher Schlagkraft: Es hat das wissenschaftliche Know-how, die Infrastruktur und Logistik, um jährlich Millionen Bäume ökologisch sinnvoll zu pflanzen. Für die Wiederherstellung und den Schutz von Ökosystemen hat es selbstprogrammierte Apps gelauncht, mit denen sich weltweit Bäume spenden und überwachen lassen – ein Segen für Renaturierungsprojekte weltweit. Die neueste App nutzt Satellitendaten der NASA, mit deren Hilfe gerade in abgelegenen Gebieten Waldbrände früher erkannt und bekämpft werden können. Doch in der DNA der Stiftung sind die Kinder und Jugendlichen, die sich gegenseitig empowern und zu Botschafter*innen für Klimagerechtigkeit machen. Fast 100.000 dieser »Agents of Change« gibt es in 75 Ländern weltweit. Ihr gemeinsames Ziel: Einfluss nehmen auf die Entscheidungsträger*innen im Kampf um Klimagerechtigkeit. Last but not least haben sie die »Gute Schokolade« auf den Markt gebracht, über die allein schon acht Millionen Bäume gepflanzt werden konnten. Gegründet wurde Plant-for-the-Planet 2007 vom damals 9-jährigen Felix Finkbeiner. www.plant-for-the-planet.org	112/113
Frau in Bibliothek	Arif Riyanto	https://unsplash.com/photos/UD9nADGj2mc	118
Baldachin aus Bambusblättern	Kazuend	https://unsplash.com/photos/19SC2oaVZW0	120
Demonstration, Schlossplatz, Erlangen	Markus Spiske	https://unsplash.com/de/fotos/5sh24a7m0BU	123
Verschiedene Früchte auf dem Markt	Jacopo Maia	https://unsplash.com/photos/-gOUx23DNks	125
Wasserlandschaft mit Ziegen und Müll im Vordergrund, Albanien	Antoine Giret	https://unsplash.com/de/fotos/7_TSzqJms4w	127
Baumwipfelpfad Steigerwald, Ebrach, Germany	Markus Spiske	https://unsplash.com/photos/P4lJjr7r1tQ	129

Titel	Copyright	Link/	Bild auf Seite:
Gib nicht auf. Du bist nicht allein. Du bist wichtig. Beschilderung auf Metallzaun neben Tankstelle, 7-11 Gas Station, Salem, Oregon, USA	Dan Meyers	https://unsplash.com/photos/hluOJZjLVXc	132
Urban Gardening Self Support – Frisch geerntete, gentechnikfreie Bio-Karotten aus einem Hochbeet	Markus Spiske	https://unsplash.com/photos/I-iuvRW2iyM	135
Pflanzenfeld tagsüber	Ivan Bandura	https://unsplash.com/photos/HbWgPv0zZ_o	136
Weißes Haus zwischen Bäumen wie gemalt, Kapelle St. Barbara	Dawid Zawila	https://unsplash.com/photos/qjn-wog02kY	138
Große Artenvielfalt durch biologisch-dynamische Anbauweise	Ignant für Wala Heilmittel GmbH/ Dr. Hauschka	Die **WALA Heilmittel GmbH** ist ein Unternehmen mit besonderem Hintergrund: Es wird von einer Stiftung getragen. Das bedeutet, dass Gewinne kein Selbstzweck sind, sondern Gestaltungselement. So kann die WALA in die Qualität ihrer Produkte, in die Pflege ihres Arzneimittelschatzes, in die Entwicklung der Mitarbeiterinnen und Mitarbeiter wie auch in nachhaltige Projekte vor Ort und weltweite Anbaupartnerschaften investieren – und einen Teil des Gewinns an die Angestellten ausschütten. **Ökonomisch nachhaltig** Die Stiftung verschafft ihnen Unabhängigkeit. Sie können so nach ihren Werten und in ihrem Tempo wirtschaften, dazu dem erwirtschafteten Geld einen zusätzlichen Sinn geben. Bei ihnen ist es das Miteinander, eine Verbindung von Mensch zu Mensch wie auch von Mensch zur Natur. Daraus resultiert eine Gewinnorientierung, die sich jenseits von Bilanzen auch im Gemeinwohl ausdrückt. **Sozial nachhaltig** WALA fragt: Was können wir tun, damit jede und jeder unter dem Dach der WALA wachsen darf? Sie begreifen Unternehmensführung als Menschenführung, eine dialogische Unternehmenskultur hilft uns dabei. Und auch außerhalb der WALA leitet sie der Gedanke, die Heilkräfte der Natur möglichst vielen Menschen zu erschließen. So halten sie einige Arzneimittel im Sortiment, die – obwohl nur in sehr geringer Stückzahl nachgefragt – aus ihrer Sicht unverzichtbar sind.	141

Titel	Copyright	Link/	Bild auf Seite:
		Ökologisch nachhaltig WALA bezieht die Ausgangssubstanzen für ihre Arzneimittel wann immer möglich aus biologischem Anbau, bevorzugt in Demeter-Qualität. Wo es keine Bioherkunft gibt, unterstützen sie weltweit Anbaupartner bei der Umstellung und pflegen mit ihnen nachhaltige Kooperationen. Ebenso nachhaltig sind ihre Wildsammlungen wie auch ein Arnika-Projekt im nahen Schwarzwald. So schlagen sie einen Bogen vom Erhalt des Bodens, der uns alle trägt, über den Erhalt eines Arzneimittelschatzes, der allen zugutekommen soll, bis zum Erhalt der Lebenskraft aller Menschen, die für und mit uns arbeiten. www.wala.world	
Grüne und weiße Plastiktüten, Palermo, Sizilien, Italien	Etienne Girardet	https://unsplash.com/de/fotos/vNlx-zpUPAw	144
Windkraftanlagen im Rapsfeld	Zbynek Burival	https://unsplash.com/photos/4NhqyQeErP8	146
Ein Herz für Vielfalt, Cosnova	Cosnova GmbH	Das **Kosmetikunternehmen cosnova** will einen positiven Beitrag zum Schutz unseres Planeten und seiner Bewohner* innen leisten und hat sich dafür ehrgeizige Ziele gesetzt. Eine ganzheitliche Corporate Responsibility- und Unternehmensstrategie ist dabei das Herzstück. cosnova steht nicht nur seit jeher für sichere Kosmetik ohne Tierversuche – die Produkte der Marken essence und Catrice sind mittlerweile auch nahezu komplett vegan und frei von Mikroplastikpartikeln. Entlang der fünf Säulen Klima und Umwelt, Unbedenklichkeit der Produkte, Zero Waste, Arbeitsbedingungen und Soziale Initiativen arbeitet ein sechsköpfiges CRTeam kontinuierlich daran die Aktivitäten und die Produktentwicklung mit den Themen Gesundheit, Umwelt und soziale Aspekte in Einklang zu bringen. Dazu gehören etwa die Unterstützung des Recycling-Kreislaufes durch Einsatz von recyclingfähigem Verpackungsmaterial wie auch Klimaschutzziele, die von der Science Based Targets Initiative validiert wurden. www.cosnova.com	148/149
Orlando-Stolz, Maryland Soccer Plex, Boyds, United States	Jeffrey F Lin	https://unsplash.com/photos/TkS6V8YTdy8	152

Titel	Copyright	Link/	Bild auf Seite:
Gentlemen und baby change, City of Westminster	the blowup	https://unsplash.com/photos/KibOSYpIlnw	154
Innenarchitektur des Shanghai Baoye Center designed von LYCS Architecture, Shanghai, China	Lycs architecture	https://unsplash.com/photos/U2BI3GMnSSE	156
Businessmeeting – viele Frauen, ein Mann	Christina Wocintechchat	https://unsplash.com/photos/faEfWCdOKIg	158
Bücher auf braunen Holzregalen, Stadsbiblioteket, Stockholm, Sweden	Susan Q Yin	https://unsplash.com/photos/2JlvboGLeho	160
white and blue printer paper	Shiromani Kant	https://unsplash.com/photos/mo3FOTG62ao	162
We stand here with you. You are safe here, Plakat, Asheville, United States	Brittani Burns	https://unsplash.com/photos/98uYQ-KupiE	163
Studierende heben ihre Hände, Los Angeles, United States	Edwin Andrade	https://unsplash.com/photos/4V1dC_eoCwg	166
(In)Justice. Der 25. November ist der internationale Tag gegen häusliche Gewalt, Bonn, Germany	Mika Baumeister	https://unsplash.com/photos/MvNahx-yrqY	167
Licht und Flug vor der Morgendämmerung an der Küste des Michigansees in Wisconsin	Todd Trapani	https://unsplash.com/photos/hCdMjrL5C0Y	169
All Gender Restroom, mit Blindenschrift	No Revisions	https://unsplash.com/photos/8Xm3NDLsvUA	171
Blau-Weiße Plastikpakete	Nick Fewings	https://unsplash.com/de/fotos/ywVgG0lDbOk	173
OCG, The OCEAN SEARCH ENGINE »YOU SEARCH THE WEB, WE CLEAN THE OCEAN«, OCG-Unterstützer sammeln Plastikmüll am Strand, Bali, Indonesia	OCG Saving the Ocean	https://unsplash.com/photos/bWAArZ5M4Ag	175

Titel	Copyright	Link/	Bild auf Seite:
Yoga, Brighton, United Kingdom	processingly	https://unsplash.com/photos/2pUP1Ts1bmo	178
Frau arbeitet in einer Parkumgebung an einem Stehpult, Germany	Standsome Worklifestyle	https://unsplash.com/photos/SigR5QPEA78	180
Statue of Liberty National Monument, New York, NY, USA	Parshva Shah	https://unsplash.com/photos/QHoQr0b0I9g	182
Maschinenbauingenieur passt einem Mann Prothesen an	ThisisEngineering RAEng	https://unsplash.com/photos/o6jUolZ7QJk	184
»ON TOP OF THE WORLD CHAIR« von Janine Mackenroth Gepresster Plastikmüll, 10 Awards, jeweils 34 cm Durchmesser, 5 cm Tiefe / Constructive World Award Edition 2023	Veronika Dudek	Die Künstlerin **Janine Mackenroth** hat den ersten **CONSTRUCTIVE WORLD AWARD** für Focus Online aus Plastikmüll gefertigt. Gepresste und geschredderte alte Joghurtbecher, Waschmittelflaschen usw. in 5 cm Dicke verweisen auf die Plastikschicht, mit der die ganze Welt bedeckt werden könnte, die bisher produziert wurde. Gleichzeitig kann der Award auch z. B. als ein Kunstobjekt an die Wand gehangen werden – aber vor allem kann er zum Hocker umfunktioniert werden. Auf diesen Hocker sollen sich die GewinnerInnen des Abends zukünftig setzen können – und symbolisieren erst dann gemeinsam mit dem Hocker das Konzept des Awards selbst. Das eigene Gewicht auf dem Hocker vermittelt die Erfahrung stellvertretend für das Gewicht der gesamten Weltbevölkerung: Runtergerechnet auf jeden Einzelnen wird damit jedes Jahr so viel Plastik produziert, wie man eben selbst wiegt, und kommt auf die 5 cm dicke Plastikschicht, auf der wir bereits alle sitzen, hinzu. Der Hocker macht auf das Problem aufmerksam, bietet aber auch gleichzeitig eine Lösung dafür an: den Plastikmüll hin zu einem zirkulären Kreislauf zu führen und einen werkstofflichen Wert zu verleihen. Steigt die Nachfrage nach alternativen nachhaltigen Werkstoffen, steigt der Preis für Plastikmüll, der sonst nur einer energetischen Verwertung zugeführt werden würde, also verbrannt wird oder auf Mülldeponien oder in unseren Weltmeeren endgelagert würde.	186/187

Titel	Copyright	Link/	Bild auf Seite:
		Janine Mackenroth (* 1989 in München) bearbeitet Themen der Gleichberechtigung und Nachhaltigkeit. Mit pflanzenbasiertem (Nagel-)Lack schafft sie Malerei, hinterfragt tradierte Geschlechterrollen, aber auch die Materialität der Kunst selbst. Ausgehend von der Entwicklung biologisch abbaubarer Farbe für ihre Installationen im öffentlichen Raum zu Umweltthemen, geht sie 2015 zu Materialien wie Nagellack und Make Up über, die auch als Kommentar zu einer immer noch männlich dominierten (Kunst-)Welt verstanden werden können. Seit 2018 beschäftigt sie sich mit dem menschlichen Geruch und produziert Duftinstallationen, die binäre Systeme entlarven. Ab dem Jahr 2019 begann sie ihre Schwarz-Rot-Gold-Serie, Malerei mit Nagellack auf Leinwand anlässlich 100 Jahre Frauenwahlrecht in Deutschland, aus der ebenfalls ein Werk von der Sammlung des Deutschen Bundestags angekauft worden ist. Als Mitherausgeberin veröffentlichte sie 2020 die Publikation »I Love Women in Art« über 100 Kunstwerke von Künstlerinnen in Deutschland. Seit 2021 arbeitet die Künstlerin gefördert durch das Bundesministerium für Wirtschaft und Klimaschutz an ihrer Innovation für nachhaltige Kunstmaterialien. Parallel kooperiert sie mit dem Fraunhofer Institut in Potsdam und erschafft Malerei mit 100 % pflanzenbasierter Farbe aus Kartoffeln. Seitdem stellt sie auch ihren eigenen Nagellack auf Pflanzenbasis Basis her, den sie auf ihren Gemälden verwendet und der bei ihrer aktuellen »BABYLONIAN GAZE«-Tour durch Europa erhältlich ist. 2023 wurde sie als Künstlerin für das New European Bauhaus Projekt von der Europäischen Union beauftragt. Für die Umsetzung ihrer Vorhaben wurde sie bisher u. a. von Firmen wie Audemars Piguet, BMW, CHANEL, myclimate und Valmont unterstützt. Mackenroth verwandelt Ikonen, verändert ihre Form und Funktion und verarbeitet sie zu Bausteinen einer neuen, möglichst besseren und nachhaltigeren Welt. Instagram: @studiojaninemackenroth www.janinemackenroth.com	
Zwei Männer sitzen auf einem Sofa	LinkedIn Sales Solutions	https://unsplash.com/photos/hrhjn6ZTgrM	191

Titel	Copyright	Link/	Bild auf Seite:
Coworking Office Bereich in Bangalore, Outer Ring Road, Adarsh Palm Retreat, Bellandur, Bengaluru, Karnataka 560103, India	Smartworks Coworking	https://unsplash.com/photos/cW4lLTavU80	195
Bauarbeiter auf weißem Feld, Contra Costa Centre, United States	Scott Blake	https://unsplash.com/photos/seven-construction-workers-standing-on-white-field-x-ghf9LjrVg	197
Homeless, please help	J Comp	https://www.freepik.com/free-photo/beggars-sitting-street-with-homeless-messages-please-help_8351921.htm#query=refugees%20support&position=6&from_view=search&track=ais	198
Empty Chairs	Nathan Dumlao	https://unsplash.com/photos/ewGMqs2tmJI	201
Hochhäusersiedlung vor Wald, Serbien	Iva Rajović	https://unsplash.com/de/fotos/5RLnlS71N3g	204
Demonstration, Charlotte, NC, USA	Clay Banks	https://unsplash.com/de/fotos/OCFh2PGLoQk	207
Mann mit Laptop in der Natur, Digital Nomad	Unsplash	https://unsplash.com/photos/WkpODpnop1A	210
Do it anyway	CoWomen	https://unsplash.com/photos/bHflE1ZIPws	213
Menschen durch nachhaltige Energielösungen zu mehr Selbstbestimmung und Wachstum befähigen: Africa Green Tec	Patrick Reimers (auch Abbildung Kap. 5.2.5)	**Africa GreenTec** stattet ganze Dorfgemeinschaften in ländlichen Regionen mit Strom und nachhaltigen Technologien aus. Hierfür wurde ein intelligentes System entwickelt, welches den »harten Bedingungen der netzfernen Regionen Afrikas standhält«. Das Sozialunternehmen nutzt Solarenergie, eine für Afrika naturgegebene Energiequelle. Dabei arbeiten sie eng mit lokalen Partnern zusammen und beschäftigen lokale Mitarbeiter. Neben dem Anspruch auf sozialem Unternehmertum wird aber gleichzeitig der wirtschaftliche Aspekt hochgehalten: Umsätze und Gewinne werden vom Unternehmen als Mittel zum Zweck bezeichnet, um vor Ort für lange Zeit nachhaltig agieren zu können. www.africagreentec.com	215
Sommercamp für Kinder im Apple Store in der Dubai Mall, Dubai, United Arab Emirates	Khadeeja Yasser	https://unsplash.com/photos/zD1_YuSBXjE	217

Titel	Copyright	Link/	Bild auf Seite:
Whangarei Falls footbridge, New Zealand	Tim Swaan	https://unsplash.com/photos/eOpewngf68w	219
Another ad for our oat drink providing no reason at all why you should try it, Vienna, Austria	Arno Senoner	https://unsplash.com/photos/Ie8k7RgNYmU	221
New York, New York. The city that never sleeps, Times Square, New York, United States	Joshua Earle	https://unsplash.com/photos/X_roZ7toBJY	224
Afrika, Arbeitende mit Panels zur alternativen Energiegewinnung	Africa Green Tec	Weitere Informationen zur Organisation siehe Abbildung Kapitel 3	226
Students at a conference in Limpopo, South Africa	Jaime Lopes	https://unsplash.com/photos/0RDBOAdnbWM	227
walk walk walk	Ryoji Iwata	https://unsplash.com/photos/n31JPLu8_Pw	230
Felix in der UN	Plant for the Planet:	Weitere Informationen zur Organisation siehe Abbildung Kapitel 5.2	232
Blick hinunter ins Tal, Badia, Italy	Samuel Clara	https://unsplash.com/photos/yUWKDfPLp6w	234
Menschenmenge nimmt mit Smartphones eine Veranstaltung auf, Dominican Republic	Gian Cescon	https://unsplash.com/de/fotos/N0g-deioHO4	236
Frau fotografiert Bäume, Cannon Beach, OR, USA	Karsten Winegeart	https://unsplash.com/de/fotos/Tjxfn1e7d5k	239
Standing man wearing blue V-neck t-shirt	Elevate	https://unsplash.com/photos/UoPNA8I-_p0	241
Meeting mit Post-Ist, Proof Technologies Inc, East 6th Street, Austin, Texas, USA	Austin Distel	https://unsplash.com/de/fotos/wD1LRb9OeEo	243
Finding my roots, California, United States	Jeremy Bishop	https://unsplash.com/photos/EwKXn5CapA4	246
In Andacht, Banda Aceh, Banda Aceh City, Aceh, Indonesia	Qurrata Ayuni	https://unsplash.com/photos/BnU5flW3Mw0	248

Titel	Copyright	Link/	Bild auf Seite:
Rollstuhlbasketball für Damen, ESPN WIde World of Sports Complex, United States	Audi Nissen	https://unsplash.com/photos/u1CAj5HJzO4	250
Happy blue collar worker, Porto Garibaldi, Italy	David Siglin	https://unsplash.com/photos/UuW4psOb388	252
Crosswalk, long-exposure, Santiago, Chile	Mauro Mora	https://unsplash.com/photos/31-pOduwZGE	254/255

Autorin

Prof. Dr. Anabel Ternès

Prof. Dr. Anabel Ternès ist Zukunftsforscherin, Keynotespeakerin, Autorin und Gründerin nachhaltiger Start-ups. Sie gilt als eine der führenden Köpfe für Nachhaltigkeit und Digitalisierung. Forbes nennt sie »Superwoman«, die Hypovereinsbank spricht von ihr als »eine der herausragenden Managerinnen und Unternehmerinnen Deutschlands«. Die geschäftsführende Direktorin des Berliner SRH-Instituts für Nachhaltigkeitsmanagement und Professorin für Kommunikationsmanagement ist geschäftsführende Gesellschafterin unter anderem von GetYourWings, dem Lernraum für ZukunftsgestalterInnen, bei dem Nachhaltigkeit, Digitalisierung und Future Skills im Mittelpunkt stehen, wie bei dem preisgekrönten Online Lernspiel CODE AND SAFE THE PLANET, HealthMedo, einem Plattform-Anbieter mit Schwerpunkt auf Angeboten für mentale Gesundheit und medizinische Anwendungen, und CoCarrier, der nachhaltigen Crowd Shipping Logistik-Lösung. Sie hat langjährige internationale Führungserfahrung im Business Development von Konsumgüter-Unternehmen, darunter für Ideal Home Range, Samsonite und Fielmann. Anabel Ternès engagiert sich in mehreren Gremien und Boards, darunter als Beirätin von Plant for the Planet, als BITKOM AK Vorständin New Work, als Präsidentin des Club of Budapest Germany, als Mitglied des Club of Rome und der UN Oceandecade. Sie wurde für ihr unternehmerisches und ehrenamtliches Engagement mehrfach national und international ausgezeichnet, darunter mit dem Award CEO eLearning of the Year, als Botschafterin der Initiative »Frauen unternehmen« des Bundeswirtschaftsministeriums, mit dem Google Impact Challenge, als Influencerin mit dem LinkedIn Top Voice Nachhaltigkeit und Xing Insider Nachhaltigkeit & Digitalisierung. Sie ist Fellow mehrerer Organisationen darunter der Aspen Foundation, des Open Transfer Accelerator, Stiftung Bürgermut und Nexus Global.

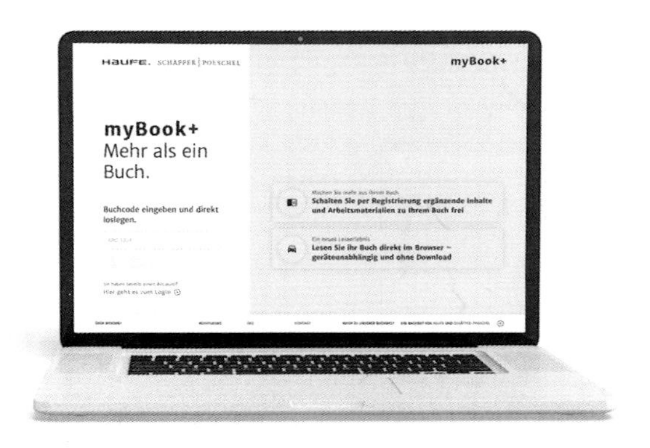

Ihre Online-Inhalte zum Buch: Exklusiv für Buchkäuferinnen und Buchkäufer!

▶ **https://mybookplus.de**

▶ Buchcode: **PCX-65298**